대행선사의 수행법 연구

프라즈냐 총서
40

대행선사의
수행법 연구

| 대행大行의 관법수행觀法修行을 중심으로 |

청강 著

운주사

서문

자성삼보에 귀의하옵고

출격장부의 마음으로 불가에 입문하여 수행한 지 스무 해가 지났다. 그동안 대행선사의 가풍을 따르면서 국내의 제방선원과 중국, 대만, 일본의 수행을 체험하였으며, 동남아시아의 미얀마, 태국 등에서 하는 수행도 경험하였다. 그리고 세계의 다양한 수행법이 모여 있는 미국에서 여러 수행 단체의 프로그램에 참여하면서 각지의 수행법을 경험하기도 하였다.

대행선사의 관법수행은 한국에서는 다소 생소한 수행법으로 여겨지지만, 관법수행이야말로 석존 시대의 위빠사나 수행과 중국의 『마하지관』이나 조사선에 가르치는 관법과 상통하는 것을 체험하였고, 모든 불교수행법의 공통점은 관찰과 사유라는 점에 환희심에 찼다.

이러한 이유로 필자는 대행선사의 핵심 가르침인 관법수행을 정리해 보고 싶던 차에 박사학위논문 연구주제로 선사의 관법수행을 택하였다. 이 책은 그 결과로서 나온 박사학위논문인 「대행의 관법에 관한 연구」를 일반인도 이해할 수 있도록 수정 보완한 것이다.

선사의 가르침인 관법수행은 경론이나 어느 선지식의 가르침을 전한 것이 아니라 자신이 몸소 수행 체험한 것이기에 녹취한 가르침에 주로 의존할 수밖에 없었다. 그러다 보니 관법수행을 논리적으로 정리하는 것이 그리 쉬운 일은 아니었으나, 천태의 『마하지관』이나 선어록 등과 비교하면서 연구하다 보니 선사가 가르쳤던 관법수행이 이러한 가르침과 댓돌 맞듯 정리되어 갔다.

 미력하나마 선사의 관법수행을 연구하여 정리하였으므로 이 책이 선사의 가르침을 따르는 사부대중들이 선사의 가르침을 믿고, 이해하고, 수행하여, 증득하는 계기가 되었으면 하고 간절히 바라는 바이다. 그리고 이러한 선사의 가르침이 현대에 국내외로 일어나고 있는 물질문명의 한계와 정신문화를 향상시키는 데 일조가 되었으면 하는 바람이다.

 이 책을 내기까지 논문을 지도해주신 지도교수님과 심사위원 교수님들, 그리고 한마음선원 이사장스님과 주지스님을 비롯한 사부대중과 운주사 사장님을 비롯한 편집자들, 그 외에도 보이지 않게 물심양면으로 도움을 주신 모든 분들에게 깊은 감사를 드린다. 또한 출가수행자의 인연을 맺어주시고 법을 가르쳐주신 은사스님과 대행선사에게 깊은 감사를 드린다.

 대행선사는 일찍이 자신은 태어난 바도 없기에 죽을 바도 없다고 강조하신 바가 있다. 지금 선사의 색신은 없지만 자성의 한마음에서 비로자나 진법신과 더불어 항상 우리와 함께 계신 것을 확신하며, 부처님의 사구게를 문득 떠올려 본다.

 불신충만어법계佛身充滿於法界. 보현일체중생전普現一切衆生前.
 수연부감미부주隨緣赴感靡不周. 이항처차보리좌而恒處此菩提座.

부처님께서 법계에 충만하시어
널리 모든 중생들 앞에 나타나시니
인연 따라 두루하지 않음이 없으시되
항상 이 보리좌에 앉아 계시도다.

한마음 주인공 자리에서
불기 2562(2018)년 8월
비구 청강 공심 합장

서문 자성삼보에 귀의하옵고 · 5

제1장 서론 13

제1절 왜 대행선사인가 · 13

제2절 이전 자료와 글의 방향 · 20

　　1. 이전 자료 · 20
　　2. 글의 방향과 구성 · 27

제2장 근현대 불교계의 현실과 대행선사의 행적 33

제1절 근현대 불교계의 현실 · 33

　　1. 일제강점기의 불교계 · 33
　　2. 해방 이후의 불교계 · 37

제2절 대행선사의 행적 · 41

　　1. 유년기 · 41
　　2. 재가구도기 · 44
　　3. 출가구도기 · 48
　　4. 오도 · 보림기 · 54
　　5. 전법 · 교화기 · 62

제3장 대행선사 관법의 정의와 원리 69

제1절 대행선사 관법의 정의 · 70
   1. 관법의 교리적 근거 · 70
   2. 선사의 관법에 대한 정의 · 85

제2절 대행선사 관법의 원리 · 96
   1. 관법의 철학적 기초 · 97
      1) 한마음 · 97
      2) 주인공 · 103
      3) 오공五共 · 107
   2. 대행선사의 관법 원리 · 116
      1) 한마음주인공 관법의 원리 · 116
         (1) 전체와 공空의 상즉불이 · 117
         (2) 한마음과 주인공의 상즉불이 · 119
      2) 한생각 지혜의 관법의 원리 · 121
         (1) 한생각의 정의 · 121
         (2) 한생각의 중요성 · 127
         (3) 한생각 내는 법 · 133
         (4) 한생각의 공덕과 능력 · 138
      3) 나툼 관법의 원리 · 142
         (1) 화신 · 보현행의 실천 · 142
         (2) 화신 · 보현행의 요소 · 147
   3. 대행선사 관법 원리의 특징 · 152
      1) 『기신론』의 일심 · 이문의 관법 · 152
      2) 조사선의 본래성불 관법 · 156
      3) 화엄의 삼성 관법 · 161

제4장 대행선사의 관법수행 167

제1절 믿음의 관법수행 · 168
    1. 믿음의 의미와 대상 · 168
    2. 믿음의 기준 · 174
    3. 못 믿는 이유 · 180
    4. 믿음의 공덕 · 183

제2절 놓음의 관법수행 · 187
    1. 놓음의 의미와 대상 · 188
    2. 놓음의 명징성 · 193
    3. 놓음의 종류 · 197
        1) 되놓음 · 200
        2) 몰록 놓음 · 203
        3) 굴려 놓음 · 205
        4) 양면을 놓음 · 207
    4. 놓음의 공덕 · 210

제3절 지켜봄의 관법수행 · 215
    1. 지켜봄의 의미와 대상 · 215
    2. 지켜봄의 과정 · 218
    3. 지켜봄의 제상諸相 · 222
        1) 일심관에 대해 · 222
        2) 불이관에 대해 · 224
        3) 무심관에 대해 · 230

제5장 대행선사 관법의 활용과 현대적 의의 241

제1절 대행선사 관법의 활용 · 242

    1. 불교의 생활화 · 244

    2. 불교의 현대화 · 249

    3. 불교의 과학화 · 252

        1) 의학 개발 · 254

        2) 대체에너지 개발과 환경보호 · 265

    4. 불교의 세계화 · 270

제2절 대행선사 관법의 현대적 의의 · 272

    1. 불교 관법의 현대적 계승 · 272

    2. 한국선의 돈오점수 계승 · 274

    3. 근기에 맞는 수행법 제시 · 278

    4. 관법을 통한 실용성 제시 · 280

제6장 맺는말 283

참고문헌 · 297

제1장 서론

제1절 왜 대행선사인가

석가모니부처님의 대각大覺에 의하여 출발한 불교는 삼천년의 세월이 흐르면서 다양한 모습으로 전개되어 왔다. 삼국시대 때 중국을 거쳐 이 땅에 들어온 한국불교는 한민족과 더불어 그 역사를 같이 해왔다. 삼국시대와 통일신라, 그리고 고려시대까지 왕실과 귀족의 보살핌 속에서 크게 성장하였으며, 다양한 교종의 종파와 선종의 산문을 형성하면서 한국인의 삶 속에서 중요한 정신적 지주의 역할을 수행해 왔다. 그러나 조선 시기에 들어서면서 억불숭유정책에 의하여 정치적 탄압을 받았으며, 조선 후기에 이르면 무종파無宗派의 상황 속에 승려의 지위 또한 팔천八賤의 하나로 전락하게 되었다.

일제강점기와 대한민국으로 이어지는 근현대 시기 불교계는 수많은 우여곡절을 겪으면서도 큰 성장을 이루어 내었다. 식민지와 분단 및 동족상잔의 전쟁 등의 시련 속에서 이처럼 불교계가 성장할 수 있었던 데는 다양한 원인이 있겠지만, 무엇보다도 철저한 수행을 통하여 깨침을 얻은 수많은 고승과 선지식들이 출현하였다는 점을 들지 않을 수 없다.

이 시기 불교계에 주어진 과제는 한국불교의 전통을 계승하여 그 정체성을 세우는 것과 동시에 근대 시기 사회적 변화에 따라 불교를 근대화하는 것이었다. 근대화는 과학문명과 기독교와 함께 들어온 서구 자본주의와 제국주의의 파고 속에서 살아남기 위한 이 땅에 문명의 큰 변화를 요구하고 있었다. 전통불교를 복원·계승하면서도 근현대의 시대정신에 맞게 불교를 개혁하는 문제는 당시 불교계의 크나큰 과제였는데, 일제강점기라는 시대적 상황과 중첩되면서 승려에 따라 각기 서로 다른 입장을 지니게 된다.

이 시기 불교계의 대응양식에 대하여 심재룡은 보수와 개혁을 중심으로 네 가지로 구분하여 설명한 바 있다.[1] 즉 오래 전부터 이어져 내려온 적통의 선불교를 다시 살려서 불조佛祖의 혜명慧命을 계승하려 하였던 경허성우(鏡虛惺牛, 1849~1912), 당시의 승려교육을 통하여 점진적인 불교개혁을 주도한 박한영(朴漢永, 1870~1948), 대각교운동大覺敎運動을 통하여 불교계를 개혁하려 하였던 용성진종(龍城震鍾, 1864~1940), 그리고 사회참여적인 민중불교를 주창하였던 만해용운(萬海龍雲, 1879~1944)이 그들이다.

위의 심재룡의 구분법은 근대 시기 한국불교의 성격을 조망하는

---

[1] 심재룡, 「근대 한국불교의 네 가지 반응유형에 대하여」, 『철학사상』 16집, 서울대 철학사상연구소, 2006), pp.103~128.

기준으로 명료한 장점이 있는 반면에 그 시야가 조계종 승려들에 국한되어 있다는 점에서 한계를 지닌다고 할 수 있다. 종교의 근대성 문제는 시민과 세속화와 관련되어 있어서 승가 본위의 불교에서 재가들이 적극 참여하는 불교로의 변화가 요청된다고 할 수 있다. 재가주의 불교개혁운동을 주도한 불법연구회佛法研究會(圓佛教)의 소태산少太山 박중빈(朴重彬, 1891~1943) 등의 예에서 볼 수 있듯이 근현대 불교계는 다양한 스펙트럼의 양상을 띠고 있다. 따라서 근현대 불교계를 실질적으로 이끌었던 다양한 방면의 고승들에 대한 연구의 필요성이 제기된다고 할 수 있다.

묘공당妙空堂 대행선사(大行禪師, 1927~2012. 이하 '선사'라 칭함)는 근현대 시기 일정한 종단에 얽매이지 않고 철저한 두타행頭陀行을 통하여 깨달음을 얻었고, 1972년 안양에 '한마음선원'을 건립하여 국내외의 수많은 불자들에게 부처님의 법음法音을 전파하였으며, 생활불교·혁신불교의 새로운 모습을 보여주었다. '한마음', '주인공主人空', '오공五共(공생共生·공심共心·공체共體·공용共用·공식共食)' 등과 특히 독특한 '관법觀法'을 제시하고 있는 선사의 사상은 기존의 한국전통 선사들이 주로 수행한 간화선看話禪의 선풍禪風에 얽매이지 않고 독자적인 자문자답의 체험 속에서 형성된 것이었다. 이는 "나는 경전이라든가, 좌선이라든가 그렇게 거창하고 고상하다 하는 데서 도리를 배운 게 아니라 하찮은 데서 배웠으니, 예를 들면 서리 맞은 고추 하나 따는 데서도 인과법을 배우는 그런 식이었다."[2]라고 그 스스로

---

2 (재)한마음선원, 『한마음요전』〔(재)한마음선원, 2016〕, p.54.

회고하고 있는 데에서 분명히 알 수 있다.

생명의 진화의 과정에서처럼 새로운 것이 기존의 전통 속에 싹이 터서 출현할 때면 이를 받아들이는 것에 대한 진통과 비판이 있기 마련이다. 인도의 정통 바라문에 대항하여 사문(沙門, śramaṇā)이 출현할 때도 그랬고, 부파불교 이후 대승불교가 출현할 때에도 그러하였다. 한마음선원이 급속도로 성장하면서 선사가 주장하는 '한마음' 사상에 대해 불교의 정통이 아니라는 비판의 목소리 또한 등장하기도 하였다. 그 대표적인 내용은 우선 '한마음' 사상은 바라문교와 기독교가 혼합된 것으로 불교의 무아론無我論과 반대되는 유아론有我論이란 비판이다.[3] 다음으로 선사가 유년시절 자성과의 문답에서 사용한 '아빠'는 무명업식無明業識에 지나지 않고 이는 실체화된 신神이자 절대자의 성격을 갖고 있으며, 한마음 사상이란 이러한 '아빠'를 '주인공'으로 변형시킨 것으로, 이는 대승의 일심론一心論이나 불성사상佛性思想과 정면으로 위배된다는 비판이다.[4] 또 다른 비판은 한마음선원의 빠른 성장의 원인이 정법正法에 입각한 선사의 가르침이라기보다는 이적과 신통을 앞세운 그의 기행奇行 때문이며, 그의 깨달음의 진위는 알 수 없고 인가印可 또한 받지도 않았다는 것이다.[5]

물론 이러한 비판들은 선사의 사상에 대해 선수행의 입장에서보다는

---

[3] 강병균, 『(어느 수학자가 본) 기이한 세상: 큰 스님, 왜 이러십니까? 幻夢空想의 수상록』 (살림출판사, 2016), p.212.

[4] 이제열, 「대행스님 내면의 '아빠'가 진여불성이라는 건가」, 『법보신문』, 2017. 5. 17), 6면.

[5] 위와 같음.

지식과 사량에 입각한 표층적인 이해와 해석에서 비롯된 것으로, 선사의 삶과 교화방식을 좀 더 깊이 인식하지 못한 상태에서는 일부에서 그러한 해석이 등장할 수 있다고 보인다. 선사는 전통 강원교육이나 현대식 교육을 받거나 이수하지는 않았으며, 자신의 수행을 통하여 얻은 진리를 자신의 방식으로 전달하였을 뿐이다. 그런데 엄밀히 말하면 선사의 삶과 사상에 대한 해석과 평가는 후학들의 몫이라 할 수 있다. 선사의 삶과 사상에 대한 객관적인 자료를 토대로 하여 열린 눈으로 진지한 성찰과 학문적 접근이 이루어지면 그 진면목이 참답게 드러날 수 있을 것이다.

이평래는 선사의 사상에 대한 종합적인 연구를 통해, 선사를 '전통 슈라마나(沙門)의 길을 닦은 선사'로 규정하고서, 다음과 같이 평하고 있다.

> 대행선사는 자신이 창안한 '주인공 관법'·'세 번 죽는 수행'·'일상생활 속에서의 한마음 수행' 등의 여러 가지 수행법을 몸과 마음으로 실참實參하여 독특한 경지를 개척한 선사이며, 또한 선사의 삶과 수행법에 감화되어 선사를 따라 출가하려는 비구 법제자까지도 껴안은 평등정신은 선원청규의 새로운 전범인 것이다. …… 대행선사 스스로가 갈고 닦아 성취한 참선의 수행체계이기 때문에 감히 '대행선大行禪'이라고 말할 수 있다.[6]

---

[6] 이평래, 「한마음을 요체로 한 대행선에 관하여」, (『제1회 학술대회자료집; 대행선이란 무엇인가』, 대행선연구원, 2017), pp.58~59.

위의 내용에서 볼 수 있듯이, 이평래는 선사가 제시한 독특한 수행법은 실참실수實參實修를 통하여 깨달은 경지이자, 그 수행법에 따라 수행한 제자들을 감화시키는 실효성이 입증되었다는 점에서 '대행선'이라 명명하고 있다. 일찍이 종밀(宗密, 780~841)은 『도서都序』에서 교教와 선禪의 차이에 대하여, "부처님의 가르침(教)은 만대萬代에 의지처가 되게 하려고 이치를 자세히 드러냈지만, 조사의 가르침(禪)은 중생을 즉시에 제도 해탈시키기 위해 뜻을 현묘玄妙하게 통통하도록 하였다."[7]라고 밝힌 바 있다. 즉 선禪의 특징은 조사가 제자들을 그 자리에서 즉시에 해탈시키는 데에 있으며, 따라서 제자를 깨달음에 이르게 하는 참신하면서도 진실하고 쉽게 받아들일 수 있는 수행법을 제시하고 있는 점이야말로 선사다운 행위라 할 수 있다.

선사가 제시한 선수행법의 특징은 '관법(觀法, Dhammānupassanā)'[8]에 있다. 선사의 관법수행의 핵심은 '한마음(一心)'의 불성을 바탕으로 '믿음'과 '놓음', 그리고 '지켜봄'을 통하여 자신이 본래자성불임을 확인하는 수행이다.

본서는 선사의 관법에 대한 집중적인 조명을 통하여, 선사의 한마음 사상과 수행체계에 대한 이해를 심화시키고자 하는 데 그 목적이

---

7 〔唐〕宗密, 『禪源諸詮集都序』卷1 (T48, p.400a). "佛教萬代依馮 理須委示. 師訓在卽時度脫 意使玄通."

8 平川彰, 『佛教漢梵大辭典』(東京: 靈友會, 1996), p.3427b.; ānupassanās는 원어 anu-√paś로 look at, perceive 등의 의미를 갖고 있다(Sir Monier Monier-Williams, "Sanskrit-English Dictionary", Oxford, 2002, p.35). 그리고 관법을 영어로는 A methods of contemplation 혹은 A methods of obtaining an insight into truth로 표기한다. (박영의, 『실용 한영 불교영어사전』, 홍법, 2010, p.122)

있다. 주지하다시피 한국불교의 대표적인 종단인 대한불교조계종의 주된 수행법은 간화선看話禪이다. 남송 때 대혜종고(大慧宗杲, 1089~1163)에 의하여 확립된 간화선은 화두話頭에 대한 의심을 통하여 의단疑團을 형성하고, 동정일여動靜一如·몽중일여夢中一如·오매일여寤寐一如의 삼관문三關門을 타파하여 깨달음에 이르는 수행법이다.

파병破病과 전제全提의 특징을 지닌 화두를 매개로 한 간화선은 고려 시기 보조지눌(普照知訥, 1158~1210)에 의해 유입된 이래 지금의 조계종에 이르기까지 선가禪家의 수행법을 대표하고 있다. 이러한 전통에 구애받지 않았던 선사의 관법은 제3자들로부터 간화선과 다르다는 차원을 넘어, 심지어 비불교적이라는 오해까지 받아왔었다. 그러나 석가세존 당시 행해진 위빠사나(vipassnā) 수행법은 다름 아닌 관법수행이었으며, 이러한 수행전통을 따르고 있는 것이 남방불교이다. 중국에서도 관법수행은 한때 유행하였는데, 후한後漢 시기 안세고安世高에 의하여 번역된 『불설안반수의경佛說安般守意經』이나 수隋나라의 천태지의(天台智顗, 538~597)가 저술한 『마하지관摩訶止觀』 등에서 알 수 있다. 따라서 선사가 제시한 관법수행이 간화선 등 주류 수행법의 관점에서 볼 때는 다소 독특한 점이 있긴 하지만 불교의 수행전통에서 벗어난 것은 아니라 할 수 있겠다.

본서에서는 한마음선원을 중심으로 불교의 생활화·현대화·과학화·세계화에 크게 기여한 대행선사의 주인공 관법이 형성되는 그의 삶과 행적 및 관법의 정의와 원리, 관법수행의 내용과 특징을 밝히고, 그리고 관법의 현대적 의의가 무엇인지를 구명究明하고자 한다.

제2절 이전 자료와 글의 방향

1. 이전 자료

선사에 의하여 제시된 관법觀法은 선사 자신의 수행 과정 속에서의 실참과 체험을 통하여 완성된 것으로 어떤 종파나 혹은 특정 스승의 가르침에 크게 기인한 것은 아니다. 다만 출가와 수행의 과정 속에서 한암중원(漢巖重遠, 1876~1951)의 인도를 크게 받은 점과, 선사에 의하여 주창된 관법이 비록 독창적이긴 하나 불교사상의 영향 안에서 이루어졌다는 점에서 그 사상적 인연관계를 구명할 수 있다.

   선사 및 한마음선원과 관련한 학술적 연구가 시작된 것은 1990년대 후반부터라 할 수 있다. 1996년 정태경鄭泰慶은 「우리나라 장묘형식葬墓形式의 문제점과 개선방안에 관한 연구」에서 선사의 장묘문화 개선방안을 소개하고 있다.[9] 그리고 1997년 이균희李均熙(慧禪)는 「하택신회荷澤神會의 행적과 선사상 연구」에서 『한마음요전』의 내용을 인용하고 있는데, 이러한 시도는 학계에 선사를 소개한 효시라 할 수 있다.[10] 그러나 이러한 연구물은 선사의 사상에 대한 본격적인 연구라고 규정하기에는 일정한 한계를 지니고 있으며, 본격적인 연구는 2000년대 이후부터 이루어졌다.

---

9 정태경, 「우리나라 葬墓形式의 問題點과 改善方案에 관한 硏究」 (동국대학교 대학원, 석사학위논문, 1996), pp.91~94.

10 李均熙(慧禪), 「荷澤神會의 행적과 선사상 연구」, (동국대학교 대학원, 석사학위논문, 1997).

2004년 "동아시아 불교전통에서 본 한국 비구니의 수행과 삶"이란 주제로 한마음선원의 주최 아래 국제학술대회가 개최되었는데, 여기에서 선사의 사상에 대한 논문이 4편 발표되었다.[11] 아울러 염준근은 「불교의 일심一心에 대한 과학적 고찰」이란 주제로 석사학위논문을 발표하였다. 이듬해인 2005년에는 석사학위논문인 가온여울(Marcie Middlebrook)의 「한마음선원과 대행大行 스님의 "주인공主人空" 개념 연구」와 박사논문인 이균희(혜선)의 「'한마음' 사상과 선수행 체계 연구」가 발표되었다. 이러한 논문들을 계기로 하여 선사에 관한 다양한 학문적 논의가 이루어지고 있다.

선사에 관한 연구물로는 크게 학위논문과 일반논문으로 나누어 볼 수 있다. 우선 학위논문으로 석사학위논문 5편과 박사학위논문 2편 등 아래와 같이 총 7편의 논문이 있다.

염준근, 「불교의 일심에 대한 과학적 고찰」(동국대학교 대학원, 석사학위논문, 2004).

가온여울, 「한마음선원과 대행선사의 "주인공" 개념 연구」(서울대학교 대학원, 석사학위논문, 2005).

이균희(혜선), 「'한마음' 사상과 선수행 체계 연구」(동국대학교 대학원, 박사학위논문, 2005).

---

11 국제학술대회 편저, 『동아시아 불교 전통에서 본 한국 비구니의 수행과 삶』(대한불교조계종 한마음선원, 2004).; 여기에는 「대행스님의 수행관에 대하여」, 「대행스님의 함이 없는 도리」, 「대행스님의 과학관」, 「주인공의 개념에 대하여」 등 선사의 사상과 관련된 4편의 논문이 수록되었다.

이용권, 「한마음선원의 공생共生 실천과정에서의 실천적 과제」(동방불교대학원대학교, 박사학위논문, 2011).
이향숙(혜교), 「묘공대행妙空大行의 "주인공 사상과 관법" 연구」(동국대학교 대학원, 석사학위논문, 2013).
김경자(혜안), 「묘공대행妙空大行의 전법 특성에 관한 연구-오공五共 사상을 중심으로」(동국대학교 대학원, 석사학위논문, 2016).
박훈, 「대행선사大行禪師의 생사관과 죽음의례에 관한 연구」(한림대학교 대학원, 석사학위논문, 2017).

염준근의 논문에서는 선사의 일심一心, 즉 한마음 사상에 대한 분석과 더불어 한마음과 과학의 관계를 구명한 후 선사의 과학관에 대해 조망하고 있다. 이 논문은 선사의 일심과 과학관에 대한 내용을 가지고 최초로 학위논문을 제출하였다는 데 그 의의가 있다.

가온여울의 논문은 종교학적 관점에서 접근하고 있는데, 크게 세 가지의 문제를 다루고 있다. 첫째, 선사의 주인공 개념의 불교 교리적 배경을 선불교의 주인공에서 찾고 있는데, 선불교에서 나타나는 주인공은 인격화된 불성으로서 선어록에서는 독립적인 생명체처럼 묘사된다고 밝히고 있다. 선사는 이러한 주인공을 계승하면서도 그 비어 있음을 강조하여 주인공으로 개념을 확장하고 있다는 것이다. 둘째, 선사의 주인공은 현재의 시대상황과 맞게 보다 포괄적이고 통합적인 힘을 발휘한다는 것이다. 셋째, 한국불교의 근대화에 기여한 점을 들고 있는데, 기복신앙을 자력신앙으로 승화시킨 점이 그것이다.

이균희(혜선)의 논문은 선사에 관한 최초의 박사학위논문으로서 기존 불교계의 '일심'과 선사의 '한마음' 사상의 연관성을 도출하고, 선사의 선수행 체계를 밝힌 후, '일심'과 '한마음' 사상의 동이점同異点을 밝히고 있다. 혜선은 "역대의 선사상이 일심과 일심론으로부터 발현된 것과 같이, 한마음 사상에서 '한마음'은 선사상을 구성하는 본질이자 핵심이다. '일심'과 '한마음'은 본체本體와 즉용卽用의 측면에서 볼 때 동질성을 갖추고 있다. 그러나 그 운용에 있어서는 차별상을 보이는데, 특히 '주인공主人空 관법觀法'이나 '오공사상五共思想' 등에서 그 차이가 두드러진다."[12]라고 밝히고 있다.

이용권의 논문은 상담 심리의 분야에서 '한마음 공생실천과정'의 마음치료 효과를 입증하기 위한 시도로서 Cresswell이 제안한 현상학적 자료수집 방식을 통해 이루어졌다. 그는 2011년 이전 6년 동안 '한마음 공생실천과정 참가자' 중에서 일부를 대상으로 한 수행체험, 소감문 등을 통해 연구를 진행하였다. 내용은 참가자들이 안고 있던 마음속의 갈등과 고통이 '한마음 공생실천과정'을 통해 어떻게 경험되었는지, 그리고 그들이 실천과정에서 이를 어떻게 대처했으며, 마지막으로 그 결과가 어떻게 나타났는지를 밝히고자 하였다. 그리고 결론적으로 참가자들이 교육과정을 통해 주인공에 대한 개념과 원리를 이해하게 되었으며, 그로 인해 자신들이 겪고 있는 고통과 좌절 등이 결국 자신에서 비롯된다는 것을 알게 되었고, 해결법 또한 자신들이 가지고 있다는 믿음을 가지게 되었으며, 실제로 마음이 안정되고 치유되었다고 언급하고 있다.

---

12 이균희(혜선), 「'한마음'思想과 禪修行體系 硏究」(동국대학교 대학원, 박사학위 논문, 2005), p.200.

이향숙(혜교)의 논문은 본 관법 연구와 직접적으로 관련되어 있는데, 크게 주인공 사상의 배경과 한마음 주인공 사상 및 주인공 관법 수증修證에 대하여 밝히고 있다. '한마음 주인공 사상'에서는 '한마음'에 대하여『기신론』의 일심, 화엄의 일심, 오공五共의 일심을 통하여 기존의 불교사상과 한마음 사상의 연계성을 밝히고 있다. 이어 관법의 핵심용어인 '주인공主人空'에 대하여 기존 선불교에서 사용되는 주인공主人公과의 공통점과 차이점을 밝혔다. 그리고 '한마음'과 '주인공'을 별도로 쓰는 경우와 '한마음주인공'처럼 함께 쓰일 때의 관계를 설명하였다. 그리고 '주인공 관법 수증'에서는 주인공 관법의 내용으로 조건 없는 믿음, 불이관不二觀, 일심관一心觀, 그리고 무심관無心觀을 제시하고 있다. 이어 '수행의 단계'와 '성불론'을 제시하고 있다.

김경자(혜안)의 논문에서는 선사의 생애에 이어 주인공 사상의 수행관, 오공五共의 전법傳法 특성과 그것이 후대에 미친 영향과 의의를 밝히고 있다. 여기에서 혜안은 "선사의 수행체계는 한마음을 바탕으로 한 삼사수행三死修行과 주인공 관법, 오공사상이다."[13]라고 밝히고 있다. 그리고 관법의 수증에 대하여 '맡겨놓고, 지켜봄'에 이어 '삼사三死의 체득'을 제시하고 있는데, 이러한 시도는 간화선의 체계 속에서 선사의 수행법을 해석하고자 한 시도로 보인다.

박훈의 논문에서는 한국적 생사학을 구성하는 데 있어, 선사의 법문과 사상 속에 내재되어 있는 생사관과 죽음의례를 조망하였다. 선사의 생명관과 죽음관에서는 생명의 근본을 '주인공主人空'이란 개념

---

13 김경자(혜안), 「妙空大行의 傳法 特性에 관한 硏究-五共사상을 중심으로」, (동국대학교 대학원, 석사학위논문, 2016). p.58.

으로 정의하였고, 죽음 수행론은 죽음을 근본적으로 부정하고 외면하려는 현대인과 죽음 과정에서 겪게 되는 두려움에 관하여 새로운 성찰, 즉 죽음을 대하는 태도에 대한 성찰을 호소하였다. 또 우리 사회의 변화에 맞춰 죽음의 의미를 살리되 뜻을 온전히 전할 수 있는 의례들로 영탑공원과 촛불재, 한마음제사법 등을 통해 죽음 의례와 문화를 선진적으로 이끌어온 사례들을 연구하였다. 삶 속에서 죽음을 달고 살았던 선사의 생사관은 현대를 사는 우리에게 삶과 죽음에 대해 어떤 자세와 태도에 가질 것인가에 대한 가능성 모색과 한국적 생사관 정립 및 생명사상 확산에 의미 있는 계기가 될 것으로 보인다.

선사에 관한 일반 연구물 가운데 저서로서는 혜선의 『한마음과 대행선禪』[14]이 있는데, 이는 앞서 소개한 그의 박사학위논문을 보완하여 발간한 것이다. 이외에 주목할 만한 일반 학술논문으로는 혜선의 「도심에서의 선禪: 현대사회에서의 불교수행에 대한 대행선사의 새로운 접근」[15]과 한자경의 「한마음이란 무엇인가? – 한마음선원 대행스님의 『한마음요전』을 중심으로」[16]와 김원명의 「대행선사의 한마음 사상을 중심으로 본 업과 삶」[17] 및 Chong Go의 "Sŏn Daehaeng Daehaeng's 'Doing without Doing'"[18] 등을 들 수 있다. 그리고 2016년 대행선에

---

14 혜선, 『한마음과 대행禪』 (운주사, 2013).
15 혜선, 「도심에서의 禪: 현대사회에서의 불교수행에 대한 대행스님의 새로운 접근」 (『제10차 세계여성불자 대회 학술논문집』, 몽골, 2008).
16 한자경, 「한마음이란 무엇인가? – 한마음선원 대행스님의 『한마음요전』을 중심으로」 (『선학』 44호, 한국선학회, 2016).
17 김원명, 「大行禪師의 한마음 사상을 중심으로 본 업과 삶」 (『철학논총 85집』, 새한철학회, 2016).

대한 본격적인 연구를 위하여 대행선연구원이 개원하였는데, 이 연구원 주최로 2017년에 개최한 1차 학술대회의 자료집인 『대행선이란 무엇인가?』에 수록된 이평래·김광식·김호귀·박소령·차차석 등 5편의 논문이 있다.[19]

선사의 관법의 연원을 밝히기 위해서는 초기불교와 천태종 등의 관법에 관한 연구를 참조할 필요가 있다. 이에 관한 대표적인 선행 연구로는 김준호의 「초기불교 선정설禪定說의 체계에 관한 연구」[20]와 오지연의 「천태지의의 원돈지관 연구」[21] 및 최동순의 「선관사상禪觀思想의 변천과정 연구-천태지관과 관련하여」[22] 등이 있다.

또 선사의 사상 형성에 가장 큰 영향을 미친 인물로 한암중원漢巖重遠을 들 수 있는데, 한암에 관한 연구물로는 2015년 한암사상연구원에서 편저한 『한암선사 연구』가 있다. 여기에는 윤창화, 김광식, 김호성,

---

[18] Chong Go, "Sŏn Daehaeng Daehaeng's 'Doing without Doing'," in Makers of Modern Korean Buddhism, ed. Jin Young, Park(SUNY Press, 2010), pp.227~242.

[19] 여기에 수록된 논문은 이평래의 「한마음을 요체로 한 대행선에 관하여」, 김광식의 「대행선사의 행적에 나타난 혁신불교」, 김호귀의 「대행선 형성의 사상적 배경-본래성불사상과 관련하여」, 박소령의 「대행선사의 한마음 사상에 나타난 교리적 근거 고찰」, 차차석의 「대행선사의 오공의식에 나타난 사상적 연원 고찰」 등이 있다.

[20] 김준호, 「초기불교 禪定說의 체계에 관한 연구」 (부산대학교 대학원, 박사학위논문, 2008).

[21] 오지연, 「천태지의의 원돈지관 연구」 (동국대학교 대학원, 박사학위논문, 1998).

[22] 최동순, 「禪觀思想의 변천과정 硏究-天台止觀과 관련하여」 (동국대학교 대학원, 박사학위논문, 2001).

고영섭, 인경, 김종진, 이상하, 변희욱 등 총 9인의 글이 실려 있다. 또 같은 해 조계종출판사에서 편찬한 『석전과 한암, 한국불교의 시대정신을 말하다』가 있는데, 여기에는 한암과 관련하여 염중섭(자현), 조성택, 이덕진, 김광식, 윤창화, 김종두 등 총 6인의 글이 실려 있다. 그리고 한암에 관련한 학위논문으로는 최수도의 「한암선사의 불교교육사상 연구」가 있다.[23]

2. 글의 방향과 구성

본서는 인문학 연구의 보편적인 연구방법론인 문헌 비평적 접근법을 따른다. 즉 텍스트를 중심으로 하여 그와 관련된 역사적 상황 및 사상 등을 추론해 나가는 방법론이다.

근현대 고승의 한 분인 선사의 연구를 위해서는 그에 관한 철저한 자료수집, 발굴, 정리, 자료집 및 전집의 발간 등이 전제되어야 한다. 그리고 이러한 자료를 분석하고 해석하고 비평하는 작업이 이루어져야 한다. 여기에서 중요한 것은 객관적인 1차 자료를 확정하는 작업과 함께 연구의 대상에 어디까지를 포함시킬 것인가 하는 문제이다.

선사의 자료 중 산중고행 시절에 관한 자료는 거의 없으며 1980년대 초반부터 기록이 이루어지게 되는데, 그 기록의 주체 또한 그의 제자나 재가법사들이다. 선사에 관한 1차 자료는 이미 선행 연구를 통하여 많이 소개되었는데, 특히 혜선의 『한마음과 대행선』에 자세히 소개되

---

[23] 최수도, 「漢岩禪師의 佛敎敎育思想 硏究」 (동국대학교 대학원, 석사학위논문, 1994).

어 있다.[24] 여기에서는 본서와 관련된 자료를 중심으로 간략하게 언급하고자 한다.

우선 선사의 사상을 연구하는 데 있어서 가장 확실한 자료는 그가 직접 설한 법문을 녹취한 것이다. 물론 이는 문서로 편집되지 않았기 때문에 대중에게 공개화되지 않은 약점이 있지만, 그의 사상을 정확하게 파악할 수 있다는 점에서 중요한 근거 자료가 된다. 따라서 선사의 설법을 직접 녹취한 845여 편의 자료를 연구의 대상에 포함시키고자 한다.[25]

다음으로 선사의 설법을 편집한 설법집[26]과 단행본[27], 그리고 신문

---

[24] 혜선(2013), 앞의 책, pp.86~119.; 여기에서 혜선은 선사의 자료를 한국어판과 영어판, 그리고 기타 외국어판 등 셋으로 분류하고, 각 자료에 대한 제목과 내용을 소개하고 있다. 한국어판에는 다시 '한마음의 도리'에 해당하는 11권, '함이 없는 行'에 해당하는 4종 12권 등을 소개하고 있다. 영어판으로는 총 19권, 기타 외국어판으로는 총 18권을 소개하고 있다.

[25] 선사의 설법을 1982년도부터 녹취하였는데 설법의 형태는 정기법회, 법형제법회, 지원을 순방하며 설법한 지원법회, 외국지원에서 설법한 해외법회, 그 외에도 스님들을 대상으로 승단법회, 대담에서 질문과 답변으로 이어지는 대담법회, 토론하는 형식의 담선법회, 신행, 인터뷰 등의 설법자료가 있다.

[26] 김정빈, 『無: 대행스님법어집』(글수레, 1986) / 김정빈, 『영원의 오늘: 대행스님법어집』(연꽃선실, 1989) / 서혜원 편, 『영원한 나를 찾아서: 대행스님법훈록』(글수레, 1987) / 서혜원 편, 『삶은 고가 아니다: 생활법어집』(여시아문, 1996) / 한마음선원 편, 『한마음요전; 대행스님행장기·법어집』(한마음선원, 1993) / 박진우, 『발 없는 발로 길 없는 길을: 대행스님 사진법어집』(예성인쇄사, 1993) / 한마음선원, 『허공을 걷는 길: 대행스님법어집』 정기법회 전4권 (한마음선원출판부, 1999) / 한마음선원, 『허공을 걷는 길: 대행스님법어집』 법형제법회 전2권 (한마음선원출판부, 2000) / 한마음선원, 『허공을 걷는 길: 대행스님법어

잡지 등에 실려 있는 내용들을 대상으로 한다. 이 가운데 중요한 참고 자료로는 선사의 법어를 정리한 『허공을 걷는 길』[28]과 『한마음요전』[29] 등이다.

본서에서 살펴보고자 하는 중점사항은 선사의 관법수행과 관련하여 그 기초가 되는 한마음에 대한 고찰, 관법의 정의와 원리, 수행론, 실천수행법, 그리고 관법의 활용 등이다. 본서를 각 장별로 살펴보면 다음과 같다.

제1장 '서론'에 이어, 제2장 '근현대 불교계의 현실과 대행선사의 행적'에서는 선사의 관법수행이 형성되어진 시대적 배경과 더불어

집』국내지원법회 전3권 (한마음선원출판부, 2005) / 한마음선원, 『허공을 걷는 길: 대행스님법어집』국외지원법회 전3권 (한마음선원출판부, 2011) / 대행, 『그냥 무조건이야: 대행스님법훈록』(한마음선원, 2009) / 국제문화원 편저, 『건널 강이 어디 있으랴』(한마음출판사, 2009). 이외에도 법어집은 영문판으로 출간된 것이 다수 있으며, 독일어판·중국어판·스페인어판·일본어판·베트남어판 등이 있다.

[27] 김정빈, 『도道』(글수레, 1985) / 이제열, 『한마음: 대행스님대담집』(글수레, 1988) / 이제열, 『불법, 영원한 복락을 찾아서: 대행스님대담집』(여시아문, 1988) / 노산, 『죽어야 나를 보리라: 신행담모음집』(늘푸름, 1991) / 한마음선원신도회, 『영원한 길의 시작: 신행담모음집』(여시아문, 1996) / 현대불교신문사 엮음, 『생활 속의 불법수행』(여시아문, 1998) / 慧禪, 『한마음과 대행禪』(도서출판 운주사, 2013).

[28] 『허공을 걷는 길』은 선사의 법문에 수정을 가하지 않고 최대한 원문을 보존하기 위해 다소 앞뒤의 문맥이 어긋나더라도 의미가 상통하면 구어체를 그대로 둠을 원칙으로 하여 1999년부터 현재 2017년까지 총12권의 전집형태로 출간되었다.

[29] 『한마음요전』은 선사가 설한 법어와 행적 중에서 요체가 되는 것만을 가려 뽑아서 정리한 행장기 및 법어집이다.

선사의 행적에 대하여 살펴보고자 한다. 우선 '근현대 불교계의 현실'에서 선사가 살다간 시대의 불교계의 현실을 구명하여, 어떠한 불교계의 상황 속에서 관법수행이 나타나게 되었는지를 밝히고자 한다. 다음으로 '선사의 행적'에 대해서는 선행 연구를 검토하고, 본 연구와 관련되어진 내용을 중심으로 하여 선사의 삶을 재구성하여 제시하고자 한다. 특히 구도과정에서 한암과의 인연과 지도받은 내용을 살펴보고, 교화의 과정에서 관법과 관련하여 어떠한 지도가 이루어졌는지를 중심으로 살펴보고자 한다.

제3장 '대행선사 관법의 정의와 원리'에서는 선사의 독특한 관법을 어떻게 정의할 수 있는가 하는 문제와 더불어 관법의 원리가 무엇인지를 구명하고자 한다. 우선 불교의 역사에서 관법은 어떻게 전개되어 왔는지를 살펴보고, 이를 통하여 선사의 관법을 정의하고자 한다. 다음으로 관법의 원리에서는 선사가 제시한 관법의 철학적 기초와 관법의 원리 및 관법 원리에 나타나는 특징에 대하여 살펴보고자 한다.

제4장 '대행선사의 관법수행'에서는 선사의 한마음사상에 나타난 본래성불사상을 바탕으로 관법수행에 대해 구체적인 실천방법을 살펴볼 것이다. '믿음'과 관련해서 관법의 믿음의 정의와 기준, 그리고 그 공덕에 대해 살펴보며, '놓음'에 대해서는 놓음의 의미와 대상, 그리고 놓음의 종류를 중심으로 살펴보고자 한다. 마지막으로 '지켜봄'의 수행에서는 선사가 말하는 지켜봄의 의미와 대상과 과정, 그리고 지켜봄의 제상諸相에 대해 살펴보고자 한다. 그리고 이러한 관법수행의 실천방법인 '믿음'·'놓음'·'지켜봄'의 3요소가 어떠한 관련성이 있으

며, 선사가 제시하는 관법수행의 수행론과 특징은 무엇인지를 살펴보고자 한다. 그리고 기존의 경론과 어떠한 연관성이 있는지도 살펴보고자 한다.

제5장 '대행선사 관법의 활용과 현대적 의의'에서는 선사 관법의 활용과 그 현대적 의의가 무엇인지를 살펴보고자 한다. 선사가 선원 건립 이후 대중들에게 관법을 어떻게 활용하였는지를 중심으로 하여, 불교의 생활화·현대화·과학화·세계화 등의 범주로 나누어 살펴보고자 한다. 이어 선사 관법이 가지는 사상사적 의의와 한국불교 전통의 계승적 의의 및 관법의 수행론적 의의와 관법수행을 통하여 얻어지는 의의가 무엇인지를 고찰해보고자 한다.

끝으로 제6장 '결론'에서는 지금까지의 논의를 정리하고서, 연구를 통하여 얻어진 결론과 앞으로 남겨진 과제를 제시하고자 한다.

제2장 근현대 불교계의 현실과 대행선사의 행적

제1절 근현대 불교계의 현실

1. 일제강점기의 불교계

선사가 살았던 당시의 시대적 배경은 일제강점기와 해방 이후 혼란을 거쳐 근대화와 민주화가 동시에 이루어진 격변의 시대라 할 수 있다. 이 시기 불교계 또한 격변하는 시대적 상황과 맞물려 많은 격동과 혼란을 맞이하였다. 시련과 고행과 포교로 이어진 선사의 삶은 이러한 시대적 흐름과 무관해 보이는 듯하지만, 모든 존재가 연기적 관계 속에 놓여 있음을 상기할 때 그의 독특한 삶 또한 시대적 상황과 긴밀하게 관련되어 있다고 볼 수 있다.

　선사의 삶에 큰 영향을 끼친 계기가 된 것은 가세의 급격한 몰락이라 할 수 있다. 『한마음요전』에는 "부친께서는 일제에 의해 요시찰 인물

(불령선인)로 지목되더니, 선사께서 일곱 살이 되시던 해에 이르러 급기야는 토지 전답은 물론 살던 집에서조차 맨몸으로 쫓겨나는 처지가 되었다."[30]고 밝히고 있는데, 이때가 1933년의 일이다. 이 시기는 일제의 지배정책이 문화정책에서 전시동원체제에 의한 황민화정책으로 바뀌어가던 시기이다. 즉 당시 일제는 1931년에 만주사변을 일으키고, 이어 1932년에는 만주국을 건설하였으며, 1937년에는 남경南京대학살을 자행하며 중국과의 전면전쟁에 돌입하게 된다. 그리고 1940년에는 조선에서 창씨개명을 실시하고, 1941년에는 진주만을 폭격하여 태평양전쟁을 일으키면서 종국終局을 향해 달려 나가던 시기였다.

이 시기 불교계의 최대 과제는 '총본산 건설'이었다. 이는 당시 불교계가 1911년 일제에 의하여 공포된 '사찰령'과 '시행규칙'에 의하여 본말사제도의 시행 하에 있었기 때문이었다. 총본산 건설을 위한 꾸준한 노력에도 허가를 하지 않던 총독부는 태평양전쟁을 전후하여 불교계의 협조를 얻어내기 위한 목적으로 총본산 건설을 허가하게 된다. 결국 1941년에 이르러 '조선불교조계종 총본사 태고사법'을 총독부로부터 인가받고서 '조선불교조계종'이 탄생하게 된다. 이는 조선 중기 이후 무종파의 상황 하에 놓여 있던 불교계가 '조선불교조계종'이라는 정식 종단을 출범시킨 역사적 의미를 띠며, 이때 초대 종정으로 추대된 인물이 바로 한암漢巖이다.

이 시기 불교계의 활동 중에 주목되는 사건은 조선불교조계종의 건설과 더불어 새로운 독자적인 회상을 구축하기 위한 다양한 활동이

---

30 『한마음요전』, 앞의 책, p.18.

시도되었다는 점이다. 그 대표적인 것으로 선학원禪學院과 대각교大覺教 및 불법연구회佛法研究會 등을 들 수 있다.

선학원은 1921년 서울 종로구 안국동 40번지에 항일적인 면목이 강한 비구승들인 송만공, 김남천, 오성월 등이 주축이 되어 설립된 사찰이었다. 이는 일제의 사찰령에 저항하며 한국불교의 전통을 수호하고 선수행의 정신을 회복하고자 하는 의도에서 설립한 것이다. 그리고 이듬해인 1922년에 선학원의 창립정신에 동의한 전국의 수좌首座들이 주축이 되어 선우공제회禪友共濟會를 탄생시켰으며, 이때의 주역은 송만공, 오성월, 백학명, 이설운, 임석두, 이고경, 박고보, 기석호, 김남천 등 35인이었다.[31] 이후 선학원은 선의 대중화를 위해 노력하면서 전국수좌대회를 개최하는가 하면 대중포교를 위한 기관지 『선원禪苑』을 간행하였다. 그러나 재정적인 이유로 활동이 위축되었다가 1934년 선리참구원禪理參究院으로 전환되었는데, 이때 송만공이 이사장을, 방한암이 부이사장을 맡았다. 그리고 1935년 제3차 수좌대회를 계기로 조선불교선종朝鮮佛教禪宗을 탄생시키기도 하였다.[32] 이러한 선학원의 설립은 1910년 임제종 운동의 항일적 성격과 그 맥을 같이할 뿐만 아니라, 대처식육에 대한 문제를 제기하면서 한국선의 정통과 청정한 계율정신을 강조하였으며, 해방 이후 불교정화운동의 주축이 되었다는 점에서 그 역사적 의미가 크다고 할 수 있다.[33]

---

31 김광식, 「선학원의 설립과 전개」, 『선문화연구』 창간호, 한국불교선리연구원, 2006), pp.282~284.

32 김순식, 「중일전쟁 이후 선학원의 성격 변화」, 『선문화연구』 창간호, 한국불교선리연구원, 2006), p.336.

대각교는 백용성에 의하여 도심을 중심으로 승려와 재가를 대상으로 대각운동을 펼치기 위해 창립되었다. 용성은 1916년 서울 봉익동에 대각사大覺寺를 설립하였으며, 1922년부터 대각교를 창립하여 대각운동을 전개한다. 용성은 『각해일륜覺海日輪』에서 "대원각체성大圓覺體性은 천지가 나와 한 근원이며, 만물이 나와 동체이다. …… 이것은 우리 대각의 본원실성本源實性을 말함이다. 또 하나는 대각의 근본적 심성을 깨치고 또 다른 사람을 깨치게 하며 자각각타自覺覺他가 둘이 아니어서 원만함으로 구경각究竟覺이라 하기도 하고, 또 사람 사람마다 각하脚下에 청풍淸風이 떨치고 낱낱이 면전에 달이 밝았으니 이것은 본각이 본래구족本來具足한 것을 표시함이다."[34]라고 밝히고 있다. 이처럼 용성은 '대각'을 통하여 일본불교의 침탈에 맞서 불교를 개혁하고자 하였다. 용성은 참선결사를 통한 선수행을 강조하고, 경제적인 자립을 위하여 선농불교를 주창하였으며, 삼장역회三藏譯會를 설립하여 불교경전의 한역화韓譯化를 시도하였다.[35]

불법연구회는 박중빈에 의하여 1924년 전라북도 익산시에 창립하고서 '법신불 일원상'을 신앙의 대상으로 삼아 불교교단을 떠나 독자적인 신불교운동을 전개하였다. 그는 "물질이 개벽되니 정신을 개벽하자"는 개교표어를 표방하면서, 불법의 시대화·대중화·생활화를 구현하고자 하였다. 불법연구회를 창립한 박중빈은 대중포교를 위한 기초

---

[33] 오경후, 「일제하 선학원의 창립과 중흥의 배경」, (『동방학지』 136호, 연세대학교 국학연구원, 2006), pp.182~184.
[34] 백용성, 『각해일륜』 (불광출판사, 2004), pp.18~19.
[35] 김광식, 『용성』 (민족사, 1999), pp.147~158.

작업으로 교리를 제정하고 불교의 대표적인 경전들을 한글로 번역하였으며, 자립경제를 위한 구체적인 방법들을 실천함과 아울러 「조선불교혁신론」을 통해 불교개혁의 방향을 제시하였다.[36]

2. 해방 이후의 불교계

해방 후 한국불교 교단의 과제는 친일적 요소를 제거하고 교단을 새롭게 혁신하는 것이었다. 해방이 되면서 왜색倭色을 탈피하고자 '조선불교조계종'의 호칭에서 조계종을 빼어 '조선불교'라 하였으며, 1946년에 「조선불교교헌」이 제정·공포되었다. 이때 종정에 박한영(朴漢永, 1870~1948)을 추대하고, 총무원장에 김법린(金法麟, 1899~1964)이 취임하였다.[37] 그 후 대한민국 정부 수립과 아울러 교단의 명칭도 대한불교로 고쳐졌으며, 1948년 초대 교정이었던 박한영이 입적하자, 방한암方漢巖이 제2대 교정으로 추대되게 된다. 이어 3대 종정은 송만암(宋曼庵, 1876~1957)으로 이어진다.[38]

이후 불교계의 중심문제는 비구·대처 간의 분규紛糾의 형태를 띤

---

36 김방룡, 「근현대 한국불교에 나타난 생활불교의 유형과 미래 재가불교의 방향」 (『한국교수불자연합학회지』 20권 2호, 2014), p.148.

37 김영태, 「근대불교의 종통 종맥」, 『한국근대종교사상사』 (원광대 출판국, 1984), p.186. / 한국불교사학회, 『近代韓國佛敎史論』 (민족사, 1988), p.207.

38 1945년에서 1953년 동안 이른바 진보성향의 불교 혁신단체들이 결성되어 많은 개혁안을 제시하며 활동하였는데, 대표적인 것으로는 불교청년당·혁명불교도연맹·조선불교혁신회·불교여성총동맹·선리참구원·선우부인회·불교학생동맹 등이 있다.

소위 '불교정화운동'에 있었다. 1954년 이승만 대통령의 1차 유시[39]를 시작으로 연이은 유시에 의하여 분규는 증폭되어 갔으며, 1962년에 비구측의 '대한불교조계종'이 문공부에 등록하고 1970년에 대처측의 '한국불교태고종'이 문공부에 등록하면서 분규가 종식되게 된다.

이후 수많은 불교종단이 출현하게 되는데, 이는 정부가 제정한 법률과 관련되어 있다. 1962년 박정희 정권이 일제의 사찰령을 모방해 불교계를 통제하기 위한 목적으로 '불교재산관리법'을 제정하였는데, 이 법의 제2조에는 불교단체의 종류 및 문화공보부 등록, 주지 또는 대표자 등록, 단체의 대표권 및 재산관리권 등을 규제하고 있다. 나아가 사찰 경내 공사 등의 경우에 정부관청의 허가를 받도록 했으며, 재산목록을 작성해 관할구청에 연 1회 제출할 것 등의 의무조항이 포함되었다. 결국 불교단체를 구성하기 위해서는 정부의 허가를 얻어야 하는데, 처음 이 법에 의하여 18개의 종단이 등록하게 된다. 이후 1988년에 이르러 '불교재산관리법'이 폐지되고 이를 대신하여 '전통사찰보존법'이 시행되게 되는데, 이를 계기로 수많은 신생 종단들이 창종되게 된다. 종교조사보고서에 의하면 이 당시 불교종단의 수는 66개였는데, 2013년에 이르면 130여 개 종단이 존재하게 된다.[40] 그러나 이러한

---

[39] 제1차 유시는 1954년 5월 21일에 있었다. 그 내용은 "우리나라 각지 명산에 있는 사찰은 독신승이 모여 수도하는 道場으로 세속의 처자 살림을 하지 않는 것이 고유한 전통인데, 왜정 하에서 한국 승려들도 왜색승을 본받아 사원 안에서 대처 생활을 하고 있고, 이 나라의 명산대찰이 세속화하여 외국 관광객이 오더라도 보여줄 것이 없으므로 대처승은 사찰 밖으로 물러가서 살게 하고, 절에는 독신승이 살도록 하여야 되겠다."는 것이었다.

[40] 김방룡, 「해방 후 한국불교의 성립과 신생종단의 성립과정」, 『종교문화연구』

많은 종파에도 불구하고 대한불교조계종의 교세가 압도적으로 크며, 그 다음으로 한국불교태고종, 대한불교진각종, 대한불교천태종 등이 차지하고 있다.

1980년대에 들어서면서부터 한국불교계의 큰 변화가 일어나게 되는데, 그것은 불교신도들의 의식변화이다. 즉 기존의 기복신앙의 형태를 탈피하여 재가자들이 스스로 불교교리에 대한 학습과 수행을 통하여 깨달아야 한다는 자각이 일어나기 시작한 것이다. 이러한 요구에 따라 불교종단의 포교방식에도 변화를 띠게 된다. 이 시기 새롭게 등장한 수많은 불교교양대학이 한동안 크게 번성한 것이 그것을 말해 준다.

이러한 시대적 흐름과 맞물려 출현한 신행단체가 바로 선사의 '한마음선원'이다. 한마음선원은 1972년 '대한불교회관'이란 이름으로 경기도 안양에서 설립하여 출발하였으며, 1982년 선사가 한마음선원의 원장으로 취임하면서 큰 전기를 맞이하게 된다. 그리고 1992년에 조계종 소속의 재단법인으로 등록하게 된다. 그러면서도 한마음선원의 자율적인 신행과 운영체계를 발전시켜 갔다. 한마음선원은 안양의 본원을 비롯하여 국내외 십수 개의 지원을 설립·운영하고 있으며, 선사는 독자적인 수행법으로 제자들과 신도들을 지도하였다. 선사의 한마음선원의 특징을 김광식은 "그는 혁신불교의 지향을 분명히 하였다. 기복불교의 배척, 구태의연한 경전 해석과 인용의 거부, 일원상의 채택, 신도 위주의 담선법회 개최 … 이런 제반 양상에 나타나는

3집, 한신대 종교문화연구소, 2001), pp.299~300.

공통적인 성격은 혁신불교, 혁신종교였던 것이다."[41]라고 밝히고 있다. 이 같은 혁신성은 생활화·현대화·과학화·세계화 등의 용어로 대표할 수 있다.

한마음선원의 성공은 현대 한국불교의 흐름을 바꾸어놓는 하나의 계기가 되었다고 할 수 있다. 한마음선원의 출현 이후 수많은 불교 신행단체들이 출현하여 활동하고 있는데, 그중 1985년 지광에 의하여 개원한 능인선원, 1988년 법륜에 의하여 개원한 정토회, 그리고 1989년 수불에 의하여 개원한 안국선원 등은 한국불교에서 독자적인 운영 체계를 유지하고 있다는 점에서 한마음선원의 성공에 간접적인 영향을 받았다고 말할 수 있다.

이러한 근현대 불교계의 흐름 속에서 선사에 의하여 만들어진 한마음선원과 선사가 새롭게 주장한 한마음·주인공主人空·오공(五共: 共生, 共心, 共用, 共體, 共食)사상, 그리고 새로운 수행법으로 제시한 관법은 생활불교·혁신불교의 흐름을 반영하고 있는 것이라 할 수 있다. 즉 일제강점기 선학원·대각교·불법연구회 등과 해방 이후 불교 교양대학을 비롯한 각종 신행단체의 출현 등의 흐름과 그 맥을 같이하고 있다고 볼 수 있다. 특히 한마음선원은 현재 한국불교에서 큰 역할을 하고 있는 능인선원·안국선원·정토회 등에 하나의 전형을 제시하였고, 현대불교의 한 흐름을 바꾸어 놓는 시발점이 되었다는 점에서 주목할 필요가 있다.

---

41 김광식, 「대행선사의 행적에 나타난 혁신불교」, (『제1회 학술대회 자료집-대행선이란 무엇인가?』, 대행선연구원, 2017), p.89.

제2절 대행선사의 행적

선사의 생애와 행적에 대한 시기를 구분하는 작업은 학자들마다 약간씩 견해를 달리하기 마련이다. 『한마음요전』에서는 주로 수혜修慧편과 법연法緣편에 걸쳐 그의 생애를 직간접적으로 소개하고 있다. 이에 대하여 혜선의 『한마음과 대행선』에서는 ①재가구도기 ②시련기 ③출가기 ④오대산 수행기 ⑤두타수행 및 오도기 ⑥점검 및 보임기 ⑦회향기 등 일곱 부분으로 나누어 기술하고 있다.[42] 또 혜안은 ①유·청년기(출생 / 성장) ②출가기(출가 / 오도) ③전법기(전법초기 / 전법중기 / 전법후기) 등 크게 세 시기로 나누어 기술하고 있다.[43]

본서에서는 이와 같은 선행 연구를 참조하여 ①유년기幼年期 ②재가구도기在家求道期 ③출가구도기出家求道期 ④오도悟道·보임기保任期 ⑤전법傳法·교화기敎化期 등 5시기로 나누어 살펴보고자 한다.

1. 유년기

선사는 1927년 1월 2일(음력)에 부친 노백천盧伯天과 모친 백白씨 사이에서 3남 2녀 중 첫째로 태어났다. 속명은 노점순盧點順이며, 법명은 대행大行이며, 당호는 묘공妙空이다.[44] 그가 태어난 당시는

---

42 혜선(2013), 앞의 책, pp.123~194.
43 혜안(2016), 앞의 글, pp.7~33. 이외에도 선사의 생애를 다루고 있는 것은 이향숙(혜교), 앞의 글, pp.10~36이 있다.
44 『한마음요전』, 앞의 책, pp.17~18.

일제강점기였는데, 일제의 기만적인 문화통치가 이루어지던 시대였다.

선사가 태어나기 전 모친이 태몽을 꾸었는데, 모친이 나막신을 신고 천상에 올라 지상을 내려 보았다. 그때 빛나는 금궤가 열리더니 둥그렇게 말린 칼날이 하나 있어 모친이 그것을 집어 드니 칼날이 펴지며 빛을 발하였다고 한다.[45] 선사의 회고에 의하면, 모친이 칼을 뽑을 때 찬란한 광채가 났으며 세상을 살릴 수 있는 무기라고 여겼다고 한다. 모친은 이러한 태몽을 꾼 후 예사롭지 않게 생각하였고, 얼마 후에 선사를 출산하게 된다. 선사는 태어난 직후부터 전혀 울지도 않고 내내 잠만 자는지라, 모친이 일부러 꼬집어 깨워 젖을 물리곤 하였다.[46]

유년기의 삶은 부모에게 의존하기 마련이다. 선사의 유년기에 있어서 큰 변화가 있게 된 것은 그의 나이 6~7세가 되었을 당시 가정의 경제적 몰락에 따른 것이었다. 선사의 부친은 대한제국 군대의 훈련대장이었는데, 1907년 일제에 의하여 군대가 강제 해산당하면서 직장을 잃게 되었다. 이후 물감 만드는 회사를 경영하셨는데, 서울 이태원에서 한남동으로 넘어가는 일대에 많은 땅을 소유할 정도로 재산도 넉넉한 편이었다. 그러나 망국의 퇴역 무관으로서 일제에 항거하면서 몇

---

[45] 위의 책, pp.25~26.
[46] 〈대담〉(121), 한마음선원 자료실, 본원, '무' 책 편찬자와 대담, 1985. 3. 19. 한마음선원 본원에 있는 자료실에 선사가 설법한 845여 개의 녹취자료가 보관되어 있는데, 이 녹취자료 중에는 출판과 미출판된 자료가 함께 실려 있다. 미출판된 자료(대담, 담선, 일반, 승단법회 등)에 한해 이 녹취자료를 참고하고자 한다.

차례 투옥되기도 하고 일제에 의해 불령선인으로 지목되어 전 재산을 빼앗기고 알거지 신세로 전락하게 된다.[47]

아홉 살 되던 어느 날 악후장[48]이란 스님이 선사의 집 마루에서 선사의 모친에게 선사의 집안일에 대해 설하였다. 내용인즉 선사의 집안 식구 중에서 한 사람이 죽어서 이 세상을 전부 살릴 수 있다고 하였다. 모친은 그 이야기를 듣고 육신이 진짜 죽는 것으로 알고 깜짝 놀랐는데, 악후장은 그런 죽음이 아니라고 하면서 두고 보라고 하였다.[49]

이러한 내용은 이후 선사가 수행을 통하여 소아小我를 버리고 진아眞我를 깨닫게 된다는 것을 암시하고 있는 것으로 해석할 수 있다. 집안의 몰락으로 부친의 성격은 혹독하게 변하였는데, 특히 어린 선사에게는 가혹하였다. 한밤중에 담배심부름을 시키는가 하면 부부 사이도 좋지 않아서 심하게 다툴 때가 많았다. 아버지로부터 받은 시련은 육체적·정신적으로 혹독하였지만, 어린 선사를 종교적으로 크게 성숙시키는 계기가 되었다.

이러한 환경 속에서 어린 선사는 '왜 세상 사람들에게 빈부의 격차가 있고 병들어 죽어가야 하는지'에 대한 의문을 가지게 되었다. 또 '누가

---

[47] 『한마음요전』, 앞의 책, pp.18~19.
[48] 악후장 스님의 생몰연대는 미상이며 19살에 입산을 했다고 한다. 악후장이 부친과 인연이 있어서 당시에 궁궐에 중전이 괴이한 병이 걸렸는데 아무도 고치지 못하는 것을 고쳤다고 한다. 선사의 모친은 그 당시 오남매를 두고 있었으며, 악후장은 선사의 부친과 인연이 있어서 가끔 왕래가 있었다. 〔〈대담〉(121), 한마음선원 자료실, 본원, '무' 책 편찬자와 대담, 1985. 3. 19)〕.
[49] 〈대담〉(121), 앞의 녹취록, 1985. 3. 19.

자신을 형성시켜 이렇게 힘들게 하는가?'에 대해 강한 의문을 품게 되었다.[50] 성인聖人은 마음속에 항상 우환의식憂患意識을 가지고 산다고 말한다. 선사의 이와 같은 의문은 세존을 비롯한 수많은 고승들에게서 나타나는 공통점이다. 『불본행집경』에는 세존이 태자시절 사문유관四門遊觀을 통하여 늙고 병들고 죽어가는 것들을 목격하면서 '왜 인간은 병들고 죽어야만 하는가?'에 대해 근본적인 의문을 품었다[51]고 밝히고 있다. 싯다르타의 출가와 대각의 출발점이 바로 이러한 첫 의정疑情에서 시작되었듯이, 선사의 어린 시절의 첫 의문은 이후 그의 삶을 구도자의 길로 인도하게 된다.

2. 재가구도기

비승비속非僧非俗, 승속불이僧俗不二의 삶을 살았던 선사의 구도과정에 있어서 재가와 출가의 시기를 엄밀하게 구분하기는 어려운 점이 있다. 어쩌면 재가와 출가, 성聖과 속俗의 불이不二를 강조하는 그의 가르침처럼 그의 삶은 그러한 구분이 불필요한 것인지도 모른다. 그러나 굳이 재가와 출가의 기간을 구분해본다면, 그가 19세 때 스승인 한암으로부터 머리를 깎고 행자생활을 시작한 시기를 기준으로 삼아야 할 것으로 보인다.

출가 이전 선사는 아버지의 혹독한 학대를 피해 집을 나와 자기 나름의 고행을 지속하던 중에, 내면으로부터 '아빠'라는 소리를 접하게

---

50 『한마음요전』, 앞의 책, pp.27~28.
51 〔隋〕闍那崛多譯, 『佛本行集經』卷15 (T03, pp.722b~725b).

되고 또 '상상의 보시'를 행하게 된다. 그리고 한평생 자신의 정신적 스승이 되었던 한암과 조우하게 된다.

선사는 아버지의 혹독한 학대에 집을 나와 혼자 조용히 자신의 존재에 대한 사유를 진지하게 하였고, 자연을 비롯한 제법諸法을 관찰하면서 자신을 위안시켰다. 그러던 중 선사의 내면으로부터 '아빠'라는 소리가 울려나오며 그 '아빠'를 부르며 한없는 눈물을 흘렸다. 그리고 이 내면의 '아빠'를 발견하고부터 그의 삶은 본격적인 구도자求道者의 길로 들어가게 되었다고 할 수 있다. 선사는 이때의 경험을 다음과 같이 회고하고 있다.

> 그러니까 '아빠'가 등장하고부터는 점차로 모든 것이, 심지어 하찮은 풀뿌리나 돌까지도 내면의 아빠처럼 느껴졌다. 나는 모든 것을 아빠라는 그곳에다 밀어 넣었다. 그때 내가 워낙 고독하기도 했지만, 그러다 보니 나무를 봐도 돌을 보아도 모두가 내 생명같이 여겨져서 함부로 할 수가 없었다. 나무 한 가지 꺾지를 못했다. 배가 고파도 '내가 살기 위해 너를 꺾으면 금방 피가 배어나올 테지.' 하는 생각이 들었다.[52]

이러한 내면으로부터 들려오는 소리를 들으면서 우주 자연과 하나인 세계를 경험한 나이가 겨우 9살이었다. 선사의 부친이 어린 선사에게 혹독하게 대하자 선사는 스스로 위안을 삼으려고 내면의 아빠를 무심코 찾았는데, 그 내면의 아빠로부터 비밀스럽고 무한한 법향法香을

---

52 『한마음요전』, 앞의 책, p.29.

맛보게 된 것이다. 선사는 이때부터 모든 것을 '아빠'라는 자기 내면의 중심을 잡고 가면서 어떤 어려움이 있어도 일체를 '아빠'에게 맡겨놓으며 정신력을 키우는 계기로 삼았다. 이렇게 선사의 유년시절 모든 것을 '아빠'에게 의지한 것은 훗날 선사 수행의 핵심용어인 '주인공主人空'으로 불리게 되었는데, 이는 '불성佛性'·'한마음'·'자성自性' 등과 같은 의미이다.

한편 선사는 혼자 있는 시간이 많았는데, 이럴 때는 '상상의 보시'를 자주 했다고 한다. 도깨비감투가 있다면 투명인간이 되어 무한량으로 쌓여 있는 창고에 가서 꺼내어 불쌍한 사람을 도와주는 상상 속의 보시를 하였다.[53] 선사는 '상상의 보시'를 하면서부터 이미 보살행의 원력을 세워 훗날 어떻게 해서든지 불쌍한 사람들을 돕겠다는 마음의 실천을 한 셈이다. 불교에 있어서도 사홍서원이라든지 원력은 수행에 있어서 가장 중요하면서도 기본 요건이라 할 수 있다. 아미타불의 48대원 등의 원력은 중생들에 대한 한없는 자비의 서원을 표현하고 있다. 선사는 2002년 1월 한마음선원 구정탑 제막식에서 "칠성불은 만중생의 불을 끊어지지 않게 이어 주시고, 서천국의 아미타불은 모든 중생들을 깨닫게 하소서."라고 하였는데, 이는 선사의 중생들에 대한 자비와 원력이 어떠한가를 잘 보여주고 있다.

선사의 삶에 있어서 한암과의 인연은 매우 특별하다. 그것은 그의 구도자적 삶의 행로에 있어서 불교라는 구체적인 방향을 제시해준 계기가 된다. 한암과의 인연의 매개가 되어준 것은 그의 어머니였는데,

---

53 위의 책, p.24.

만남이 이루어진 것은 열네 살이 되던 1940년 오대산 상원사였다. 상원사 인근 진부라는 마을에 외삼촌이 살고 있었는데, 선사는 어머니를 따라 몇 달을 그곳에서 머물게 되었다. 그 가운데 상원사에서 큰 재齋가 있어서 참석하였다가 한암을 친견하게 된 것이다.[54]

당시 한암은 65세의 노승老僧이었다. 그는 1929년 조선불교선교양종 승려대회에서 선출된 7인의 교정 가운데 한 분이었으며, 1935년 조선불교선종의 4인의 종정 가운데 한 분이었고, 1941년 조선불교조계종의 종정으로 추대될 만큼 당시 최고로 추앙받는 선승禪僧이었다.[55] 한암은 1897년(22세)에 금강산 장안사에서 출가한 이후, 신계사·청암사·해인사·통도사·건봉사·봉은사 등지에 주석하다가, 1926년(50세) 오대산 상원사의 조실로 주석하면서 1951년 열반에 들 때까지 27년간을 상원사를 떠나지 않고 머물렀다.[56]

14살의 어린 선사와 65세의 당대 최고 선승이었던 한암과의 운명적인 만남에서 선사는 '도대체 가사 장삼을 걸치고 머리를 깎는다는 의미가 무엇인가? 불법은 무엇이고 공부는 무엇인가?' 하는 의문 속에서, 불법의 의미가 무엇인지를 한암에게 질문하였다. 그리고 한암은 '네가 사는 게 부처님 법이다'라고 응대해주었다.[57] 결국 이러한 인연은 선사를 승려의 길로 이끄는 계기가 된다.

선사는 한암과 만난 이후 불법에 대해 관심을 갖고 궁금한 것이

---

54 위의 책, p.37.
55 김광식, 「方漢岩과 조계종단」(『한암선사연구』, 민족사, 2005), pp.66~88.
56 김광식, 「한암과 만공의 同異, 그 행적에 나타난 불교관」, 위의 책, pp.479~480.
57 『한마음요전』, 앞의 책, p.38.

있으면 직접 찾아가서 묻곤 하였다. 그리고 선사 나이 16~17세 정도에 한암의 문하에서 수행하려고 한암에게 부탁을 했지만, 한암은 아직 때가 아니라면서 선사에게 도움이 되는 법문만을 해주었다.

3. 출가구도기

진정한 출가란 무엇일까?『유마경』에는 장자의 아들들이 '부모의 허락이 없으면 출가할 수 없다'고 말하자, 유마힐은 '그대들이 아뇩다라삼먁삼보리의 마음을 일으킨다면 이것이 곧 출가'라고 대답한다.[58] 즉 깨달음을 향한 진정한 발심이 일어나야 출가라 할 수 있다. 선사는 19세가 되던 1945년 상원사에서 한암에게 머리를 깎고 출가를 하게 된다. 이때 다음과 같은 대화가 오고간다.

> 노스님(한암)께서 말씀하셨다. "하체는 없고 상체만 있느니라. 지금 꽃으로 치면 봉오리도 안 진 게 어떻게 상체만 갖고 살 수 있겠느냐?"
> 선사께서 대답하셨다. "상체만이라도 좋습니다."
> 노스님께서 되물으셨다. "정작 그렇게 죽고 싶더냐?"
> 선사께서 대답하셨다. "저는 살고 싶지 않습니다."
> 노스님께서 다시 말씀하셨다. "죽으려면 몽땅 죽어야 너를 보느니라."

---

[58] 鳩摩羅什譯,『維摩詰所說經』卷3 (T14, p.541c). "我聞佛言 父母不聽不得出家. 維摩詰言 然汝等便發阿耨多羅三藐三菩提心是卽出家."

……

노스님께서 선사를 보시고 거듭 말씀하셨다. "죽어야 너를 보느니라."

"어디까지 가면 죽습니까?"

노스님께서 답하셨다. "눈을 뜨고 삼 년 잠을 푹 자면 죽느니라."[59]

선사는 한암으로부터 득도를 한 후 본격적인 출가 수행인이 되었으며, 한암이 말해준 '죽어야 나를 보리라'는 의미를 계속 참구하였다. 이러한 의정疑情은 선사에게 육신이 죽어서라도 꼭 의미를 알고 싶을 정도로 간절하였다. 그러한 예로 기차바퀴에 누워서 죽기를 기다리는가 하면, 키니네를 먹고 목숨을 끊으려고 시도하기도 하였다.[60] 선사의 이러한 처절한 수행은 대중처소에서 맞지 않을뿐더러 남들이 보기에는 정상이 아닌 것처럼 보이기도 하였다.

선사는 6·25사변 이전 3년간을 홀로 두타행을 하다가 공부에 대한 의문이 들면 먼 길도 마다 않고 한암을 찾아갔고, 한암도 이를 반가이 맞아주었다. 보잘 것 없는 선사이었지만 한암은 선사를 반가이 맞아주었고 누룽지를 챙겨주기도 하였는데, 선사는 이러한 한암의 자비를 잊을 수 없다고 회고한다.[61] 한번은 선사가 먼 길을 걸어 한암을 만났을 때 한암은 '선사의 마음에 이미 한암 자신도 함께하고 있는데 먼 길을 일부러 그렇게 왔느냐' 하면서 선사를 위로해주었다.[62] 이처럼 선사는

---

59 『한마음요전』, 앞의 책, p.49.
60 위의 책, pp.60~61.
61 한마음선원 출판부, 『허공을 걷는 길: 정기법회』 1권, 한마음선원, 1999, p.315.

때로는 혼자서 두타행을 하다가 의문이 들어 묻고 싶을 때는 한암을 찾아 점검을 받으면서 수행해나갔다. 그러던 어느 날 선사는 다음과 같은 체험을 한다.

'얘! 추운데 네 손을 좀 빌려다오!' 그런단 말이야. 그래서 손으로 그 가랑잎을 전부 긁어다가, 그 묘지 파 간 자리에다가, 긁어 담고 말이야, '인제 더 빌려주지 않아도 된다. 내가 추우니까 이 속에 들어가야겠다.' 그런단 말이야. 결국은 들어가 앉아서 가만히 생각을 허니까, '자기가 긁어다 놓고, 자기가 그 속에 춥다 그러고 들어갔다.' 이거야.
그때에 내가 그것을 '둘이 아니구나!' 둘이 아닌 이 엄청난 사연들이, 거기에서 수학이 다 풀린 거야. 이 체(體, 육신) 덩어리는 형성된 하나의 그림자가 존재하고 있는 거고, '손을 빌려다오!' '빌려드리죠.' 하고 대답한 그때가 엄청난 문제거든. 그러니까 거기서 확! 벌어지면서 그냥 천지가 다 들리는 거라. 체(육신)가 없는 마음이라는 것은 온 누리를 비출 수도 있는가 하면, 온 누리에 내 손 아님이 없다. 온 누리에 이 생성과정에 있는 이 생명의 그 에너지라는 것이, 그냥 전체가 그냥 돌아가고 있다. 그러면 자유스럽게 이건 쓸 수가 있지 않느냐? 이건 내 그림자이지만 이것도 영원함을 느꼈어. 이 무궁무진한 이 마음 내기 이전 이 자리는 누구한테나 내가 될 수 있으니 말이야. 이게 오늘의 영원함이 아니냐. 요 모습이, 내 관념된 요 하나의 모습이 아니라 전체의 모습이라면, 어떻게

---

62 〈청년〉(260), 한마음선원 자료실, 본원, 1986. 5. 6.

그렇게 영원하지 않다고 보겠느냐?[63]

인용문에서 선사는 추운 어느 날 가랑잎을 긁으며 자문자답하면서 자신의 마음이 그대로 일체와 둘이 아닌 한마음이라는 것을 경험하게 된다. 다시 말해 체가 없는 한마음은 온 누리에 내 손 아님이 없다는 것과 내 육신의 작용은 마음을 근본 바탕으로 한다는 것을 확실히 깨닫게 된다. 이러한 경지를 『기신론』에서는 "법法이라는 것은 모든 사람이 가지고 있는 한마음(一心)을 가리키고, 이 한마음은 세간적인 현상과 출세간적인 진리를 모두 포섭하며, 그리고 한마음을 바탕으로 하여 마하연(대승)의 뜻을 명료하게 드러낸다."[64]라고 밝히고 있다. 선사가 말하고 있는 온 누리에 있는 생명의 에너지가 전체로 돌아간다는 의미는 『기신론』에서 말하는 '세간과 출세간을 모두 포섭한다'는 의미이다.

필자는 이 시점을 선사가 제시한 수증론의 세 번째 단계에서 첫 번째 단계인 견성에 해당된다고 본다. 우리에게는 의식보다 한층 더 깊은 심층의 마음이 있는데 이는 각자의 개체성을 넘어 모두가 하나로 연결된 근원적이고 보편적 마음이라는 의미에서 한마음(一心)이라고 한다. 선불교에서 논하는 즉심시불卽心是佛, 원효가 강조한 일심一心, 지눌이 강조한 진심眞心 등이 바로 이 한마음을 일컫는다.[65]

---

63 〈담선〉(31), 한마음선원 자료실, 본원, 1986, 1984. 2. 21.
64 馬鳴, 『大乘起信論』 卷1 (T32, p.575c), "所言法者 謂衆生心 是心則攝一切世間法 出世間法 依於此心顯示摩訶衍義."
65 한자경, 「한마음이란 무엇인가? - 한마음선원 대행스님의 『한마음요전』을 중심

선사는 위의 체험에서 한마음을 깨달아 자신 앞에 벌어지고 있는 어떠한 것도 마음을 바탕으로 한 작용이며 이 성스러운 마음은 모든 것을 신묘하게 알고 자유스럽다는 것을 깨달은 것이다.

선사는 이렇게 수행을 해나가다가 1950년 음력 3월 27일 한암의 생신날에 사미니계를 받게 된다. 이날 오전에 한암은 두 명의 제자에게 비구계를 준 후에 이어서 선사에게 사미니계를 주었다.[66] 이때 한암과 선사 사이에 다음과 같은 선문답이 이어진다.

> 다시 삭도를 드신 노스님께서 물으셨다. "지금 누가 계를 받았느냐?"
> 스님께서 답하셨다. "스님께서 주신 사이가 없고 제가 받은 사이도 없습니다. 다만 한 마리 학이 청산에 훨훨 날 뿐입니다."
> 다시 노스님께서 말씀하셨다. "네가 죽어야 너를 보리라."
> 스님께서 말씀하셨다. "죽어야 할 나는 어디에 있으며 죽여야 할 나는 어디 있습니까?"
> 노스님께서 다시 물으셨다. "네 마음은 어디 있느냐?"
> 스님께서 답하셨다. "목마르실 텐데 물 한 잔 드십시오."
> 노스님께서 거듭 물으셨다. "내가 자석이요 네가 못이라면 어찌 되겠느냐?"
> 스님께서 답하시기를 "못도 자석이 됩니다."고 하셨다.

으로-」(『禪學』 44호, 한국선학회, 2016), pp.208~209.

[66] 이 당시의 6·25 동란과 이후 불교계는 분규에 휩싸이던 혼란기였다. 선사는 사미니계를 받았지만 주로 혼자 산속에서 두타행을 한 관계로 조계종의 승적이 분명하지 않았다. 이후 1960년에 사미니계를 받고, 1961년에 呑虛선사를 계사로 宇振스님을 은사로 하여 비구니계를 받은 것으로 승적이 재정리되었다.

노스님께서는 무척 기뻐하시며 말씀하셨다. "오! 기특하도다. 네 법명은 '청각靑覺'이니라. 이제 네 길을 가거라."[67]

위의 인용문에 볼 수 있듯이 사미니계를 주고받는 과정에서 이루어진 한암과 선사의 문답은 조사들의 선문답을 방불케 한다. "네 마음은 어디 있느냐?"라는 한암의 질문에 "목마르실 텐데 물 한잔 드십시오."라는 대답은 일체의 조작과 시비와 취사가 끊어진 평상의 마음 그대로가 도라고 말한 마조馬祖의 '평상심시도平常心是道'를 연상시킨다.[68] 한암 또한 이러한 마조의 선풍에 영향을 받고 있는데, 1940년 월곡선자에게 준, "푸른 솔밭 깊은 계곡에 말없이 앉으니, 어젯밤 삼경의 달이 하늘에 가득하네. 백천삼매가 어디에 꼭 필요하리오. 목마르면 차 마시고 피곤하면 눈 붙이네."[69]라는 게송에서 이를 볼 수 있다.

한암은 사미니계를 수계授戒한 이후 이듬해 입적하였다. 따라서 한암에게 직접 지도를 받은 기간은 얼마 되지 않았지만, "나는 도시 경전을 알지 못했지만 큰스님의 가르침이 내게는 팔만 사천의 대장경과 같았다. 내가 들은 법어는 한마디도 빼놓지 않고 나에게 진수성찬의 법반法飯이 되었던 것이다."[70]라는 회고에서 알 수 있듯이, 한암은

---

67 『한마음요전』, 앞의 책, p.56.
68 『江西馬祖道一禪師語錄』(X69, p.3a). "示衆云 道不用修 但莫汙染. 何爲汙染 但有生死心. 造作趣向 皆是汙染. 若欲直會其道 平常心是道. 何謂平常心. 無造作 無是非 無取捨 無斷常 無凡無聖."
69 한암대종사법어집 편찬위원회, 『定本 漢岩一鉢錄』 上卷 (한암문도회, 2010), p.388. "碧松深谷坐無言 昨夜三更月滿天 百千三昧何須要 渴則煎茶困則眼."
70 『한마음요전』, 앞의 책, p.57.

선사의 수행에 중요한 지침이 되었다. 간화선 수행을 통하여 깨침을 얻고, 보조 지눌의 돈오점수頓悟漸修 사상을 신봉하였던 한암의 선사상의 요체를 선사는 한시도 놓지 않았다고 할 수 있다.

한암에게 사미니계를 받은 이후 선사는 혼자 두타행을 하기 시작한다. 선사는 주로 일정한 거처가 없이 산천을 유랑하다 잠은 묘지나 빈 사당 등에서 지냈다. 겨울철 눈이 오는 계절에 그러한 곳도 없으면 나무 위에서도 밤을 지냈다고 회고한다. 선사는 이러한 고행을 통해 자신의 내면과 혹은 자연과 자문자답을 하면서 크고 작은 체험을 얻어 나갔다. 결국 아비 묘와 자식 묘가 함께 있는 곳을 지나다가 '주인공이라는 이름 없는 참 자기와 내가 둘이 아니라 한 묘지 안에 있구나.' 하는 이치를 깨닫기에 이르게 된다.[71]

4. 오도·보림기

선禪의 최종목표는 견성성불見性成佛에 있다. 그런데 견성과 성불이 동시에 일어나는 상상근기도 있지만 대부분의 사람들은 견성과 성불 사이에 시간적인 간극이 존재하기 마련이다. 그래서 지눌은 돈오頓悟 후 점수漸修의 과정을 거쳐 성불이 이루어지는 돈오점수설頓悟漸修說을 주장하였다. 깨달음 이후의 보림 기간은 바로 중생의 삶에서 부처다운 삶으로 거듭나는 기간이라 볼 수 있다. 그러기에 지눌은 『수심결修心訣』에서 "비록 본래의 성품이 부처와 더불어 다르지 않음을 깨달았지

---

[71] 위의 책, pp.84~85.

만, 무시습기無始習氣를 갑자기 단박에 없애기는 어려우므로 깨달음에 의지해서 닦고 차츰 배어 공功이 이루어지고 꾸준히 성태聖胎를 길러서 오랜 후에 성인이 된다. 그러므로 점수라고 한다."[72]라고 말하고 있다. 또 『법집별행록절요병입사기』에서는 "마음을 닦는 사람은 부처님과 조사의 성실誠實하고 간고艱苦한 말로, 제 마음이 본래 부처요, 제 성품의 청정함과 제 성품의 해탈을 결정해 가린 뒤에, 모든 반연을 헤쳐 없애고 오로지 보림保任하면 번뇌를 떠난 청정과 업장을 떠난 해탈을 자연히 성취할 수 있을 것이다."[73]라고 말하고 있다.

선사 역시 깨달음과 그 이후 보림에 대하여 진지한 고민을 하였다. 어느 날 선사가 한암에게 보림에 대하여 묻자, "저 바닷물을 다 삼키고 삼켰으면 토해낼 줄을 알아야 하고, 토해낼 줄을 알았다면, 바로 그 바다에서 파도 이는 것이 네 성품의 작용인 줄 알아야 그것이 바로 진짜 보배이면서도, 그것이 진짜 보림에 들어가는 길이니라."[74]라고 한암이 답변한 적이 있는데, 이 말에 선사는 감명을 받아 수행을 해나가는 데 소중한 지침으로 삼았다. 훗날 선사의 법문에 '바닷물을 다 삼킨다는 의미는 자신의 내면에 있는 모든 습기를 조복받음을 말하며, 토해낸다는 것은 모든 자생중생들이 보살로 화化하여 보살도를 실천하는 것'이라고 하였다.[75] 이는 지눌과 한암이 말하는 돈오

---

72 知訥, 『牧牛子修心訣』(H4, pp.709c~710a). "漸修者 雖悟本性 與佛無殊 無始習氣 難卒頓除故 依悟而修 漸熏功成 長養聖胎 久久成聖 故云漸修也."

73 知訥, 『法集別行錄節要并入私記』(H4, p.754b). "故知修心人 以佛祖誠實懇苦之 說 決擇自心本來是佛 自性淸淨 自性解脫 然後 擺撥萬緣 專精保任 自然成就 離垢淸淨 離障解脫爾."

74 〈담선〉(196), 앞의 녹취록, 1986. 2. 5.

후의 점수와 보림의 의미를 정확하게 꿰뚫고 있는 말이다.

선사는 자신이 어느 날 어디에서 깨달았다거나 깨달음 이후 누구에게 인가印可를 받았는지에 대하여 표명하지 않았다. 내면의 '아빠'가 어느 순간 '한마음'으로 이어 '주인공'으로 변화되긴 하였지만, 깨달음은 점수의 과정으로서 그의 수행과정에서 여러 차례 반복되어 일어나고 있다.

선사는 앞서 언급한 것처럼 나뭇잎을 긁어모으다가 첫 번째 한마음의 깨달음을 얻는다. 선사는 자성을 깨닫기는 쉬워도 둘 아닌 도리를 체득하는 것은 더욱 어렵다고 회고한다. 자성을 깨우쳤어도 일체를 놓고 가면서 보림해 나가야 둘 아닌 도리를 체득할 수 있다고 설한다.

선사는 자성을 깨닫고 난 후 계속 자문자답해 나가면서 보림을 계속하게 된다. 예를 들면 두타행을 하는 도중 내면에서 바로 선 장승을 "왜 장승이 거꾸로 섰느냐?" 하고 자문하기도 하였고, 길을 걷던 중 "네 발이 왜 한쪽은 크고 한쪽은 작으냐?"라고 내면에서 질문이 일어나기도 하였다. 그리고 어느 날은 샘물에서 물을 마시고 난 후 대변이 마려워 어디다 볼까 망설이고 있을 때 내면에서 "그냥 거기서(맑은 샘물) 해결하라" 등의 자문에 진지하게 참구하기도 하였다.[76]

한편 선사가 밤길을 걷던 중 낭떠러지 앞에서 비둘기들이 모여들어 길을 가지 못하게 하는가 하면, 목숨이 위태로울 때 뱀이 나뭇잎을 물고 와 그것을 짓이겨 먹여 회생하는 등 동물을 포함한 자연이 선사를

---

75 한마음선원 출판부, 『허공을 걷는 길: 국내지원법회』 3권, 한마음선원, 2012, pp.1220~1221.

76 『한마음요전』, 앞의 책, pp.77~78.

호법하는 것을 경험하기도 하였다.[77]

이처럼 선사는 산천을 유랑하면서 동식물 등의 자연과 벗하며 만물이 둘이 아니라는 불이법不二法을 서서히 체득해 나갔다. 선사는 이렇게 보림을 실천하다가 둘 아닌 도리를 완전히 체득하게 되는 과정을 맞이하게 되는데, 다음과 같이 회고하고 있다.

예전에 저 스물 한 대여섯 됐을 때입니다. 서울의 백련사라는 데가 있습니다. 그때 가보고 여직껏 안 가봤습니다만, 그때는 제가 가봤을 때는 나한전도 있었고 거기 대처 스님들이 사셨습니다. 그랬는데 거기에 놀러오는 사람들을 위해서 시멘트로다가 네모반듯하게 해놓은 자리가 있고 저 건너편으로 산소가 보였습니다. 그래 거기 이렇게 앉았는데 날더러 '너, 애비가 자식한테로 가면 그냥 자식이 되고, 자식이 애비한테로 가면 애비로 하나가 돼버리니 그것은 무슨 까닭이냐?' 하고 물었습니다. 내가 그걸 몰라서요, 사흘을 이슬을 맞고 있었거든요. 나중에 팔다리가 움죽거려지질 않습디다. …… 나를 깨달아 가지고도 말입니다. 그래서 깨닫는 거보다 깨달아 가지고 둘 아닌 도리를 알게 하는 자기의 작업이 아주 더 어렵다는 거를 느꼈습니다.[78]

선사는 산소에 있는 아버지 묘墓와 자식 묘에 대해 사흘간을 꼼짝 않고 참구하다가 사흘째 아침, 앞에 흐르는 냇물을 바라보다 그 이치를

---

[77] 앞의 책, pp.72~73.
[78] 『허공을 걷는 길: 국외지원법회』 3권, 앞의 책, pp.1456~1457.

깨닫게 된다. '자식이 부모한테 가면 부모요, 부모가 생각을 하고 몸이 움직이면 자식이 된다'는 체용불이體用不二의 둘 아닌 도리를 깨닫게 된다. 이러한 체용불이에 대하여 원효는 "진眞과 속俗이 둘이 아닌 하나인 진실의 법은 모든 부처가 돌아간 곳이니 여래장이라 부른다."[79]라고 하였다. 앞에서 진眞이란 근본진여根本眞如라 할 수 있고 선사가 말하는 부父라고 말할 수 있다. 그리고 속俗이란 일체의 유위법이고 선사가 말하는 자子를 일컫는다. 따라서 부와 자, 진과 속이 둘이 아님을 철저하게 깨달은 것이다. 다시 말해 체가 없는 마음이 근본과 현상 사이에 둘 아니게 그대로 뚫려서 직통즉응하고 있음을 선사는 완전히 체득하였다. 한편 선사는 둘 아닌 도리를 체득한 이후에 지구에 있는 자연의 이치뿐만 아니라 하늘에도 이치가 있다는 것을 직관하고 천지운행에 대해 관觀하기 시작하였다.[80]

앞에서 언급한 것처럼 선사는 한암에게 계를 받은 후 홀로 두타행을 하면서 많은 것들을 체험하게 된다. 그러던 중 선사는 어느 날 기력이 없어 쓰러졌다. 지나가던 농부가 이를 보고 죽었다고 생각하여 거적을 덮어놨는데, 선사가 정신이 들어 이것을 치우려 하였으나 힘이 없어 못 치웠다고 한다. 한참 동안 생각하다 거적때기 한 장으로 삼천대천세계를 다 덮고도 남을 수 있다는 것을 알았다. 그리하여 만행을 그만두고 충북 제천의 백련사로 가리라 생각하였다.[81] 선사는 그동안 정처 없이

---

79 元曉, 『金剛三昧經論』 卷3, 「如來藏品」 (T34, p.996a). "眞俗無二 一實之法 諸佛所歸 名如來藏."
80 『한마음요전』, 앞의 책, pp.94~95.
81 위의 책, pp.97~98.

유랑하면서 산하대지를 공부재료로 삼아 수행을 하였던 것이다. 그러나 이러한 경험을 통해 더 이상 돌아다닐 필요가 없다는 것을 절감하였다. 이 의미는 마음밖에 법이 없으므로 여러 곳을 다니면서 수행하기보다는 있는 자리에서 모든 것을 확연히 알아야 한다는 것이다.

선사는 남한산성을 거쳐 경기도 이천, 강원도 영월을 지나 충북 제천에 있는 백련사로 향하게 된다. 이렇게 백련사에 당도하게 되는데, 이때가 1959년이었다. 이렇게 선사는 10여 년 간의 산천을 만행하며 두타행을 하던 것을 마무리하고, 백련사를 거쳐 치악산 상원사 아래에 있는 토굴에서 거처하면서 보림과 보살행을 실천하게 된다. 이전까지 깨달음을 향한 끊임없는 정진의 기간이었다면, 이 시기부터는 보림과 더불어 불쌍한 이들에게 이타행을 실천하였다.

선사는 어린 시절 하루아침에 거지신세가 되어 '삶이란 무엇인가?' '왜 가난한 자와 부자가 있는가?' 등 삶의 본질과 불평등에 대한 이유를 참구해 들어가면서, 자신이 능력만 있다면 불쌍한 사람들을 돕고 싶다는 상상의 보시를 한없이 하곤 하였다. 그러한 선사의 꿈이 상원사 토굴에서 본격적으로 이루어진다.『한마음요전』에 다음과 같이 언급한다.

나에게 수없이 청을 해왔을 때 생각하기를, 앞에 닥친 일 이것을 해치우지 못하고서야 무엇을 넘는다 할 것인가, 닥치는 대로 해보자고 스스로 다짐했다. 그래서 부처님 뜻을 더욱 알게 되었으니, 사생이 다 하나라, 내 자식이라도 내 자식이 아님을 알았고 미물이라도 내 자식 아닌 게 없다는 것을 알았고 자비 사랑이 뭔지도 알았다.

부처님께서 그렇게 거름이 되어 주셨는데도 불제자로서 머리를 깎았거나 안 깎았거나 간에 그 뜻을 몰라서야 말이 되겠는가.[82]

선사가 상원사 토굴에 있을 때 이적을 나툴 수 있는 신통력을 지니고 있었는데, 자신을 찾아온 모든 사람에게 그들이 원하는 소원을 청하면 그것이 이루어질 수 있도록 조건 없이 응해주었다. 그러면서 그들의 입장을 이해하게 되었고 자비와 사랑을 알게 되었다. 한편 선사는 토굴에 있으면서 상원사 주지를 도와 상원사 중창불사에도 힘을 기울였는데, 1962년 봄에 시작해 이듬해 8월에 불사를 완성하였다.[83]

선사가 상원사 토굴에서 1959년부터 10여 년 간 머물던 시기에 선사는 '나툼의 보살행'을 실천하게 되는데, 한 예를 보기로 한다.

자기네 집에서 맴돌다가 돼지 소굴에 들어가, 들어갔어, 벌써! 3일이 됐는데 벌써 돼지 소굴에 들어갔다고. 그러니 여기서 천도를 시킨들 무슨 소용이 있겠습니까? 벌써 돼지는, 돼지가 잉태를 해버렸단 말입니다. 그러니 이 노릇을 어떻게 해야 되겠습니까? 이것을 저희 어머니한테 얘길 해야 되겠습니까? 안 해야 되겠습니까? 이걸 얘기한다고 믿겠습니까? 믿지 않아도 할 수 없는 거고 믿어도 할 수 없는 거고 이런 문제, 이것은 내가 봤으니 내가, 이건 내가 하는 것도 아닌 바로 내가 해야……. 봤으니까 말입니다. 이건 부처님이 보신 거나 똑같은 얘깁니다. 나를 세울 게 없는

---

82 『한마음요전』, 앞의 책, p.106.
83 김정빈, 『道』, 앞의 책, p.240.

것이 부처니까. 그럼 봤다 하면 이건 보살로 내려서서 하는 겁니다. 부처님은 움죽거리지 않으면서도 움죽거립니다. 다 같이. 그래서 부동하다 하는 것까지도 '부동하다' 해도 아니 되고 '부동치 않다' 해도 아니 되는 것입니다. 난 그걸 느꼈으니까. 왜냐? 부동한 것도 부동하지 않은 것도 같이 항상 나투기 때문에 부동하다 해도 아니 되고 부동하지 않다 해도 아니 되는 것입니다. 그걸 스스로 느낀 겁니다. 만약에 부동치 않은 게 있다면 부동한 게 있고 부동한 게 있다면 부동치 않은 게 있어요. 그러기 때문에 같이 이게 삼합이 돌아가지 않는다면, 삼각 원형을 이루지 않는다면 이게 뭐든지 되질 않아. 때에 따라서는 생각을 안 할 때는 부처도 부동하고, 생각을 하고 봤을 때는 바로 보살행을 하는 겁니다. 법신이야.[84]

어느 신도의 아들이 죽은 지 3일이 되었는데 그 신도가 선사에게 천도재에 참석해 달라고 부탁을 받으면서 일어난 일이다. 선사는 신도의 죽은 아들을 관해보니 이미 자기가 살던 집의 돼지 속에 잉태가 되었음을 보았다. 그래서 돼지에 잉태되어 있는 아들을 꺼내오게 된 것이다. 위의 법문은 선사가 말하는 삼성三聖의 원리를 바탕하고 있다. 삼성이란 청량징관(淸涼澄觀, 738~839)의 『삼성원융관문三聖圓融觀門』에서 말하는 (비로자나)부처·문수·보현을 말한다.[85] 이러한 삼성의 원리에 의하면 가만히 있을 때는 부처요, 한생각 일으켜서

---

[84] 〈담선〉(202), 앞의 녹취록, 1986. 2. 19.

[85] 〔唐〕澄觀, 『三聖圓融觀門』卷1 (T45, p.671a). "三聖者 本師毘盧遮那如來 普賢文殊二大菩薩是也."

돼지에 임신된 신도 아들을 빼내려고 지혜를 낸 것은 문수가 되는 것이다. 그리고 보현행으로 직접 화신이 되어 돼지에 잉태되어 있는 아들을 꺼내오게 된 것이다. 이러한 사실로 보아 선사는 상원사 토굴에 서 있을 시기에 나툼의 보살행을 실천했음을 알 수 있다.

선사가 토굴생활 중에 신도들을 접하면서 느낀 점은, 병이나 우환을 가진 사람들에게 문제를 해결해주어도 당시에는 괜찮았으나 세월이 지나 그들이 새로운 문제를 만났을 때는 다시 선사에게 의지해야 한다는 것이었다. 선사가 처음에는 조건 없는 보살행에 초점을 맞추어 어려움이 있는 중생들에게 무조건 응해주었으나, 이러한 것은 마치 거지가 끼니때마다 구걸을 하는 거와 같다고 느끼게 되었다. 선사는 이러한 이타행은 진정한 부처님의 가르침이 아니라는 것을 깨닫고, 중생들 모두에게 부처의 지혜와 능력이 구비되어 있음을 알려주어 스스로 문제를 해결하게 하는 것이 중요하다는 것을 알게 되었다.

5. 전법·교화기

선사는 1972년 안양에 한마음선원을 건립하면서부터 열반에 든 순간까지 본격적인 교화활동을 하였다. 선사는 자신의 체험과 더불어 한암에게 받은 선사상의 영향을 병행하여 독특한 교화를 하게 된다. 선사는 대중들을 제접하는 데 있어서 수행적인 부분과 포교·문화 등 다양한 면으로 관심을 쏟았다.

선사는 선원 건립 후, 출가제자들에게 공부의 핵심에 대해 다음과 같이 말했다.

나를 발견하기 위해서 내 탓으로 돌리고, 모든 것을 남의 탓으로 돌리지 않고 남의 원망으로 돌리지 않고 '나'라는 걸 죽인다. 질서를 문란치 않게 하고 도의·의리를 지키면서 모든 것을 거기다 놓고 갈 때 그게 인제 내 마음의 수련하는 그 자세지. 그 다음에 발견이 됐다 하면 …… 이것이 내가 안에서 시키는 대로 허는 게 아니라 시키는 대로 하면서도 모든 것이 거기다가 다시 놓는다. 그건 왜냐면 넣어도 두드러지지 않는 그 항복을 받기 위함이야! 자기의 마음으로써 다스려서 모든 거를 놓을 때 모든 것이 수없이 나올 때에 항복을 받게 마련이거든. 그게 방편으로 항복이라 그랬지, 모든 것을 거기다 놨을 때 두드러지지 않는 그 수행을 하기 위해서야. 그러고 나중에 세 번째에는 모든 것을, 나툼을 배울 때에 바루 내주는 거야. 내주고 들이구 내주고 할 때에 그것을 다 항복을 받고 난 뒤에 내주다보니까 비지 않더라, 꺼내도 줄지 않더라, 하나도 버릴 게 없더라, 이게 나오는 거야.[86]

선사는 출가제자들에게 세 번 죽는 공부를 강조하였다. 이러한 공부를 실천하기 위해 대중생활을 하는 데 있어서 규칙을 정해 예불, 공양시간, 그리고 소임 등을 잘 지켜 나가야 한다고 강조하고 있다. 특히 이러한 대중생활을 하는 데 있어서 육신은 규칙에 맞추어 움직이되 마음은 툭 터져야 한다고 강조하였다.[87] 또한 선사는 대중생활을 하는 데 있어서 화합을 강조하는데, 사형사제들이 서로가 험담하지

---

[86] 〈승단〉(529), 앞의 녹취록, 1991. 8. 19.
[87] 위와 같음.

말고 서로를 이해할 수 있는 기품과 아량이 있어야 한다고 하였다.[88]

선사는 출가제자들에게 당부하길, 신도들을 이끄는 데 관법을 중점적으로 가르쳐 주라고 하였다. 출가제자들이 일상생활에서 신도들의 문제점을 같이 공유하면서 관법을 제대로 가르치고, 또한 출가제자들도 함께 관하면서 동사섭同事攝을 수행하도록 하였다.[89] 이러한 선사의 행화는 출가제자들에게 일상생활 속에서 상구보리 하화중생을 실천하는 계기가 되도록 하였다.

다음으로 재가제자들에게 다음과 같이 가르침을 펼치고 있다.

그러기 때문에도 그렇지만, 참으로 우리가 여러 가지로 고통을 가지고 있는 분들이기 때문에 때에 따라선 첫 번에는 당신의 주인공 主人空이 있으니깐 주인공이 이끌어가고, 주인공에 의해서 생각이 나고 주인공만이 당신을 형성시켰고, 당신의 주인공이 운전수와 같이 당신을 끌고 댕긴다 하는 것을 제시하면서, 당신의 생각에 의해서 언제든지 내가 이럭할까요 저럭할까요, 나한테 묻지 말고 꼭 이 당신의 주인공에 의해서 맡겨놓고 오관을 봐서 이 세상 판단을 해서 딱 결정을 해서 나가는 게 그것이 바로 '법이다'라고 말씀드리고 …… 용用이라는 거는 바로 자기가 생각해서 자기가 결정하는 것이 그대로 용입니다. 그러면 용을 가르치고 마음의 도리를 가르치고, 참선을 가르치고 이게 따로 있는 게 아니라 세 가지를 한데 포함해서 지금 가르치고 있는 겁니다.[90]

---

[88] 〈승단〉(681), 위의 녹취록, 1994. 11. 21.
[89] 〈승단〉(776), 위의 녹취록, 1997. 4. 27.

재가제자들은 가정과 직업이 있기 때문에 일상생활에서 자신들의 마음을 잘 조절하면서 지혜롭게 결정해 나가는 삶 그 자체가 참선이자 활용이라고 한다. 선사가 포교를 시작할 시기에 신도들이 너무 기복에만 치우쳐 자성을 안 믿기에 불상을 마당에 끌어내려 도끼로 부수고 일원상만 모시게 한 일화가 있다.[91] 이처럼 선사는 각자 내면에 있는 자성을 믿고 관법을 수행할 것을 강조하였다.

선사는 생존 시 종교를 초월하여 다양한 사람들과 교류를 가졌는데, 독실한 기독교인들을 만나기도 하였으며 수녀와 신부들도 법복을 입은 채로 찾아와 법에 대해 물어보면 그들에 맞게 가르침을 주었다.[92] 그들에게 가르친 핵심내용은 '하나님을 찾을 때 밖으로 향해 찾지 말고, 하나님은 각자 내면에 있으니 진실하게 내면에서 찾아라'고 일러 주었다.[93] 선사는 해외포교를 하면서 많은 인사를 만났는데, 그중에는 부시대통령도 포함된다. 1990년 부시대통령은 선사를 초청하여 불교에 대한 관심을 표명하였는데, 이에 선사는 '미국이 미래에는 정신세계에 좀 더 관심을 가져달라'고 부탁하였다.[94]

선사는 당시 고승들과도 많은 교류를 가졌다. 당대 선禪과 교教를 겸비한 대표적인 학승이었던 탄허택성(呑虛宅成, 1913~1983)과 깊이 교류하였는데, 두 선사가 만나면 탄허의 교리적인 부분과 선사의

---

90 〈정법〉(481), 앞의 녹취록, 1989. 6. 4.
91 〈승단〉(286), 앞의 녹취록, 1988. 5. 15.
92 『한마음요전』, 앞의 책, p.180.
93 『허공을 걷는 길: 법형제법회』 1권, 앞의 책, pp.576~577.
94 서정희, 「불교 미국 포교활동 활발」, 『매일경제신문』, 1990. 7. 2. 19면.

선적인 체험을 서로 공유하였다.[95] 한암의 제자였던 탄허와의 교류는 탄허가 입적할 때까지 지속되었는데, 탄허가 입적할 때 선사는 그를 위한 게송을 남기기도 하였다.[96] 그리고 선사는 해외포교에 전념하던 숭산행원(崇山行願, 1927~2004)과도 많은 교류가 있었는데, 두 선사는 주로 법담法談과 해외포교에 관련하여 이야기하였다.[97] 당시 숭산은 미국을 비롯한 해외에 많은 선禪센터가 있었고 선사도 해외에 한마음선원 지원을 확장해나가던 시기였으므로 해외포교에 서로의 공감대가 생겼을 것이다. 법담과 관련하여 『한마음요전』에 두 선사 간의 서신왕래에서 선시禪詩가 다섯 편 있는 것으로 볼 때, 두 선사 간에 긴밀한 법담이 오고갔음을 알 수 있다.[98] 이외에도 자료에 의하면 당시 수덕사 방장인 혜암현문(慧庵玄門, 1879~1985)과도 서신을 주고받은 기록이 있으며,[99] 또한 당대의 고승들과도 많은 교류가 있었다.

 선사는 생전에 자신을 따르는 수행자들이 선사의 색신色身이 다하면 어떻게 하느냐고 물어보면서 염려하면, 선사 자신은 육신이 있고

---

95 『한마음요전』, 앞의 책, pp.242~243.
96 위의 책, pp.823~824.
97 선사는 숭산과 서로 불법에 대해 자신들의 견처를 주고받았고, 세계포교에 대해서도 많은 의견을 나누었다. 〔〈담선〉(310), 앞의 녹취록, 1986. 9. 5〕
98 『한마음요전』, 앞의 책, pp.819~822.
99 황금 쟁반 위에서 / 황금 밥그릇 안에 밥 한 그릇을 / 황금 수저로 다 자시고 / 한 그릇의 밥이 되남아 있는 것을 본 / 황금 새는 / 너울너울 춤을 추었더이다 / 어느 것을 기둥이라 내놓아 / 말할 수 없기에 / 뿌리 없다 하였으며 / 가고 옴이 없이 가고 오면서도 / 해를 놀려 운전하여 되었기에 / 잎이라 하였나이다. (날짜 미상, 수덕사 혜암 큰스님께 보낸 서신에서;『한마음요전』, 위의 책, p.817)

없고는 중요한 것이 아니고 항상 함께한다고 강조하였다. 그중 하나의 예를 들면 다음과 같다.

> 내가 없다고 해서 죽었다고 하지 말라. 이 세상에 일체만물이 있는 한 일체만물이 다 나라면 어떻게 하겠느냐? 그와 더불어 너희들의 수효가 만 명이다 할지라도 내가 너희들과 둘이 아닐 때, 내가 만 명이 돼서 너희들과 둘이 아닐 때 어떻게 하겠느냐? 너희들이 다 큰 연에, 한 찰나에 나고, 난 사이도 없고 드는 사이도 없는 건데, 그럼 너희들이 나더러 죽었다고 하겠느냐, 살았다고 하겠느냐?[100]

위 내용은 어느 객스님이 선사가 입적하고 난 후 선원의 존립성에 대해 물어본 사례이다. 선사는 일체만물과 하나이기에 선사는 자신의 몸이 있고 없고는 별로 중요하지 않다고 한다. 육신은 단지 중생들이 믿고 따르게 하는 방편일 뿐, 중요한 것은 자신의 마음을 믿고 찾는 것이 더 중요하다고 설한다. 이러한 법신상주설法身常住說에 대해 『증일아함경』에 "석존의 육신은 비록 세상을 떠나지만 법신은 상주하여 법의 본체는 단절되는 않는다."라고 설하였다.[101] 또한 『대반열반경』에는 "여래는 항상 상주하여 변함이 없다고 하며 법과 승도 또한 그러하다."라고 하였다.[102]

---

[100] 〈승단〉(670), 앞의 녹취록, 1994. 8. 19.
[101] 『增壹阿含經』 卷1, 「序品 1」 (T2, p.549c). "釋師出世壽極短 肉體雖逝法身在 當令法本不斷絶, 阿難勿辭時說法."

선사는 '색신이 없다 하여도 법신으로 항상 우리들과 함께하고 있을 것을 강조하면서, 진실된 마음으로 자성을 찾는 이라면 색신이 있고 없고를 떠나 항상 함께하겠노라'고 하였는데, 이는 법신의 차원에서 삶과 죽음이 둘이 아님을 말하고 있는 것이다. 선사는 2012(불기 2556)년 5월 22일에 법랍 63세, 세납 86세로 원적하였다.

---

102 『大般涅槃經』 卷18, 「梵行品 8」 (T12, p.474a). "如來常住 無有變易 法僧亦爾."

제3장 대행선사 관법의 정의와 원리

본 장에서는 선사가 밝힌 관법에 대한 정의와 그 원리에 대하여 살펴보고자 한다.

관법에 대한 정의는 우선 불교의 역사에서 관법이 어떻게 전개되어 왔는지를 살펴보고, 선사가 말하는 관법의 의미가 무엇인지를 살펴보고자 한다. 이어 선사 관법의 원리에서는 관법의 철학적 기초로서 '한마음'과 '주인공' 및 '오공五共'에 대하여 살펴보고, 선사의 관법의 원리로서 '한마음주인공 관법'과 '한생각 관법', 그리고 '나툼의 관법' 등 그 원리에 대하여 살펴본 후, 관법 원리의 특징이 무엇인지를 살펴보고자 한다.

제1절 대행선사 관법의 정의

1. 관법의 교리적 근거

관법觀法에 대하여 『불광사전』에서는 다음과 같이 정의하고 있다.

> 진리를 관상觀想하는 방법으로 불교일반의 실천법문이다. 유사한 용어로는 관觀·수관修觀·관념觀念·관상觀想·관행觀行·관찰觀察·관문觀門 등이 있는데, 총괄하여 관법이라 칭한다. 관觀은 범어로 위빠사나(vipaśyanā)이며 비발사나毘鉢舍那라 음역한다. 그 뜻은 불佛 혹은 법法 등 특정한 대상을 지혜로써 전심專心을 기울여 관상하여 증오證悟에 다다르도록 노력하는 것이다. 예를 들면 일상관日想觀·월륜관月輪觀·구상관九想觀 등과 같은 것은 모두 하나의 구체적인 대상을 가지고 관觀을 하는 초보의 관법이다. 뒤에 다시 진일보하면 이러한 구체적인 대상을 투과하여 심오한 교의 혹은 불교의 철리를 관상하는 것이다. 여러 경전과 논에는 관에 대하여 논술한 것이 많다. …… 또 관觀과 지止(梵 śamatha, 奢摩他)는 서로 대조적인 개념인데, 오직 중도관에 있어서는 함께 관이라 칭한다. 그러나 지관止觀이 함께하기 때문에 사捨(梵 upekṣā, 優畢叉)의 뜻과 같게 된다. 그러므로 모든 관은 비록 비발사나라고 다 칭하지만 중도관에 있어서는 그 뜻이 다른 점이 있다.[103]

---

103 『佛光辭典』, '觀法'條. (대만: 불광출판사, 1988), p.6960c.

선사가 제시한 수행법의 특징은 한마디로 관법에 있다. 우선 이 관법에 대한 불교 교리적 근거를 살펴보면 초기불교, 부파불교, 그리고 대승불교와 선어록에 이르기까지 다양하게 찾아볼 수 있다.

관觀은 범어로 위빠사나(vipaśyanā, 毘鉢舍那)라 하는데 특정한 대상을 지켜보는 수행을 의미한다. 이는 지止, 즉 범어로 사마타(śamatha, 奢摩他)라 하는데, 산란한 마음을 그쳐 마음의 평온을 유지하는 수행과는 서로 대조적인 개념이었다. 초기불교에 있어서 지와 관은 사선四禪과 사념처四念處와 관련이 깊다. 그리고 여기에 중요한 개념은 팔정도 가운데 하나인 정염(正念, sammāsati)에서 보이는 염念, 즉 '사띠(sati)'인데, 이 '사띠'의 의미와 지와 관의 관련성의 문제가 중요한 문제이다.

우선 위빠사나 수행에 있어서 중요한 기능을 하는 '사띠'에 대하여 2000년을 전후하여 불교학계에 많은 논의가 이루어졌는데, 그만큼 다양한 의견과 번역이 제시되었다. 예를 들어 거해는 사띠를 '마음집중'으로 번역했고,[104] 김열권은 '관찰', '마음집중', '알아차림' 등으로 번역하였으며,[105] 정원은 '마음챙김'으로 번역했고,[106] 송위지는 '주의깊음'으로 번역했다.[107] 그리고 종호는 '알아차림'으로 번역했고,[108] 조준호는 '수동적 주의집중'으로 번역했으며,[109] 임승택은 '마음지킴'으로 번역하

---

104 거해스님, 『깨달음의 길』(도서출판 山房, 1991).
105 김열권, 『위빠싸나』 Ⅱ (불광출판부, 1993), p.143.
106 정원스님, 『위빠싸나 수행』 (경서원 1998).
107 송위지 옮김, 『불교선수행의 핵심』 (시공사, 1989), p.10.
108 박문기(종호), 「선수행법의 고찰」(『한국불교학』 25집, 한국불교학회, 1999), p.292.

였다.[110]

초기불교에 있어서 '지(止, śamatha)와 관(觀, vipaśyanā)은 먼저 지가 이루어지고 나서 관이 이루어지는 차제적인 체계인가?' 아니면 '지관(śamatha-vipaśyanā)이 동시에 이루어지거나 관에서 지로 나아가는 경우가 가능한 것인가?' 하는 문제에 대하여 학계에는 상반된 이론이 존재한다. 이는 '사띠'에 대한 이해 및 텍스트에 대한 해석의 문제와 관련되어 전개되고 있다.

지관차제론止觀次第論을 지지하는 조준호는 "지止, 사마타는 제행諸行의 멸진을 의미한다. 삼업三業의 제행이 멸하는 것이 사마타의 목표이며 사마타의 완성이다. 경전의 많은 곳에서 '모든 행을 멸하는 것 자체를 사마타라 말하고 있는데, 삽바상카라사마타(sabbasaṅkhara-samatha)라는 말이 그것이다. 그로부터 위빠사나(vipassanā)가 본격적으로 시작된다."[111]라고 주장한다. 물론 초기불교 경전에 매우 드물게 위빠사나를 먼저 닦고 사마타로 이행할 수 있다는 가능성을 말해주는 경전이 있으며, 따라서 지⇒관, 관⇒지, 지⇌관의 설명이 가능하긴 하지만, 이러한 설명방법은 초기불교 경전에는 극소수이고, 또 후대에 편찬된 텍스트에 주로 나오는 것이라고 주장한다.

이에 대한 반론은, 우선 임승택은 '사띠'의 쓰임에 주목하여 이것이

---

109 조준호, 「초기불교에 있어 止·觀의 문제」(『韓國禪學』1호, 한국선학회, 2000), p.337.
110 임승택, 「사띠(sati)의 의미와 쓰임에 관한 고찰」(『보조사상』16집, 보조사상연구원, 2001), pp.21~34.
111 조준호, 「Vipassanā의 인식론적 근거」(『보조사상』16집, 보조사상연구원, 2001), p.53.

'사마타(止)'와 '위빠사나(觀)'를 동시에 낳기 위한 수단이며, 그 용례에는 목적격으로 표현되고 있는 '사띠'가 '의지적인 노력의 대상'으로서 원망형과 미래수동분사형의 '마땅히 행해야 한다(kareyya, karaṇīyaṁ)'는 말을 받고 있어서 위빠사나 수행에 한정할 수 없다고 주장한다.[112] 또 김재성은 『증지부니까야, Aṅguttara Nikāya』에서 사마타와 위빠사나 수행에 관하여 지⇒관, 관⇒지, 지⇌관의 내용이 나오고, 또 『잡아함경』에는 비구들이 선정을 통한 심해탈心解脫을 얻지는 못했지만 순관純觀을 통한 혜해탈慧解脫을 얻었다고 언급하고 있는 내용[113]을 들어서 지와 관의 겸수가 가능하다고 주장하고 있다.[114] 또 인경은 지와 관에 대하여 남방불교에서는 주로 지를 중시하고 북방불교에서는 관을 더 중시하는 경향이 있는데, 계정혜戒定慧 삼학三學뿐만 아니라 지관의 문제에 있어서도 경전의 전체적인 관점은 (계)정혜의 쌍수雙修, 지관겸수止觀兼修, 혹은 구수俱修가 올바른 정진이라고 파악하고 있다.[115]

부파불교는 대표적으로 테라와다와 설일체유부說一切有部로 나누어 볼 수 있는데, 이들 수행법은 선정수행(止)과 지혜수행(觀)이 대표적이다. 우선 테라와다의 『청정도론』에는 선정수행에 대하여 7개의 범주로 나누어 40가지의 마음집중 명상의 주제가 제시되어 있다.

---

112 임승택, 앞의 글, p.20.
113 『雜阿含經』卷14 (T2, p.97a).
114 김재성, 「純觀(suddha-vipassana)에 대하여 남방상좌불교수행론의 일고찰」, (『불교학연구』 4집, 불교학연구회, 2002), p.277.
115 인경, 「初期佛敎에서의 止觀과 四禪」, (『보조사상』 16집, 보조사상연구원, 2001), p.104.

그리고 지혜수행에 대하여 7가지 청정을 제시하고 있는데, 이는 위빠사나 수행을 통하여 이루어진다.[116] 설일체유부의 『아비달마구사론』에 의하면 그 수행은 선정수행에서 시작하여 지혜수행으로 이어진다. 즉 수행과정은 '삼혜구족三慧具足 → 신기청정身器淸淨 → 오정심관五停心觀 → 별상념주別相念住 → 총상념주總相念住 → 사선근四善根 → 견도見道 → 수도修道 → 무학도無學道'이다. 여기에서 삼혜구족에서 오정심관까지는 선정수행에 해당하고, 별상념주에서 무학도에 이르는 수행은 지혜수행에 해당한다. 여기에서 관법은 특히 오정심관을 통하여 드러나는데, 부정관不淨觀·자관慈觀·연성연기관緣性緣起觀·계차별관界差別觀·아나파나념관阿那波那念觀 등으로 이는 각각 다섯 가지 번뇌, 분노, 탐욕, 어리석음, 아만, 분별(산란한 마음) 등을 다스려 가라앉히는 수행법이다.[117] 이러한 오정심관을 바탕으로 사념처四念處를 닦고 그 이후에 사선근을 닦은 후에 견도에 들게 하고 있다. 이와 같이 부파불교에 있어서도 선정(止)을 먼저하고 지혜(觀)를 수행하는 지관차제를 기본으로 하고 있지만, 아울러 지관균등止觀均等 또한 동시에 말해지고 있는데, 예를 들면『아비달마집이문족론』에는 "정과 혜를 균등히 수행하여 열반을 증득할 수 있다."고 말하고 있다.[118]

대승불교에 오면 자신의 깨달음을 위해 행해졌던 선정이나 지혜의

---

[116] 대림스님 역,『청정도론』Ⅰ(초기불교연구원, 2004), pp.299~325.

[117] 김재성,「초기불교 및 부파불교의 수행」(『한국불교학회 2016 추계학술대회 자료집』, 한국불교학회, 2016), pp.34~35.

[118] 『阿毘達磨集異門足論』卷3,「二法品 3」(T26, p.375b). "非有定無慧 非有慧無定 要有定有慧 方證於涅槃."

수행보다는 '상구보리 하화중생'하는 보살도의 실천에 중점을 두었다. 이에 따라 육바라밀 속에 선정(止)과 지혜(觀)가 들어가 있음을 볼 수 있다. 중관中觀에서는 초기불교나 부파불교의 수행법인 위빠사나(vipassanā)보다 무분별의 지혜인 반야(般若, prajñā)가 강조된다. 즉 반야의 지혜로 중도中道의 실상實相을 관하는 관법이 강조된 것이다. 용수는 법法이 있다고 보는 우리의 전도된 의식을 타파하고 제법개공諸法皆空을 주장하였는데, 이는 모든 존재는 인因과 연緣의 화합에 의하여 이루어져 있기 때문에 무자성無自性이며 성공性空이라고 보았다. 즉 반야의 공관은 제법성공諸法性空의 진제眞諦와 연기에 의하여 이루어진 속제俗諦의 이제二諦를 설정하고 이 둘이 서로 상즉相卽해 있음을 주장하였다. 그래서 이러한 제법의 모습을 『중론中論』에서는 "생겨나지도 않고 소멸하지도 않으며, 생성하지도 않고 단멸하지도 않는다. 동일하지도 않고 다르지도 않으며, 오는 것도 아니고 가는 것도 아니다."[119]라는 팔부중도八不中道로 설하였다. 또 『대지도론大智度論』에서는 "다시 일체를 관하면 법法이란 공도 아니요 공하지 않음도 아니고, 상相이 있음도 아니요 상이 없음도 아니며, 작作이 있음도 아니요 작이 없음도 아니다. 이와 같이 중中으로 관觀해야 마음에 집착이 없는 것이니, 이것을 바로 매우 깊은 법이라 말한다."[120]라고 말하고 있다. 이와 같이 중관에서는 지관에 대한 구체적인 언급보다는 반야에 의한 중도실상관中道實相觀을 강조하고 있다.

---

119 『中論』 卷一 (T26, p.1a). "不生亦不滅 不常亦不斷 不一亦不異 不來亦不出."
120 『大智度論』 卷六 (T25, p.107a). "復次觀一切 法非空非不空非有相非無相非有作非無作. 如是觀中心亦不著 是名甚深法."

유식唯識에서는 선정수행을 중요시한 유가행파(Yogācāra)의 전통에 따라 지관의 실천을 중요시하였다. 우선 유식의 소의경전인 『해심밀경』에서는 "보살은 방편으로 세워진 부처님의 교설과 아뇩다라삼먁삼보리를 이루리라는 서원을 버리지 않는 곳에 의지하여 대승의 사마타(止)와 비발사나(觀)를 닦는 것이다."[121]라고 하여 사마타와 비발사나 수행을 직접 강조하고 있다. 이 경은 전체 5권 8품으로 구성되어 있는데, 6번째 「분별유가품」에서는 지관에 대하여 구체적으로 설명하고 있다. 여기서는 사마타와 비발사나를 함께 닦는 지관겸수가 강조된다. 여기에서는 지관할 때의 인식대상에 따라 네 가지로 구분하여 말한다. 첫째는 사마타가 반연하는 바의 대상인 무분별영상無分別影像, 둘째는 비발사나가 반연하는 바의 대상인 유분별영상有分別影像, 셋째는 사마타와 비발사나가 함께 반연하는 대상인 사변제(事邊際: 존재의 궁극), 넷째는 불지佛地에서 사마타와 비발사나가 함께 비추어 보는 경계인 소작성판(所作成辦: 할 바를 모두 이룸)이 그것이다.[122] 또 지관의 종류에 대하여 각각 3가지를 언급하고 있는데, 이 중 관에는 유상관有相觀·심구관尋求觀·사찰관伺察觀이 있다고 말한다.[123]

---

[121] 『解深密經』 卷3, 「分別瑜伽品 6」 (T16, p.697c). "菩薩法假安立 及不捨阿耨多羅三藐三菩提願 爲依爲住於大乘中修奢摩他毘缽舍那."

[122] 위와 같음. "如世尊說四種所緣境事. 一者有分別影像所緣境事. 二者無分別影像所緣境事. 三者事邊際所緣境事. 四者所作成辦所緣境事. …… 一是奢摩他所緣境事 謂無分別影像. 一是毘缽舍那 所緣境事 謂有分別影像. 二是俱所緣境事 謂事邊際所作成辦."

[123] 위의 책, p.698b. "善男子 略有三種. 一者有相毘缽舍那. 二者尋求毘缽舍那. 三者伺察毘缽舍那."

『기신론』에서는 일심一心에 대하여 법法과 의義로 구분하여 법은 중생심으로, 그리고 의는 체體·상相·용用 삼대三大로 나누어 설명하고 있다.[124] 여기에서 수행법은 4종의 신심信心을 주로 하면서 5가지 바라밀을 강조하고 있다. 이 중 5번째 바라밀이 지관바라밀이다. 지관의 수행방법에 대하여, "지란 일체경계의 분별하는 현상을 그치는 것을 말하며, 사마타관에 수순隨順하는 것을 뜻한다. 관이라 말하는 것은 인연법 가운데 생멸하는 현상을 분별하는 것을 말하며, 비발사나관에 수순하는 것을 뜻한다. 수순이란 지와 관의 두 가지를 점차적으로 닦고 익히면서 서로 분리되지 않는 것을 뜻하며, 둘이 함께 나타나도록 하는 것이다."라고 말하고 있다.[125] 즉 사마타와 위빠사나를 함께 닦아야 깨달음을 이룰 수 있음을 강조하고 있다.

중국에 들어와 불교는 남북조시대 현학玄學과 조우하면서 인도의 사마타, 위빠사나, 사띠 수행법과는 차이가 나는 지관止觀, 정혜定慧수행이 나타나게 된다. 그 대표적인 것은 천태와 화엄과 선이라 할 수 있다.

---

[124] 『大乘起信論』卷1 (T32, p.575c). "摩訶衍者 總說有二種 云何爲二 一者 法. 二者 義. 所言法者 謂衆生心 是心則攝一切世間法 出世間法 依於此心顯示摩訶衍義. 何以故 是心眞如相 卽示摩訶衍體故 是心生滅因緣相 能示摩訶衍自體相用故. 所言義者 則有三種 云何爲三 一者 體大 謂一切法眞如平等不增減故. 二者 相大 謂如來藏具足無量性功德故. 三者 用大 能生一切世間 出世間善因果故. 一切諸佛本所乘故 一切菩薩皆乘此法到如來地故."

[125] 『大乘起信論』卷1 (T32, p.582a). "云何修行止觀門. 所言止者 謂止一切境界相 隨順奢摩他觀義故. 所言觀者 謂分別因緣生滅相 隨順毘鉢舍那觀義故. 云何隨順 以此二義漸漸修習不相捨離雙現前故."

천태지의(538~597)는 『마하지관』에서 관에 대해 설하길, "관이란 무명심을 관찰하는 것인데, 위로는 법성法性과 같아서 본래가 모두 공空이며, 아래로는 일체의 망상과 선악이 모두 허공과 같아서 두 가지가 없고 딴 것도 없음을 관찰하는 것이다."[126]라고 설하였다. 그리고 천태는 법성을 관하는 것에 대해 다음과 같이 설한다.

> 전도되어 일어나고 멸하는 것을 믿지 말고, 다만 이 마음이 오직 법성임을 믿어라. (망상이) 일어남도 법성이 일어남이요 멸함도 법성이 멸함이다. 체는 사실 일어남과 멸함이 없고 이름하여 일어남과 멸함인 것이다. 다만 망상을 가리킨다면 모두 다 법성인 것이니, 법성으로써 법성을 묶고 법성으로써 법성을 염하는 것이다. 그러니 항상 이것이 법성인 것이며 법성으로 하지 않을 때가 없다.[127]

여기서 법성法性이란 모든 것의 진실의 모습, 즉 깨달음의 본성으로서 진여眞如와 동일한 의미이다. 일상생활에서 벌어지고 있는 망상, 예를 들면 밤에 여러 가지 꿈을 꾸는 것, 전도된 생각으로 고통받는 이 모두가 법성의 작용임을 안다면 그것이 바로 지관이라고 한 것이다. 이와 같이 지관을 설명함에 있어서 모든 것이 진여법성眞如法性의

---

126 『摩訶止觀』卷5 (T46, p.56b). "觀者觀察無明之心 上等於法性 本來皆空 下等一切妄想善惡 皆如虛空無二無別."

127 『摩訶止觀』卷5 (T46, p.56b). "不信顚倒起滅 唯信此心但是法性. 起是法性起 滅是法性滅. 體其實不起滅妄謂起滅 秖指妄想悉是法性 以法性繫法性 以法性念法性 常是法性無不法性時."

작용임을 강조하고 있다. 또 지관을 설명함에 있어 "법성이 항상 공적한 것은 지의 뜻이고, 공적하면서 더불어 항상 비추는 것은 관의 뜻이다."[128]라고 밝히고 있다.

천태는 십승관법 중에서 관부사의경觀不思議境을 『마하지관』에서 첫 번째로 언급하고 있는데, 『지관대의』에서는 "그러므로 이 미묘한 관법은 모든 행의 근원이다. 이와 같이 관조해야 바야흐로 작은 사도와 마의 치우침에서 벗어나리니, 이 관법이 10법의 우두머리에 있는 까닭이다."[129]라고 하였다. 또한 천태는 십경十境 중에서 음입계경陰入界境을 처음으로 하고 있는 그 이유는 일상생활에 항상 현전하여 관찰할 수 있기 때문이라고 하였다.

천태는 사실단四悉檀의 사생四生에 근거한 가제假諦와 공空과 가假를 방편으로 하는 중도中道의 입장을 설명하는데, 이것이 바로 일심삼관一心三觀이다. 일념삼천一念三千을 언설로는 설명할 수 없으나 중도실상으로 바라보면 일심삼관이 될 수 있다. 이러한 관점으로 보면 우리 앞에 펼쳐져 있는 모든 것이 원융삼제圓融三諦로 바라볼 수 있다는 것이다.

천태는 악惡을 통해서도 수행할 수 있다고 강조하면서 "실상에 잘 따르는 것을 도道라 하고, 실상을 등지는 것을 비도非道라고 하는데, 만일 모든 악은 악이 아니라 모두 실상이라고 깨달으면 비도非道를 행하여 불도에 통달하는 것이다."[130]라고 하였다. 이는 천태가 말하는

---

128 『摩訶止觀』 卷1 (T46, p.1c-p.2a), "法性寂然名止 寂而常照名觀."
129 『止觀大意』 卷1 (T46, p.460b), "故此妙觀是諸行源 如是方離偏小邪外 所以居在 十法之首"

진여의 이성理性은 선악善惡, 미오迷悟, 염정染淨의 제법을 본래 구족하고 있다는 성구설性具說의 입장에서 "불성이 삼천을 갖춘다고 설명한다."131에서 찾아볼 수 있다. 삼천제법이 근간이 되는 십법계十法界는 모두 불성佛性, 곧 법성法性을 바탕으로 이루어졌기 때문이다. 천태는 이러한 수행을 하는 이유는 범부가 하고 싶은 대로 악한 일을 하게 되면 모처럼의 인생을 망치게 되고, 악도에 떨어져 영원히 거기에서 탈출할 수 없게 되기 때문이며, 그러므로 악한 가운데서 관찰하는 지혜를 닦아야 한다고 하였다.132 다시 말해 일부러 악을 지으면서 수행을 하는 것이 아니라 자신의 의지와는 상관없이 탐진치가 일어난다면 그것을 잘 관하면서 탐진치의 실체가 공적함을 알라고 한 것이다.

천태와 함께 중국의 교학을 대표하는 화엄은 똑같이 불성·법성·본성本性을 강조하지만, '성性'의 성격에 대하여 차이점을 드러낸다. 천태가 성구설을 주장하는 반면, 화엄은 성기설性起說을 주장한다. 성기란 '불성현기佛性現起'·'칭성이기稱性而起'의 의미로서, 불과佛果의 경계에서 사물의 나타난 모습을 말하는 것이다. 이러한 '성기性起'에 반대되는 개념은 '연기緣起'로 연緣에 의거하여 일어나는 것을 말한다. 화엄의 입장에서는 깨달음의 본체가 본래 중생의 마음속에 구족되어 있어서 현재에 그대로 발현되어 있다고 말한다. 이와 같이 일체 모두를

---

130 『摩訶止觀』卷2 (T46, p.17b-c). "善順實相名爲道 背實相名非道 若達諸惡非惡 皆是實相 卽行於非道通達佛道."
131 『觀音玄義記』卷2 (T34, p.905a). "明性三千."
132 『摩訶止觀』卷2 (T46, p.17c). "凡夫若縱惡蔽 摧折俯墜永無出期 當於惡中而修觀慧."

성기적 관점에서 바라보는 화엄에서는 모두가 다 선이며, 악이란 거울에 먼지가 끼어 있는 것과 같은 상태로서 부차적인 것으로 이해된다.

화엄에서 관觀이란 관하는 마음을 말한다면, 관해지는 대상은 법계法界이다. 화엄의 대표적인 관법은 사법계관四法界觀이다. 화엄종에서는 일진법계一眞法界가 온 만유를 포섭하고 있다고 말하는데, 이러한 무진법계無盡法界로 들어가고자 하면 4종류의 차제가 있다고 한다. 첫째는 사법계관事法界觀으로 색과 심 등의 법이 하나하나 차별이 있음으로 관하는 것이다. 둘째의 이법계관理法界觀은 색과 심 등의 법이 비록 차별이 있으나 그 체성은 동일하다고 관하는 것이다. 셋째의 이사무애법계관理事無礙法界觀은 이理는 사事로 말미암아 나타나고 사는 이를 따라 이루어지니, 이와 사가 서로 포용되면서 무애하여서 평등한 가운데 차별이 있고 차별이 있는 가운데 평등하다고 관하는 것이다. 넷째의 사사무애법계관事事無礙法界觀은 일체의 하나하나 사법事法은 그 상相이 파괴되지 않고 그 성性은 원융회통하여 일一과 다多가 상즉相卽하고, 대大와 소小가 호용互容하며, 중중무진하다고 관하는 것이다. 두순杜順은 이를 주변함용관周徧含容觀이라 하였다.[133]

화엄의 성기론적 관점은 선사상禪思想에 있어 그대로 이어진다. 그런데 선종에 있어서는 보다 수행적인 입장에서 견성성불見性成佛의 체험이 강조된다. 선종에 있어서 지관은 정혜定慧로 대체되는데, 선종의 초조로 알려진 달마達磨에게서 '벽관壁觀'이란 용어가 이입理入과

---

133 『불광사전』, 앞의 책, '四法界觀' 條, p.1718.

관련되어 쓰이고 있다. 『이입사행론二入四行論』에서는 "이입이란 교를 쌓아 종지를 깨닫는 것이니, 모든 중생이 동일한 진성眞性을 가지고 있지만 객진 번뇌가 망상으로 그것을 덮어서 드러나지 못한다는 사실을 깊이 믿어야 한다. 만약 망妄을 버리고 진眞을 회복하고자 하면 벽관에 굳게 머물러 나도 없고 남도 없으며, 범인과 성인이 평등하다는 사실에 굳게 믿고 움직이지 않아서 다시는 문자의 가르침을 따르지 말아야 한다. 이렇게 하면 이理와 더불어 하나가 되어 분별이 없고 적연 무위함을 이입이라 한다."[134]라고 하였다. 종밀은 "달마는 벽관으로 사람을 가르쳐 안심시키는데, 밖으로는 모든 제연을 끊고 안으로는 갈등이 없이 마치 장벽과 같은 상태가 되어 도에 들어갈 수 있다."[135]라고 하였다. 이는 몸이 어디에 있든 마음이 경계에 흔들리지 않고 부동한 의미이다.

조사선의 사상을 정립한 것은 조계혜능(曹溪慧能, 638~713)이며, 그의 사상의 핵심은 돈오견성頓悟見性이다. '돈오'란 즉각적인 깨달음을 말한다. 중생의 입장에서 점차적인 단계를 거쳐 이루어지는 깨달음인 점수이오漸修而悟가 아닌 불성의 즉각적인 발현을 의미한다. 이는 북종 신수神秀의 선정발혜先定發慧 또는 인정발혜因定發慧와는 달리 정혜가 동시에 이루어지는 것을 말한다. 이러한 혜능선慧能禪의 핵심

---

[134] 『少室六門』 卷1 (T48, p.369c). "理入者 謂藉教悟宗 深信含生同一眞性 俱爲客塵妄想所覆 不能顯了. 若也捨妄歸眞 凝住壁觀 無自無他 凡聖等一 堅住不移 更不隨於文教. 此卽與理冥符 無有分別 寂然無爲 名之理入."
[135] 『禪源諸詮集都序』 卷1 (T48, p.403c). "達摩以壁觀敎人安心 外止諸緣內心無喘 心如牆壁可以入道 豈不正是坐禪之法."

은 '마음'에 있다. '심지', '자성', '진심', '직심', '법성' 등 여러 가지 이름으로 사용하고 있으나 모두 '마음'이다. 이 마음은 누구나 가지고 있는 마음으로 '본래성불本來成佛'되어 있는 마음이다. 따라서 이 '마음'을 깨쳐야 한다.

혜능은 자신의 법法은 정혜가 근본이라 말한다. 정정이란 자성의 본체이고, 혜慧란 자성의 작용이다. 지혜가 발동할 때 선정은 지혜 가운데 있고, 선정이 발동할 때 지혜는 선정 가운데 있는 것이다. 따라서 선정을 먼저 하면 지혜가 발한다거나, 지혜를 먼저 하면 선정이 발한다고 하여 선정과 지혜가 각기 다르다고 말하면 안 된다고 강조한다.[136]

돈오견성을 주장하는 혜능의 수도와 실천의 방법은 오직 일행삼매一行三昧 하나뿐이다. 『단경』의 반야사상은 자성에 본래부터 있는 반야의 지혜(般若之智)를 깨닫는 데에 집중되어 있고, 이것이 곧 견성見性이다. 여기서 반야는 자성반야를 가리키며, 자성의 공성空性을 근거로 견성을 성취하는 것이 목적이다. 『단경』에 있어서 공성은 우선적으로 불이법不二法이 근본이다. 모든 상대적인 대상의 공성을 깨달아 불이법으로 들어가는 것이 바로 해탈이다. 그러기에 선과 악의 두 가지 법을 생각하지 않는 것이 본래면목이며 청정심체라 하는 것이다.

---

[136] 『南宗頓教最上大乘摩訶般若波羅蜜經六祖惠能大師於韶州大梵寺施法壇經』(이하 『敦皇本壇經』) 卷1 (T48, 338b). "我此法門 以定惠爲本第一. 勿迷言惠定別. 定惠體一不二. 卽定是惠體 卽惠是定用. 卽惠之時定在惠 卽定之時惠在定. 善知識 此義卽是惠等 學道之人作意 莫言先定發惠. 先惠發定 定惠各別 作此見者 法有二相. 口說善心不善 惠定不等 心口俱善 內外一衆種. 定惠卽等 自悟修行不在口諍. 若諍先後 卽是人不斷勝負."

그리고 이러한 불이의 공관空觀은 무주無住와 무념無念과 무상無相의 삼무三無를 통하여 나타난다. 이에 대해 『단경』에서는 다음과 같이 말하고 있다.

> 선지식들이여, 나의 이 법문은 예부터 돈점頓漸을 모두 세우고, 무념無念으로 종지를 삼고, 무상無相으로 본체를 삼고, 무주無住로서 근본을 삼았다. 어떤 것을 무상이라 하는가? 무상이란 상相으로부터 상을 떠난 것이다. 무념이란 생각으로부터 생각을 떠난 것이다. 무주란 사람의 본래 성품이 생각마다에 머무르지 않는 것이다. 지나간 생각과 지금의 생각과 다음의 생각이 생각생각 서로 이어져 끊어짐이 없나니, 만약 한생각이 끊어지면 법신이 곧 색신을 떠나게 된다. 순간순간 생각할 때에 모든 법 위에 머무름이 없으며, 만약 한생각이라도 머무르면 생각마다 머무르는 것이므로 계박繫縛이라고 부른다. 모든 법 위에 순간순간 생각이 머무르지 아니하면 곧 얽매임이 없는 것이다. 그러므로 머무름이 없는 것으로 근본을 삼는 것이다.[137]

이와 같이 지관은 혜능에 이르면 자성에 즉한 정혜로 바뀌어 나타나며, 정혜불이定慧不二의 입장에서 정혜를 함께 닦는 정혜쌍수定慧雙修

---

[137] 위의 책, p.338c. "善知識 我此法門 從上已來 頓漸皆立 無念爲宗 無相爲體 無住爲本. 何名無相 無相者於相而離相. 無念者於念而不念. 無住者 爲人本性 念念不住 前念今念後念 念念相屬 無有斷絶. 若一念斷絶 法身卽是離色身 念念時中 於一切法上無住. 一念若住 念念卽住 名繫縛. 於一切法上 念念不住 卽無縛也. 此是以無住爲本."

로 나타나게 된다.

　이상과 같이 관법에 관련된 내용을 초기불교에서 중국의 선종에 이르기까지 개략적인 흐름을 살펴보았다. 초기나 부파불교에서 관은 있는 그대로의 통찰이나 번뇌의 소멸과 점차적인 깨달음에 중점을 두고 있다. 대승불교로 들어서면서 관법의 수행에 있어서 특징적인 점은 진여불성 등을 믿을 것을 강조하고 있으며 보살행의 실천행과 법계를 관찰하는 것임을 볼 수 있다. 그러므로 선사가 제시하는 관법은 초기불교의 관법보다 대승불교의 관법에 더 근접하고 있다고 볼 수 있다.

2. 선사의 관법에 대한 정의

선사 당시의 재가불자들의 구성은 대부분 나이든 여성 위주였고 신행 형태는 기복신앙의 형태였다. 앞의 선사의 행적에서 살펴본 바와 같이 선사가 치악산 견성암에서 보림保任하던 시절, 자신을 찾아온 많은 사람들을 제접提接하는 과정에서 중생 스스로 수행을 통하여 문제를 해결하도록 지도해야 한다는 분명한 자각을 하였다. 그리고 안양에 한마음선원을 건립한 후 거기에서 불자들이 수행을 통해 자신의 문제를 스스로 타파할 수 있는 방법을 모색하였다. 선사는 '작게는 각자 내면의 자생중생들과 크게는 우주만물이 하나로 돌아간다.'는 '한마음'이라는 사상을 강조하며, 이러한 '한마음'을 믿고 관하라고 강조하였다. 그리고 이렇게 시작된 가르침이 '주인공 관법' 혹은 '한마음 주인공 관법' 등으로 명명命名하여 지금에 이르고 있다.

선사가 제시한 '관법'은 자신의 독특한 체험을 바탕으로 제시하고 있어서 당시 한국불교에서는 새로운 것이었지만, 앞에서 살펴본 바와 같이 관법은 부처님 당시부터 지금에 이르기까지 시대를 초월하여 지속적으로 이어온 수행법이다. 선사는 '관하는 법만 알면, 다시 말해 일상생활에서 닥치는 모든 문제를 주인공에 믿고 놓아 지켜볼 수 있다면, 일체를 용도대로 처리해 나갈 수 있다.'고 하여 관법의 중요성에 대해 설해왔지만, '관법'에 대한 정의나 수행 방법에 대한 이론 체계를 명시적으로 제시해 놓지 않았다. 그 이유는 재가자들이 사회생활을 하면서 이론적인 것을 자세하게 배우는 데에도 한계가 있을 뿐 아니라, 너무 이론적으로 가다보면 수행의 핵심을 놓쳐 아상我相만 키울 수 있다는 우려 때문이었다.[138]

선사는 평소 수행자들에게 신도들을 지도할 때는 관법을 중점으로 하라[139]고 강조했지만, 선사가 말하는 관법은 매우 포괄적이다. 그 이유는 선사가 법문할 때 관법 전체를 설하기보다는 시간과 장소, 그리고 상대방의 근기에 맞게 관법을 다양하게 설했기 때문이다. 이처럼 선사가 설하는 관법이 상황에 따라 다르므로 수행자들이 관법을 정립하는 데 혼선이 있을 수밖에 없다.

---

138 〈담선〉(12), 앞의 녹취록, 1984. 2. 6.; 필자의 경험에 비추어 보면, 배우지 못한 불자들이 진실로 주인공을 의지해 수행해 나가면서 많은 체험과 어려움을 극복해 나가는 것을 목격하였다. 반대로 학문적으로 많이 아는 사람일지라도 당장 어려움에 처했을 때는 제대로 대처하지 못하는 경우가 종종 있었다. 그리고 오히려 관법을 바로 믿고 따르는 순수한 초등학생이 관법에 대한 효과가 더 많은 것을 보았다.

139 〈승단〉(760), 앞의 녹취록, 미국뉴욕법당, 1996. 6. 4.

그렇다면 선사의 '관법'은 어떻게 정의할 수 있을까? 우선 '관법'에 관한 정의를 구체적으로 접근하기에 앞서 여기에서 지칭하는 관법은 협의의 관법이 아닌 광의의 관법임을 전제하고자 한다. 협의라 하면 '지켜보는 관법'만을 말하는 것이고, 광의라 하면 선사가 제시하고 있는 전체적인 관법의 수행체계를 말하는 것이다. 광의의 관법에는 '믿음'과 '놓음'과 '지켜보기'가 포함된다. 이러한 광의의 관법을 정의하기 위하여 여러 상황에 따라 부분적으로 설해진 관법의 내용들을 모아 선사가 말하는 관법을 정의해보기로 한다.

우선 선사의 관법에서 수행의 시초가 되는 것은 '믿음'인데, 이에 대해서는 다음과 같이 설한다.

a. 그러니 관법과 믿음은 둘이 아니죠. 직 코스로 '아, 자기가 공空했다는 그 이치만 안다면 모두가 한마음으로서 너 나가 따로 없구나!' 하는 것을 알게 되죠.[140]

b. 누가 무엇이라 하든 나는 나로서 성불할 수밖에 없다는 믿음, 내가 혹은 거꾸러지고 혹은 일어서고 혹은 달리고 혹은 넘어지겠지만 마침내 도달할 곳은 부처님의 환희 광명 세계라는 믿음, 그러한 믿음이 대리석처럼 단단하다면 무엇을 두려워하겠는가. 그러한 믿음이라면 무엇이 나를 흔들어놓을 수 있겠는가. 믿음이란 시비하는 마음이 추호만큼도 없는 것, 이유를 달지 않고 무조건 죽는 것이다.[141]

---

[140] 『허공을 걷는 길: 국내지원법회』 2권, 앞의 책, p.997.

a에서 관법은 바로 믿음이라고 간단히 설하면서도 공했다는 이치를 알게 되면 모두가 한마음임을 깨달을 수 있다고 한다. 또한 선사는 누구에게나 일체제불과 모든 생명이 함께하고 있다는 것을 믿어야 한다고 강조한다.[142] 이는 공부하는 초심자는 이러한 원리를 무조건 믿고 들어가야 함을 강조한다.

b에서는 각자가 어떤 어려움도 극복하고 성불할 수 있다는 철저한 믿음의 필요성을 강조하였다. 또한 믿음은 시비하지 않고 무조건 이유 없이 하심下心하는 것을 원칙으로 하고 있다. 이처럼 선사가 말하는 믿음은 '성불할 수 있다'는 믿음 내지는 '본래 성불되어져 있다'는 것을 믿는다는 의미이다.

다음으로 강조하는 것은 '놓음'인데, 다음과 같이 설하고 있다.

그러니까 이것은 놓지 않으면 안 된다. 놓지 않으면 얻을 게 없어. 요만한 거 하나래도 놓지 않으면 그거는 얻지 못해. 이 세상에 몽땅 놓았기 때문에 몽땅 얻을 수가 있는 거지. 몽땅 놓지 않는데 몽땅 얻을 수가 있나. 얻는다는 것은 무슨 그 모든 걸 굴릴 수 있다는 점. 이게 놓는 데에 여러 가지가 다 거기에 달려있지. 야, 놓는 데는 모든 5가지가 지금 다 거기에 다 달려있는 거지, 놓는다, 듣는 것도 놓는다, 보는 것도 놓는다, 남의 마음을 아는 것도 놓는다, 맛을 아는 것도 놓는다, 냄새 맡는 것도 놓는다, 또는 우리가 남이 어떻게 지내온 거를 안다 하는 것도 놓는다, 이 전부 놓지 않는다면

---

141 『한마음요전』, 앞의 책, p.500.
142 『허공을 걷는 길: 법형제법회』 2권, 앞의 책, p.1336.

그것은 참, 전체 두루 볼 수가 없고 전체 두루 들을 수가 없고 전체 어느 걸 보더라도, 어떠한 벌레 하나를 보더라도 과정이 어떻게 나왔대는 걸 알 수가 있고 들을 수가 있고, 또 만날 수가 있고……[143]

선사는 '놓음'의 중요성을 강조하면서, 일체를 놓게 됨으로써 일체를 얻을 수 있다고 말한다. 위에서 언급하고 있는 다섯 가지란 오신통을 말하는 것으로서 이것에 또한 집착하지 말아야 한다고 한다. 그 이유는 공부과정 중에 신통력이 생겨 거기에 집착하게 되면 참된 누진통의 수행을 할 수 없기 때문이라고 한다.[144] 선사는 놓음을 한군데(주인공)에 일임하는 것이라고 하면서 이를 맷돌에 비유하면서 맷돌 안에 놓고 갈려 나오는 것을 관(觀)이라고 비유하였다.[145]

여기서 '놓음'이란 경전이나 조사어록에 나타나는 '휴헐(休歇, 쉬다)'이나 '방하착方下着' 등과 관련이 있는데[146] 선사는 옛 성인들이 말한 '모든 것을 쉬라'와 '모든 것을 맡겨놓으라'는 것은, 용어는 다르지만 이치는 같다고 하였다.[147] 선사는 놓는 이유에 대해서 자기 자신을 발견하고 모든 습을 녹이면서 둘 아닌 도리를 실천하고, 그리고 최종적으로 가고 옴이 없이 나투면서 어떤 생명체하고도 응해주기 위해 놓아야 한다고 하였다.[148]

---

143 〈대담〉(349), 앞의 녹취록, 1987. 9. 8.
144 『허공을 걷는 길: 국내지원법회』 1권, 앞의 책, p.434.
145 『허공을 걷는 길: 법형제법회』 1권, 앞의 책, p.192.
146 『한마음요전』 제4장 제2절 '놓음의 관법수행'에서 참조.
147 〈담선〉(195), 앞의 녹취록, 1986. 2. 3.
148 〈대담〉(348), 앞의 녹취록, 1987. 9. 7.

다음으로 '지켜봄'에 대해 선사는 다음과 같이 설한다.

그와 같이 모든 것을 그렇게 거기 맡겨놓고, 어떠한 용도에 따라서든지 어떠한 문제든지 거기 놓고 지켜보는 마음을 가지면 바로 그게 실험이요, 그것이 지나가면 바로 체험이요, 그렇게 되는 겁니다. 그렇기 때문에 하나 놓고 관하고 지켜보고, 관한다는 게 지켜보는 거니까 둘 아닌 지혜로운 마음으로 거기다 맡겨놓고 지켜본다. 지켜보면 체험이 되고 체험이 되면 '아, 고놈이로구나! 고렇게 되는 거로구나!' 하고, 그때는 놓치지 않고 갈 수 있죠.[149]

위에서 선사는 어떠한 문제든지 잘 굴려서 지혜롭게 놓아가면서 지켜보는 관을 말하였다. 지켜보기 위해서는 주인공에 대한 믿음과 놓음이 필요하며, 이러한 과정을 통하여 수행자는 지켜보면서 체험을 하게 된다. 지켜보는 과정에서 좋은 생각이 나오면 감사하게 놓고, 나쁜 생각이 일어나면 잘 굴려서 되놓고 지켜보는 것이다.

다음으로 '증명관'에 대해서 다음과 같이 설한다.

여러분도 무조건입니다. 화두도, '이게 뭘까?' 이러는 것도 자기가 이 세상에 나온 게 화두인 까닭에 그냥…… 그래요, 자기가 이 세상에 나온 게 화두예요. 그러니까 알 양으로 하지 말고 무조건 그냥 믿고 들어가는 거죠. 그게 관이에요. '네가 있으니까 너만이 네가 있다는 것을 증명할 수 있다.' 하고 집중하고 들어가는 게

---

[149] 『허공을 걷는 길: 국내지원법회』 2권, 앞의 책, p.1108.

관이에요. 기도가 아니에요. 못났든 잘났든 내가 있는 데에 자부처가 있는 것인데, 어리석게도 부처를 내가 아닌 어디에 가서 찾으려고 그럽니까? 그리고 내 고통스러운 걸 어디서 해결해 달라고 합니까?[150]

인용문에서 자신의 불성, 즉 주인공을 발견하는 관으로서 흔히 '증명관'이라고 한다. 이 관법에서는 주인공에 대한 믿음과 놓음이 원만히 이루어질 때 심신이 편안해지는데, 이때 관하기를 '네가 있으니까 너만이 네가 있다는 것을 증명할 수 있다.'하고 강력하게 관해 들어가는 것이다. 선사는 주인공에 대한 믿음, 놓음, 그리고 지켜봄을 통하거나 증명관을 통하여 견성에 이르게 된다고 말하고 있다.

견성이 된 후 진짜로 보이지 않는 정신세계의 공부가 시작되는데, 특히 세상 만물이 둘 아닌 도리를 체득해 나가는 과정이다. 선사는 견성한 후에 보림과정으로 '둘 아닌 도리'를 다음과 같이 설한다.

그래서 내가 깨달았으면 깨달았다는 말할 필요가 없이 안으로 굴리고 굴려서 또 지혜를 넓히고 …… 지혜를 넓혀서 또 온 바다를 만드는 거와 같이, 내 마음이 온 누리에 어느 곳곳이 닿지 않는 데가 없이 됐을 때에, 여러분들과 나와 둘이 아니게끔 될 때 일체만물, 무정물이나 모든 생물, 물에 있는 한 고기와 대화를 할 수가 있는가 하면 저런 풀잎하고도 대화를 할 수가 있는 겁니다. 산에 올라갔을 때는 들에서 그 풀잎들이 다 말을 해주고 '이것은 당신의

---

150 『허공을 걷는 길: 정기법회』 3권, 앞의 책, pp.1604~1605.

약이 되는 거'라고 하면서 가르쳐 주기도 합디다.[151]

선사가 말하는 진정한 수행은 깨달은 후부터다. 깨달음, 즉 견성에 그치지 않고 계속 놓고 지켜보는 수행을 하고 나갈 때 모든 만물과 둘 아닌 한마음이 되며 만물과 소통할 수 있다고 한다. 자성을 깨달았다 할지라도 미세한 번뇌는 남아 있을 수 있는데, 이러한 번뇌를 제거하는 보림을 하기 위해서는 놓아야 한다고 선사는 설한다.[152] 그리고 견성 후에도 깨달았다는 상相을 내려놓고 계속 안으로 굴리면서 지혜를 넓혀가다 보면 세상 만물과 오고감이 없이 통할 수 있어야 하는데, 이 과정이 둘 아닌 도리를 체득해가는 과정이다. 둘 아닌 과정을 완전히 체득한 후 정각正覺, 다시 말해 열반의 경지에 이르는 것을 다음과 같이 설하였다.

그래서 백지를 볼 수 있다면 바로 무심과 유심이 둘이 아니게, 유구하게 무구하게 둘이 아닌 도리를 그대로 중용을 할 수 있고 중생들을 이끌어나갈 수 있는, 한마음에서 세세생생에 보살이 배출된다는 얘기죠. 그렇게 정각을 이루어서 부처님이 수많아진다 하더라도 불佛은 하나야. 그러나 양쪽 손에 돌을 들고 탁 쳤을 때 불이 일어났다가 그냥 없어지긴 했으나 그게 한데 합쳐서 하나라는 뜻이지. 만 명이다 할지라도 하나요, 억만 명이라 할지라도 하나요, 그 하나도 이름 해서 하나니 하나도 없는 것이 바로 그 하나다

---

151 『허공을 걷는 길: 정기법회』 1권, 앞의 책, p.47.
152 『허공을 걷는 길: 정기법회』 1권, 앞의 책, pp.274~275.

이거야. 그래서 관하라고 하는 겁니다. 관하라고 하는 건 물론, 뜻을 이루어서 배운 사람의 소견이 다 다르듯이, 소견이라고 하는 거보다도 그것을 이루지 못한 사람들은 소견이라고 하고, 아마 우리가 그 뜻을 이룬 사람은 소견도 없고 대견도 없어. 허허허. 그대로지.[153]

이와 같이 둘 아닌 도리를 체득한 후 중생들을 위해 유심(유위법)과 무심(무위법)을 둘 아니게 굴리면서 자비행을 베푸는 것이다. 선사가 설하는 이러한 보살행은 정각을 이룬 부처님만 행할 수 있는 것이 아니라 깨닫지 못한 자도 관하면 할 수 있다는 메시지를 내포하고 있다. 또한 선사는 열반에 대해 말하길, 살아서 열반이 되어야 함을 강조하기도 하고, 육신이 다하고 난 후에 몸을 안 받고도 법신으로서 우주법계와 하나가 되어 중생들에 보살행을 할 수 있다고 하였다.[154]

이상과 같이 선사가 상황에 따라 부분적으로 설해진 관법의 내용들 가운데 핵심적인 것을 정리해보았다. 이에 의거하여 선사가 말하는 '관법'의 의미를 도출해본다면 다음과 같다.

선사의 관법은 "본래성불 사상에 입각하여 일체제불과 모든 생명이 함께하고 있는 주인공主人空을 진실히 믿고 일체를 주인공에 놓는데, 잘된 것은 감사하게 놓고 잘못된 것은 잘 다스려 놓으면서 지켜보면서 체험하는 것이다. 이러한 과정 중에 진정한 의정이 생기면 '주인공 너만이 네가 있다는 것을 증명할 수 있어!' 하고 강력히 관하면서

---

[153] 『허공을 걷는 길: 정기법회』 2권, 앞의 책, pp.266~267.
[154] 『허공을 걷는 길: 정기법회』 1권, 앞의 책, 1999, p.33.

주인공(불성)을 발견한다. 자성 발견 이후에는 둘 아닌 도리를 실천하면서 자신의 습을 다 조복받아 자생중생들이 보살로 화하여서 중생들을 위해 유위법과 무위법의 양면을 잘 중용해 나가면서 보살행을 실천하는 것이다. 최후에 구경경지에 이르러 법신의 자리로 돌아가 모습이 있고 없음에 관계없이 한생각으로 중생들이 요구에 응해주면서 보살행을 실천하는 것"이라고 임시로나마 정의할 수 있다.

이러한 선사의 관법은 주인공에 대한 믿음과 놓음, 모든 것을 다스리면서 지켜보는 관, 자성을 발견하는 증명관, 그리고 깨달은 후 둘 아닌 도리를 실천하면서 완전한 깨달음을 얻고, 그 후 자신의 깨달음을 중생들에게 회향하는 순서로 이루어진다.

선사의 관법은 수행과 교화를 겸하는 상구보리上求菩提의 수행적인 면과 하화중생下化衆生의 교화적인 실천사상을 내포하고 있다. 이는 다음에서 확인할 수 있다.

우리가 내 몸을 하나 끌고 댕기는 데에 바로 상구보리 하화중생이라고 말을 한 그 말씀을 여러분들은 잘 아시겠죠? 두 가지 여건이 있습니다. 내부의 문제와 외부의 문제입니다. 상구보리 하화중생이라 하면은, 나부터 알아서 나를 이끌어가지고 다닐 수 있는 사람이 돼야만 남을 이끌어줄 수도 있고 일체제불과 같이 한 자리를 할 수 있다는 뜻입니다. 그래서 위로는 부처님을 나와 더불어 모시고 아래로는 중생들을 제도할 수 있는 그 광대무변한 능력이 생김으로써 공덕법행이 되는 것입니다.[155]

---

[155] 『허공을 걷는 길: 국내지원법회』 1권, 앞의 책, p.158.

위에서 말한 상구보리는 한마음주인공에 대한 절대적인 믿음을 뜻하고, 하화중생은 먼저 자신 내면의 자생중생들을 제도해야 외부의 남도 제도할 수 있음을 의미한다. 선사가 말하는 관법에는 자신의 주인공을 진실히 믿고 내면의 자생중생을 제도함과 동시에 남도 이끌어줄 수 있다는 의미가 내포되어 있다.

제2절 대행선사 관법의 원리

선사상은 크게 불성론佛性論과 수증론修證論으로 대별할 수 있다. 이를 종밀宗密은 『도서都序』에서 선리禪理(禪源)과 선행禪行으로 나누어 불성론은 선리에, 수증론은 선행에 배대하고 있다. 즉 "원원은 일체중생의 본각진성本覺眞性이니 불성佛性이라 이름하고, 또는 심지心地라 이름한다. 그것을 깨닫는 것이 혜慧요, 그것을 닦는 것이 정定이니 정혜를 합하여 선禪이라 한다. 이러한 성性이 선의 본원本源인 까닭에 선원禪源이라 이르고, 또 선나이행禪那理行이라 하는 것은 그것의 본원이 선리禪理요 망정계지忘情契之가 선행禪行인 까닭으로 이행理行이라 한다."[156]라고 밝히고 있다. 즉 불성론과 수증론, 선리와 선행이 서로 밀접하게 관련되어 있음을 밝히고 있다.

이러한 체계에 비추어 보면 선사의 관법은 수증론인 선행에 해당한다. 그리고 한마음, 주인공 등은 불성론인 선리에 해당한다. 수증론은 그 바탕, 즉 철학적 기초를 불성론에 근거한다고 볼 때, 선사의 관법은 한마음과 주인공 등에 기초한 수행법이라 할 수 있다. 따라서 우선 관법의 기초 혹은 선리에 해당하는 한마음·주인공·오공 등에 대하여 살펴본 후, 관법의 원리를 한마음주인공·한생각의 지혜·나툼의 작용 등으로 나누어 살펴보고, 끝으로 이러한 선사의 관법이 지니는 사상적 특징에 대하여 살펴보고자 한다.

---

156 〔唐〕宗密, 『禪源諸詮集都序』 卷上 (T48, p.399a). "源者是一切衆生本覺眞性 亦名佛性 亦名心地. 悟之名慧 修之名定 定慧通稱爲禪那. 此性是禪之本源 故云 禪源 亦名禪那理行者. 此之本源是禪理 忘情契之是禪行 故云理行."

1. 관법의 철학적 기초

1) 한마음

선사의 '관법'은 깨달음에 이르는 수행론을 말한다. 그리고 이러한 관법의 기초가 되는 것은 불성론이라 할 수 있다. 뇌영해賴永海는 "불성佛性이란 범어 붓다타(Buddhatā)의 번역인데, 불계佛界, 불장佛藏, 여래계如來界, 여래장如來藏 등을 말한다. '불'은 깨달음이란 뜻이고, '성'은 종자이고 인因의 본의이다. 따라서 불성은 바로 중생이 깨닫는 인因이고 성불의 가능성이다."[157]라고 말한다.

이러한 '불성'은 특히 대승불교에 있어서 가장 중요한 문제로 대두되었는데, 대승의 경전에는 불성에 대하여 수많은 다른 이름이 등장하고 있다. 예를 들어 『열반경』에서는 '불성', 『화엄경』에서는 '법계', 『승만경』에서는 '여래장자성청정심如來藏自性淸淨心', 『능가경』에서는 '팔식八識', 『능엄경』에서는 '수능엄삼매首楞嚴三昧', 『법화경』에서는 '일승一乘', 『대품』에서는 '반야법성般若法性', 『유마경』에서는 '무주실제無住實際', 『대승기신론』에서는 '일심一心'이라 부른다.[158] 또 선종에서도 불성에 대한 수많은 이름이 있는데, 『진심직설』에서는 다음과 같이 밝히고 있다.

조사의 문하에는 이름과 말이 끊어졌느니라. 하나의 이름도 짓지 않거늘 무슨 많은 이름이 있겠느냐마는 근기에 따라 감응하여

---

157 賴永海, 『中國佛性論』 (中國: 江蘇人民出版社, 2012), pp.1~2.
158 위의 책, p.14.

그 이름이 또한 많다. 어떤 때에는 '자기自己'라 하였으니 중생의 본성이기 때문이요. 때로는 '정안正眼'이라 하였으니 온갖 모양을 바로 보기 때문이요, 때로는 '묘심妙心'이라 하였으니 비었으되 신령스러우며 고요하되 빛나기 때문이요. 때로는 '주인옹主人翁'이라 하였으니 종래에 감독관이었기 때문이요, 때로는 '무저발(無底鉢: 밑 없는 발우)'이라 하였으니 간 곳마다 생활하기 때문이요, 때로는 '몰현금(沒絃琴: 줄 없는 거문고)'라 하였으니 금시今時에 소리가 나기 때문이요. 때로는 '무진등(無盡燈: 다함이 없는 등불)'이라 하였으니 어둔 마음을 비추어 부수기 때문이요. 때로는 '무근수(無根樹: 뿌리 없는 나무)'라 하였으니 뿌리와 꼭지가 견고하기 때문이요, 때로는 '취모검吹毛劒'이라 하였으니 감관과 대상을 끊기 때문이요, 때로는 '무위국無爲國'이라 하였으니 바다가 고요하고 강물이 맑기 때문이요, 때로는 '모니주牟尼珠'라 하였으니 빈궁함을 구제하여 이익을 주기 때문이요, 때로는 '무유쇄(無鑐鎖: 열쇠 없는 자물쇠)'라 하였으니 여섯 감관을 잠그기 때문이며, 나아가서는 '니우(泥牛: 진흙 소)'·목마木馬·심원心源·심인心印·심경心鏡·심월心月·심주心珠라 하여 그 갖가지 다른 이름을 이루 다 적을 수가 없다.[159]

---

[159] 『眞心直說』, 眞心異名章 (T48, pp.999c~1000a). "祖師門下 杜絶名言 一名不立 何更多名. 應感隨機 其名亦衆 有時 呼爲自己 衆生本性故. 有時 名爲正眼 鑑諸有相故. 有時號曰妙心 虛靈寂照故. 有時 名曰主人翁 從來荷負故. 有時 呼爲無底鉢 隨處生涯故 有時 喚作沒絃琴 韻出今時故. 有時 號曰無盡燈 照破迷情故. 有時 名曰無根樹 根蒂堅牢牢故. 有時 呼爲吹毛劒 截斷塵根故. 有時 喚作無爲國 海宴何清故. 有時 號曰牟尼珠 濟益貧窮故. 有時 名曰無鑐鎖 關閉六情故. 乃至 名泥牛 木馬 心源 心印 心鏡 心月 心珠 種種異名 不可具錄."

이처럼 教敎와 선禪을 막론하고 불성에 대한 다양한 이름이 존재하는데, 선사는 '한마음'과 '주인공主人空' 등을 통하여 이러한 불성을 명명하였다.

선사가 말한 '한마음'과 '주인공'에 관해 살펴보면 마음의 본체적인 진여문의 입장과 마음의 현상을 나타내는 생멸문의 내용을 살펴볼 수 있다.

우선 '한마음'에 대해 다음과 같이 설한다.

불성이란 우주를 감싸고 있는 대원리이다. 이 우주 삼라만상에 불성으로부터 비롯되지 않는 것이 없다. 불성은 무시이래로 있어왔고 지금도 있으며 영원토록 있을 것이다. 불성은 진리요 영원이요 모든 것이다. 불성은 개별적인 것이 아니라 일체의 근본이다. 불성은 오직 하나라는 의미에서 한마음이요, 너무나 커서 한마음이요, 전체라서 한마음이다. 일체만물이 그로부터 비롯되니 한마음이다.[160]

위의 내용에서 불성, 곧 한마음의 본체적이고 진리적인 입장을 설명하고 있다. 선사는 또한 한마음은 우주 전체의 힘이며 공덕이나 이는 유무를 떠난 중도의 한마음이라고 한다.[161] 선사의 이러한 한마음에 대한 본체적 설명은 『기신론』의 심진여문 내용과 맥을 같이한다. 『기신론』의 심진여문에 "진여(tathatā)라고 하는 것은, 유일·절대·진

---

160 『한마음요전』, 앞의 책, p.346.
161 위의 책, p.349.

리의 세계(一法界)이고, 모든 세간적인 현상과 출세간적인 진리를 모두 포섭하는 총체적인 모습이며, 모든 세간적인 현상과 출세간적인 진리의 본바탕이다."[162]라고 하였고, 또한 "어떤 것으로부터도 부정否定을 당하는 일이 없는 자체自體가 있고, 본디 번뇌가 없는 거룩한 덕성을 갖추고 있기 때문이다."[163]라고 하였다. 이와 관련하여 이평래는 심진여는 불기문의 입장으로 절대적인 진리의 대승의 체만을 서술한 것이라고 하였다.[164] 따라서 위에서 말하는 한마음은 진여문의 입장인 본체에 대해서 언급하고 있다. 한마음의 본체적 입장에서는 일체만물을 포함하고 있으며, 거기에는 풀 한 포기의 생명도 들어 있으며, 더러움도 깨끗함도 옳고 그름도 붙을 자리가 없는 것이다.

위의 내용에서 볼 수 있듯이 선사는 '불성'이 모든 존재의 근원이자 대원리임을 강조하면서 이를 '한마음'이라 정의하고 있다. 불성을 '한'마음으로 정의한 것은, '한'에 담긴 '오직 하나, 지극히 큼, 전체, 원천' 등의 의미에 주목하여 명명하였음을 밝히고 있다.

위에서 선사는 또한 불성의 상주불멸常住不滅과 초월성을 말한다. 즉 "불성은 천지가 생기기 전에도 있었고, 설사 우주가 무너지고 허공이 없어지는 한이 있더라도 사라지거나 죽어질 수 없다."[165]고 하고, "불성은 언어와 명상을 초월하여 홀로 뚜렷이 밝으며, 난 바도 없고 그리하여 무너질 바도 없다. 당당하고 밝고 꿋꿋하다고 말할 수 있다. 불성은

---

162 『大乘起信論』卷1 (T32, p.576a) "心眞如者, 卽是一法界大總相法門體."
163 『大乘起信論』卷1 (T32, p.576a) "如實不空, 以有自體, 具足無漏性功德故."
164 이평래, 『이평래 교수의 대승기신론 강설』, 민족사, 2014, p.91.
165 위의 책, p.342.

말을 떠나 있고 이름을 떠나 있고 형상을 떠나 있고 변화를 떠나 있으니 평등하고 동일하여 변화나 차별이 없다."¹⁶⁶라고 말한다. 한마음 또한 마찬가지이다. 즉 "한마음은 시공을 초월한다. 한마음은 온 만물의 시작 이전부터 있었고 만물의 끝남 이후에도 있다. 한마음에는 어제 오늘이 따로 없고 크고 작음이 따로 있지 않다. 모든 물줄기가 바다에 이르러 하나가 되듯이 이 세상의 모든 것이 다 한마음에 포섭된다. 한마음은 바로 만물이 비롯된 근원이요 돌아갈 고향이다."¹⁶⁷라고 말한다.

선사가 불성과 한마음에 대해 이렇게 상주불멸과 초월성을 강조하는 것은 자칫 힌두교의 브라흐만(梵神)과 같다고 생각할 수도 있지만, 객관적으로 초월해 있는 브라흐만을 강조하는 것이 아닌 자신의 내면적 주체성을 강조한다는 점에서 브라흐만과는 차별성을 보인다. 선사가 강조하고 있는 것은 법신法身의 상주불멸성常住不滅性이다. 이는 지눌이 『수심결』에서 "색신色身은 진실한 것이 아니라 생겨나고 사라지지만, 진심眞心은 허공과 같아서 끊어지거나 변하지 않는다. 그러므로 '백해百骸는 불과 바람으로 돌아가지만, 일물一物은 길이 신령스러워 하늘과 땅을 덮어버린다'고 하는 것이다."¹⁶⁸라고 한 것과 그 궤를 같이한다.

이러한 한마음은 부처와 보살은 물론 중생들에게까지 동일하게

---

166 위와 같음.
167 위의 책, p.348.
168 知訥, 『牧牛子修心訣』(H4, p.708b). "色身是假 有生有滅 眞心如空 不斷不變. 故云 百骸潰散 歸火歸風 一物長靈 蓋天蓋地."

있다. 선사는 "석가모니 부처님께서 나시기 이전에도 한마음은 있었고, 부처님과 보살님들의 마음이 한마음을 여읜 일이 없으며, 온갖 중생의 마음도 그와 더불어 있는 것이니 중생들에게도 또한 한마음이 있다."[169]라고 말한다. 이는 『열반경』에서 말하고 있는 '일체중생一切衆生 실유불성悉有佛性'의 입장을 계승하고 있는 것이다. '일체중생에게 모두 불성이 있다'는 불성사상은 일찍이 축도생(竺道生, ?~434)이 돈오성불론頓悟成佛論을 주장한 이래 중국불교의 가장 중요한 이론이 되었다. 예를 들어 천태는 생불호구(生佛互具: 중생과 불이 서로 구족함)를 말하고, 화엄은 여래성기如來性起를 주장하며, 선종은 즉심즉불卽心卽佛을 말한다.[170] 선사의 '한마음'은 바로 이러한 천태와 화엄과 선종의 불성사상과 그 맥을 같이 한다고 볼 수 있다.

선사가 말하는 한마음의 또 다른 특징은 본래성불本來成佛의 입장과 마음의 현상을 나타내는 생멸문의 입장을 견지하고 있는 점이다. 이러한 점을 선사는 다음과 같이 밝히고 있다.

그러니 모든 것은 본래 자성, 불佛입니다. 그 불은 본래 자성, '불' 하는 건 생명입니다. 그 '본래' 하는 것은 자기의 그 부처를, 예를 들어서 전체를 말하고 불은 드는 걸 말합니다, 켜는 걸. 그 불이 있기 때문에 우리는 마음을 낼 수 있는 것입니다. 마음을 낼 수 있기 때문에 몸이 움죽거릴 수 있는 것입니다. 그렇기 때문에 모든 삼위일체가, 전체가, '삼위일체' 하면 육식六識까지도 거기

---

[169] 위의 책, p.348.
[170] 賴永海, 앞의 책, p.20.

포함됩니다, 이 모든 내면에 들어 있는 의식까지도. 그래서 한마음 이라고 그런 겁니다.[171]

부처와 보살과 중생은 모두 동일한 한마음을 가지고 있으며, 따라서 본래 중생의 마음, 본래 중생의 자성 그대로 불佛을 이루었다는 것이다.

결국 '한마음'은 우주 전체의 힘이며 공덕이라서 우리의 마음에서 분별심을 떠나게 되면 그대로 작용하게 되는 것이다. 이러한 '한마음'이기에 부처와 중생의 차별이 없고 누구나 한마음으로 돌아가면 부처가 스스로 나타나 작용하기 때문에 중생이 곧 부처라고 말한다.[172]

선사는 또한 이러한 불성의 체體를 바탕으로 하여 지혜로운 마음을 내고 지혜의 작용을 할 수 있다고 강조한다. 이는 혜능이 자성에 삼신불을 갖추고 있다고 한 것과 같이 선사도 각자 자신에 삼관三觀[173]이 갖추어 있음을 강조하고 있다.

2) 주인공

'한마음'과 더불어 선사의 관법에 기초가 되는 원리는 '주인공主人空'이다. 선사는 불성에 대하여 '한마음'과 '주인공' 및 '한마음주인공' 등으로 표현하였다. '주인공'과 관련하여 선사는 다음과 같이 설한다.

---

171 『허공을 걷는 길: 국외지원법회』 2권, 앞의 책, p.966.
172 『한마음요전』, 앞의 책, p.350.
173 선사는 우리 내면의 삼대(체상용)의 작용을 부처·법신·화신이나 부처·문수·보현, 혹은 생각나기 이전·현재의식·몸으로 표현하는데 이를 삼관이라 칭한다. 선사는 이러한 원리를 한마음주인공·한생각의 지혜·나툼의 원리로 설명한다.

주인공은 진리요, 빛이며 영원이요, 생명이며 부처요, 보살이며 청정하며 긍정이다. 거기에는 어둠도 없고 죽음도 없고 더러움도 없고 부정도 없다. 주인공은 진리이니 빛보다 더 밝고, 진리이니 행복보다 더 기쁘며, 진리이니 허공같이 크고 영원하며, 진리이니 텅 비고 고요하여 자취도 없다. 주인공은 밝고 영원하고 지극하다. 그 주인공은 천지가 생기기 이전에도 있었고, 설사 우주가 무너지고 허공이 없어지는 한이 있더라도 사라지거나 죽지 않는다.[174]

위에서 볼 수 있듯이 선사가 말하는 주인공은 앞에서 언급한 '한마음'을 의인화한 것이다. 선사는 "주인공이라는 건 한마음을 말합니다."[175]라고 말하듯이, 주인공이란 불성 혹은 한마음, 자성 등과 동일한 의미를 지니고 있다.

또한 주인공은 마음의 현상적인 측면을 삼위일체로 나누어 다음과 같이 설명한다.

불성이라는 것은 한 근본을 말하는 거구요, 주인공이라는 것은 내 몸체와 마음 내는 거와 불성을 통합한 겁니다. 지금 주인主人이면서도 공空해서 시공을 초월해서 돌아가고 있습니다. 그 돌아가는 자체를 바로 딱 찝어서 주인공이라고 합니다. 전체를, 예![176]

---

[174] 위의 책, pp.352~353.
[175] 『허공을 걷는 길: 정기법회』 2권, 앞의 책, p.128.
[176] 『허공을 걷는 길: 법형제법회』 1권, 앞의 책, p.645.

주인공을 생멸문에 비교하여 보면 불성은 체體에, 마음 내는 것은 상相에, 내 몸체는 용用에 해당한다고 볼 수 있다. 이러한 생멸문의 입장은 앞에서 언급한 한마음의 현상적인 면과 일치함을 볼 수 있다. 예를 들면 어떤 문제에 봉착했을 때 '한마음주인공' 하면 거기에는 근본 진여법신을 염하게 되고, 거기에서 가장 지혜로운 한생각과 그에 따른 작용을 할 수 있다는 것이다. 이러한 원리를 알고 진실로 한마음주인공을 관할 때 믿음과 실천이 한층 깊어질 수 있다고 본다.

위에서 '주인공主人空'이란 말은 '주인主人'과 '공空'이라는 두 말을 합성한 말이다. 여기서 '주主'는 근본 자리를 말함과 동시에 주인을 뜻한다. 근본 자리라 함은 진여이며 불성의 다른 이름이라 할 수 있다. 하지만 선사는 여기서 끝나지 않고 근본 자리나 불성이 실체가 아닌 공하여 찰나 간에 변화한다고 하고 있다. 바로 이러한 주인공이 있기에 중생도 노예의 삶 속에서 벗어나 대자유인이 될 수 있는 것이다.

주인공의 의미는 『금강경』의 "응당 머무르는 바 없이 그 마음을 낼지니라."[177]의 구절에서 알 수 있듯이, 제법諸法을 실상實相으로 보아 적극적으로 마음의 작용을 하라는 것이다. '주인'이 여래장 사상을 함축하고 있다면, '공'은 반야사상을 함축하고 있다. 반야의 지혜로 바라보는 실상은 일체사물의 진실불허眞實不虛한 체상體相을 말한다. 그런데 일체사물의 실상은 상相이 없는 무상無相이다. 일체만물의 본성은 연기적 입장에서 보면 오온五蘊이 개공皆空이듯이 무상無相이지만, 인간의 상념은 일체만물을 관념·개념으로 허망하게 분별한다.

---

177 『金剛般若波羅蜜經』 卷1 (T8, p.749c). "應無所住而生其心."

따라서 일체가 모두 공이며, 공 자체도 공이기 때문에 일체는 무소유이고 일체에 집착이 없게 되는 것이다. 이것이 반야의 지혜로 보는 제법실상의 중도中道이다.[178] 선사가 주인공主人公이 아닌 주인공主人空을 말하고 있는 것은 이러한 반야실상의 입장을 드러내고 있다고 할 수 있다.

주인공主人空은 주인공主人公과 그 발음이 같은데, 선종에서는 본래 면목을 '주인공主人公'이라 곳곳에서 표현하고 있다. 예를 들어 청원행사의 6세손인 서암사언瑞巖師彦 화상은 항상 반석 위에 앉아 온종일 바보같이 매번 스스로 "주인공아!"라고 부르고는, 다시 스스로 "예." 하고 대답하였다. 또 "깨어있으라! 다른 사람에게 속아 넘어가지 마라!" 하면서 공부하였다 한다.[179] 또한 임제의현(臨濟義玄, ?~866)은 이러한 주인공을 '무위진인無位眞人'이라 하였는데,[180] 이 무위진인은 "그대가 또한 처하는 곳마다 주인이 된다면 있는 곳마다 모두 다 참됨이 될 것이다."[181]라고 말하였다. 즉 무위진인은 도를 이룬 사람으로서 현지玄旨를 깨닫고 사성육범四聖六凡의 계위階位를 초탈하였으며, 집착하는 바가 없고, 마음대로 자연으로 돌아가고, 구애받지 않고 자유롭

---

178 용수 저 / 석법성 역, 『대지도론 I』 (운주사, 2016), pp.24~25.

179 〔宋〕普濟, 『五燈會元』 卷第七, 青原下六世 巖頭豁禪師法嗣 瑞巖師彦禪師條. "師尋居丹丘瑞巖 坐磐石 終日如愚 每自喚主人公 復應諾. 乃曰 惺惺著他後 莫受人謾."

180 『鎭州臨濟慧照禪師語錄』 (T47, p.496c). "上堂云. 赤肉團上 有一無位眞人 常從汝等 諸人面門出入. 未證據者看看. 時有僧出問. 如何是無位眞人. 師下禪床把住云. 道道. 其僧擬議. 師托開云. 無位眞人是什麽乾屎橛. 便歸方丈."

181 위의 책, (T47, p.498a). "爾且隨處作主 立處皆眞."

게 오고 가는 사람이다. 이는 곧 진실한 자아이며 인간의 진정한 본체로서 시공을 초월하여 도와 합하게 된다.[182]

이에 관하여 가온여울은 "대행선사의 주인공空 개념은 선불교의 주인공公을 계승하여 더욱 확장한다. 예컨대 대행선사는 법계의 비어 있음을 강조하기 위해 선종의 주인공의 公이란 글자를 空으로 바꾼다."[183]고 말하고 있다. 분명 선사의 주인공空은 선가의 주인공公을 계승하면서도 그것을 현대에 맞게 새롭게 제시한 측면이 있다.

선사는 "나를 형성시킨 것도 주인공이고 이끌어가는 것도 주인공이다. 수억 겁 진화의 길을 끌고 온 근본이 주인공이다. 인간의 뿌리는 체가 없어 보이지 않으나, 마음 내고 말하고 보고 듣고 걷는 일체의 행동을 하게 하는 것도 주인공이다."[184]라고 말한다. 즉 우리가 수행을 하여 깨닫게 하는 주체와 궁극적인 깨달음의 경지가 다름 아닌 주인공임을 알 수 있다.

3) 오공五共

선사의 독특한 사상 중의 하나는 오공사상五共思想이다. 오공이란 공생共生 즉 함께하는 삶, 공심共心 즉 함께하는 마음, 공체共體 즉 함께하는 본체, 공용共用 즉 함께하는 작용, 공식共食 즉 함께하는 나눔 등을 말한다. 혜선은 "선사의 오공에 대한 제시는 한마음으로부터 비롯된 가장 커다란 실천논리이며, 선사의 독특한 선사상이다."[185]이라

---

182 王志躍 著 / 김진무 역, 『分燈禪』 (운주사, 2002), p.136.
183 가온여울(2005), 앞의 글, p.46.
184 『한마음요전』, 앞의 책, p.356.

하여 오공을 '실천'논리로 파악하고 있는데, 자세히 살펴보면 한마음의 존재 양상인 존재론적인 모습을 띠고 있다고 할 수 있다.

선사는 주인공을 설명하면서 오공에 대해서 언급하고 있는데, 그 내용을 보면 다음과 같다.

주인공은 자기를 끌고 다니는 자기 근본이기 때문입니다. 왜 그러면 주인공이라고 이름을 지었는가! 한 가정을 한데 합쳐서 이끌어가는 사람을 아버지라고 하듯이, 내 몸속에 있는 일체생명들과 외부에서 오는 모든 것을 받아들일 수 있고 이끌어갈 수 있는 자기가 있습니다. 여러분, 생각해보세요. 몸속에 들어 있는 생명체도 너무 많으니 공생이지 그게 개별적인 자기 생명 하나입니까? 그래서 공생입니다. 내 내면의 세계에, 내 육체세계에 생명이 많이 들어 있는 것만 봐도 공생인데, 나로 인해서 또 혼자 살 수 없는 도리가 외부에 모두 있다 이겁니다. 항상 얘기하지만 아버지가 있어야 아들이 있고 아들이 있어야 아버지가 있듯이, 회장이 있어야 사장이 있고 사장이 있어야 직원이 있듯이 이거는 양면의 한쪽만 없어도 무효입니다. 아니 됩니다. 작용이 될 수가 없죠. 그럼으로써 혼자 먹는 것도 없고 혼자 버는 것도 없고 혼자 쓰는 것도 없고 혼자 하는 것도 없고, 모두가 혼자 하는 게 없기 때문에 주인공이라고 그런 겁니다. 그래서 항상 여러분한테 얘기하기를, 공생·공용·공체·공심! 그러니까 주인공 아닙니까? …… 모두가 자기 아닌 자기인데, 전체가 자기인데 자기 이름을 수효대로 부를 수가 없으니까 포함해

---

185 혜선(2013), 앞의 책, p.259.

서 한마음주인공이라고 이름을 한 겁니다.[186]

여기서 선사는 오공을 설명하면서 신체에 비유하고 있다. 이는 인간의 신체를 해부해보면 헤아릴 수 없는 세포들의 집합체로서 한 몸을 구성하기 위해 서로 공생하고 있다. 공생을 바탕으로 하여 공심 공체가 되고 공용이 된다. 마지막으로 앞의 4가지를 포함하는 것을 공식이라고 표현하고 있다. 또한 선사는 우리의 몸은 다양한 생명들의 집합소이기에 각양각색의 의식이 모였다고 한다. 그러므로 이러한 생명들의 마음, 즉 의식을 한마음으로 잘 써서 공심이 될 때 조복받았다고 할 수 있고 세균성, 영계성, 인과성, 유전성 등으로부터 벗어날 수 있다고 설하였다.[187] 인용문에서 선사는 주인공을 일심의 생멸인연문의 입장, 즉 주인공의 작용적인 면에서 오공으로 나타내고 있다.

오공五共이란 부처님이 연기緣起로써 존재의 실상을 파악하였듯이, 한마음과 주인공이 존재하는 원리이자 양상이라고 할 수 있다. 선사는 『뜻으로 푼 반야심경』에서 오공에 대해서 다음과 같이 설하고 있다.

모든 중생들은 본래부터
공생共生·공심共心·공용共用·공체共體·공식共食하며
고정됨이 없이 나투고 화하여 돌아가건만
그것을 몰라서 일체 고의 길을 걷나니라.[188]

---

[186] 『허공을 걷는 길: 국내지원법회』 2권, 앞의 책, pp.1099~1100.
[187] 〈정법〉, 앞의 녹취록, 1998. 07. 19.
[188] 『한마음요전』, 앞의 책, p.875.

위 내용은 『반야심경』의 "오온이 모두 공함을 비추어 보아 일체 고액을 건넜느니라."[189]고 하는 대목에 대한 해석이다. 원래 불교에서 오온五蘊인 색色·수受·상想·행行·식識은 실체가 없고 공한 것이라고 설명하고 있다. 그러나 선사는 이 대목에서 오온을 적극적인 대승의 표현 방식으로 '공생共生·공심共心·공용共用·공체共體·공식共食'으로 풀이하고 있다. '모든 중생들은 본래부터 공생·공심·공용·공체·공식하며 고정됨이 없이 나투고 화하여 돌아간다.'는 것이 존재의 원리이자 한마음의 작용이다. 오온이 공하다는 표현이 '번뇌즉공煩惱卽空'의 차원에서 말하고 있다면, 오공의 표현은 '공즉시색空卽是色'의 차원에서 말하고 있는 것이다.

이러한 선사의 오공사상은 『법화경』의 십여시十如是에 비유할 수 있다. 모든 존재에는 각각이 지니고 있는 현상(相)에서부터 각각이 지니고 있는 결과(報)가 있는데 처음과 끝이 한결같이 평등하다고 하고 있다.[190] 이러한 『법화경』의 십여시를 천태는 구체적으로 다음과 같이 설하고 있다.

이와 같이 여시본말구경 등은 상相이 본本이 되고 보報는 말末이 된다. 처음과 끝이 모두 연으로부터 생겨난다. 연으로부터 생겨나기 때문에 공이다. 그러므로 본말本末이 모두가 공이다. 또한 이

---

189 『般若波羅蜜多心經』 卷1 (T08, p.848c). "照見五蘊皆空 度一切苦厄."
190 『妙法蓮華經』 卷1,「方便品 2」(T09, p.5c). "止 舍利弗 不須復說 所以者何 佛所成就第一希有難解之法 唯佛與佛乃能究盡諸法實相 所謂諸法如是相 如是性 如是體 如是力 如是作 如是因 如是緣 如是果 如是報 如是本末究竟等."

공은 평등한 것이다. 또 현상은 다만 글자이며 결과 또한 문자이다. 그러므로 모두 가설이다. 이 가명假名은 평등한 것이다. 그리고 본말은 서로 드러나게 한 것이다. 처음 상을 보면 후인 결과를 드러내는 것이고, 후인 결과를 보아 처음인 상을 알게 된다. 마치 베푸는 것을 보고 부자임을 알 수 있고, 부자를 보고 베풂을 알 수 있는 것과 같이 처음의 상相과 끝의 보報가 서로 도우면서 함께 존재한다.[191]

천태는 『법화경』에서 제법실상의 십여시를 공空·가假·중中의 원융삼제圓融三諦로 설명하면서 서로 상즉하고 있다고 설명하고 있다. 다시 말해 각각이 지니고 있는 현상에는 그 결과가 포함되어 있는 한편, 결과에도 현상이 서로 내포되어 있다고 설명하고 있다. 이러한 사상은 그의 일념삼천설一念三千說에서도 그대로 드러난다.

또 오공을 화엄적인 입장에서 보면 중중무진重重無盡한 법계法界의 모습이라 할 수 있다. 이理와 사事가 서로 상즉무애相卽無碍하고, 사事와 사事가 상즉무애한 법계연기의 모습과 같이 모든 존재가 더불어 존재하는 것을 선사는 '공共'이라 표현하는 것이다. 의상이 『법성게法性偈』에서 "하나 안에 일체가 있고 일체 안에 하나가 있다."[192]라고 말하고 있는 바와 같이, 선사의 오공사상에서 오공은 서로 상즉하고 있음을

---

191 『摩訶止觀』卷5 (T46, p.53b~c). "如是本末究竟等者 相爲本報爲末 本末悉從緣生 緣生故空 本末皆空 此就空爲等也 又相但有字報亦但有字 悉假施設 此就假名爲等 又本末互相表幟 覽初相表後報 覩後報知本相 如見施知富見富知施 初後相在."

192 『義相法師法性偈』卷1 (B32, p.821a). "一中一切多中一."

알 수 있다.

이러한 오공사상 중에서 특히 공생共生에 대해 과학자인 린 마굴리스 (Lynn Margulis, 1938~2011)는 다음과 같은 주장을 하고 있다.

현재 스피로헤타는 산소가 풍부한 환경과 산소가 없는 환경 모두에서 헤엄치며 살 수 있다. 그들은 이따금 옆에 있는 생물에 달라붙고는 하는데, 너무나 교묘해서 생물학자들은 그들이 붙어 있는 모습을 보고 중심립-키네토솜과 섬모라고 착각하고는 한다. 현재 스피로헤타는 나무를 먹는 곤충들의 창자에 대량으로 살고 있다. 몇 종류는 인간의 장이나 고환 조직에 살고 있다. 진흙에서 사는 것도 있다. 섬모충이나 트리코모나드 같은 원생생물의 투과성 막에 붙어 사는 것들도 있다. 스피로헤타는 대개 습하고 양분이 풍부하며 어두운 곳에서 번성한다. 스피로헤타의 삶은 꿈틀거리고, 먹고, 복제하는 것으로 이루어진다. 스피로헤타는 세균처럼 몸이 둘로 나뉘어 번식한다. 섬모의 형성은 초기 스피로헤타가 기회가 있을 때마다 취약한 이웃의 몸속으로 들어가면서 시작되었다. 일부는 들어간 뒤 두 번 다시 바깥으로 나오지 않았다. 침입한 많은 작은 스피로헤타들이 조화를 이루어 움직이기 시작하고, 통합이 상당히 이루어진 다음에, 최초의 원생생물인 핵을 지닌 유영자가 진화했다.[193]

위에서 볼 수 있듯이 린 마굴리스는 지구에 맨 먼저 진화한 것은 세균이며 다양한 형태가 존재한다고 말한다. 그리고 이 세균들은

---

[193] 린 마굴리스 저 / 이한음 역, 『공생자 행성』 (사이언스북스, 2014), pp.90~91.

다른 세균에 침입하여 잡아먹기도 하고 잡아먹히기도 한다. 그리고 때론 휴전을 하여 공생하면서 새로운 형태의 복합세포가 태어난다고 주장한다.[194]

지금 의학계에서는 보통 인간의 몸속에 100조 개의 세포가 있다고 하는데 그 세포 안에 미토콘드리아(絲粒體, Mitochondria)를 각각 1,000여 개씩 갖고 있는데, 이들 미토콘드리아는 각자 특유의 DNA를 갖고 있다. 인용문에서 스피로헤타(螺旋狀菌, spirochaeta)라는 세균이 곤충이나 인간의 몸속에 같이 공생하고 있다고 주장하고 있으며, 수많은 세균뿐 아니라 곰팡이와 바이러스 등이 인간의 몸속에나 혹은 지구상에 공생하고 있다고 한다.[195] 역으로 생각한다면 이러한 세균이나 바이러스가 제대로 기능을 해주지 않는다면 우리는 건강한 삶을 유지할 수 없게 된다. 이러한 린 마굴리스의 주장은 선사의 오공의 원리, 특히 공생의 원리를 과학적으로 잘 뒷받침할 수 있는 이론이라고 볼 수 있다.

그는 또한 동물과 식물에 있는 유전자들은 기존에 있던 세균에서 유전되었다고 주장한다. 그들은 과거에 격렬하게 경쟁을 벌이다가 서로 공생하기 위해 협정을 맺은 증거라고 한다.[196] 마굴리스는 우리

---

[194] 위의 책, p.120.
[195] "모든 세균(핵이 없는 모네라, 즉 원핵생물), 원생생물(조류, 점균류, 섬모충 등 핵이 있는 세포로 이루어져 있으며 공생발생을 통해 형성된 다양한 생물들), 동물(정자와 난자의 결합으로 생긴 배아에서 발달), 곰팡이(효모, 버섯, 포자에서 자라는 사상균류), 식물(포자에서 자라기도 하고 유성 생식을 통해 형성된 배아에서 자라기도 한다. 모든 식물이 광합성을 하는 것은 아니다.)," (위의 책, pp.99~100).
[196] 위의 책, p.76.

몸속을 벗어나 우리들 생활상에서도 공생하고 있다고 주장한다.[197] 그는 또한 생명이 계속 존재하려면 과거의 생명과 단절되지 않고 연결되어 있어야 한다고 말한다.[198]

앞에서 언급한 것과 같이 마굴리스는 공생에 대한 과정에 대해 언급하고 있는데, 육신을 떠난 우리의 일상에서도 공생이 이루어진다고 주장하고 있다. 불교에서는 의식들이 통제가 안 되어 제각기 나온다면 그것을 번뇌라 일컫는데, 이러한 번뇌를 제거하기 위해 다양한 수행법을 제시하고 있다. 선사는 이와 관련하여 구체적으로 우리 몸 안에 있는 의식들을 조복시켜 한마음으로 공생하게 해야 한다고 말한다. 그러기 위해서는 의식들이 함께 연결되어 있는 주인공에 맡겨 관觀하면서 각양각색으로 나오는 의식들을 조절하여야 한다고 한다.

인간의 몸의 구조에 대해서 미나스 카파토스(Menas Kafatos)는 다음과 같이 말한다.

소위 몸이라는 것은 대략 100조 개의 세포로 이뤄져 있습니다. 우리 몸속 이들 세포들의 다수는 심지어 인간 세포도 아닙니다. 이들은 박테리아입니다. 즉 외계 세포입니다. 인간 세포의 10배입니다. 다시 말해 외계 세포 대 인간 세포의 비율이 10 대 1이라는 뜻입니다. 그래서 이 몸은 외계 세포 군락지라 말할 수도 있습니다. 외계 세포 행성입니다. 100조 세포의 고향입니다. 이 사실이 우리를

---

[197] 위의 책, pp.21~22.
[198] 위의 책, p.145.

괴롭히나요? 우리가 찾고 있는 외계인들이 바로 우리 안에, 우리의 내장 안에, 우리의 장기 안에, 곳곳에 있습니다. 우리 몸은 박테리아, 바이러스 포자로 이루어진 100조 세포의 외계 행성입니다. 반면에 이들 세포 모두는 조화롭게 함께 작동합니다. 그리고 이들은 우리에게, 어떤 식으로든 특별한 한 인간존재라는 느낌을 줍니다. 이들 세포들이 작동하지 않는다면, 단지 약간 어그러져서 함께 작동하지 않는다면 우리는 죽게 됩니다. 이들은 완벽하게 균형을 이루고 있습니다. 이들은 함께 삽니다.[199]

카파토스도 인간의 몸을 이루는 것은 100조 개의 세포로 이루어지고 있는데, 이 중에서 90%가 외부의 생명체라고 설명하고 있다. 이러한 세포는 함께 조화를 이루며 공생하고 있으며 서로 작용하지 않으면 죽게 된다고 하였다. 그는 공생이 우리 몸의 내부에서만 국한되지 않고 우주의 모든 대상이 서로 상호작용한다고 하였다.[200]

이상과 같이 선사의 사상에서 관법의 철학적 기초가 되는 한마음·주인공·오공에 대해 살펴보았다. 여기서 한마음은 심心의 측면에 강조점을 두고 있고, 주인공은 인人의 측면에 강조점을 두고 있고, 오공은 경境의 측면에 강조점을 두고 있다고 할 수 있다. 또 한마음과 주인공이 불성의 다른 이름이라면, 오공은 불성의 존재하고 있는 원리이자 모습이라고 할 수 있다. 물론 이러한 한마음·주인공·오공은 관법과

---

199 미나스 C. 카파토스 저 / 조원희 역, 『생생한 존재감의 삶』(미륵사, 2016), pp.47~48.
200 위의 책, p.64.

긴밀한 연관성을 지니고 있다는 점에서 관법의 기초가 된다고 하겠다.

2. 대행선사의 관법 원리

『기신론』에서 일심의 진여문에서 법신·보신·화신의 삼신작용을 통하여 보살도를 행한다고 설명하고 있고, 혜능은 각자 자성에 청정법신불·원만보신불·천백억화신불의 삼신작용을 설명하고 있다. 선사도 각자 자성에 부처·문수·보현이 작용하고 있음을 설명하고 있는데, 이러한 보살행의 관법 원리를 한마음주인공 관법, 한생각의 지혜의 관법, 그리고 나눔의 관법의 셋으로 나누어 설명할 수 있다.

1) 한마음주인공 관법의 원리

선사는 한마음주인공에 심진여문과 심생멸문의 두 문을 설명하고 있는데, 여기서는 심진여문의 입장에서 서술하고자 한다. 한마음주인공 관법은 선사가 제시한 부처·문수·보현의 삼성三聖 가운데 '부처'에 해당하고, 『기신론』의 심진여문에 해당하며, 조사선의 본래성불적인 입장과 궤를 같이한다고 할 수 있다.

선사는 수행의 방편으로 주인공을 세워 항시 주인공을 믿고 놓아가면서 자문자답하라고 하고 있다. 이는 앞에서 언급한 서암이 스스로 '주인공主人公'을 부르며 수행한 것과도 유사하다. 이처럼 항상 주인공과 자문자답하는 이유는 주인공과 문답을 하면서 진여법신眞如法身의 마음을 잃지 않으려는 데 있다. 우리는 조금이라도 방심한 사이에 근본 마음에서 이탈되어 감정의 노예가 된다. 그렇기 때문에 항시 자기의 마음을 관찰하면서 깨어있음은 수행의 중요한 부분이다. 이러한 주인공을 항상 관한다 함은 4조 도신(道信, 580~651)이 『오문선요五門禪要』에서 말하고 있는 마음의 주체를 앎(知心體), 마음이 작용을 앎(知心用), 하나를 지켜 움직이지 않음(守一不移)[201]과 5조 홍인(弘忍, 601~674)의 수본진심守本眞心[202]과 유사하다. 그리고 이러한 한마음주인공 관법은 전체와 공空, 한마음과 주인공 간에 상즉불이相卽不二의 구조를 이루고 있다.

(1) 전체와 공空의 상즉불이

선사의 관법은 한마음 관법이요, 주인공 관법이며, 한마음주인공 관법이다. 이는 초기불교에 말하는 단순히 지켜보거나 주시하는 관법이 아니라, 한마음주인공을 믿고 거기에 맡겨서 한마음주인공이 작동하는 것을 지켜보는 것을 의미한다.

'상즉相卽'은 서로 긴밀한 관련성 속에 존재하고 있는 것으로, 마치 손의 앞면과 손등처럼 하나가 없이는 다른 하나가 존재할 수 없는 관계를 말한다. '불이不二'란 성聖과 속俗, 미美와 추醜, 선善과 악惡, 애愛와 증憎 등 일체의 상대적인 세계를 떠난 중도中道의 모습을 말한다. 선사가 말하는 한마음과 주인공은 바로 상즉과 불이와 중도의 대열반의 자리를 말하는 것이다. 그것은 한마음의 '한'의 의미에 다 포함되어 있듯이, 선사는 곳곳에서 상즉불이, 불이중도不二中道를 강조하였다. 이는 "부처님 마음과 내 마음이 둘이 아니고, 부처님

---

[201] 『楞伽師資記』 卷1 (T85, p.1288a).
[202] 『最上乘論』 卷1 (T48, p.377c).

생명과 내 생명이 둘이 아니며, 부처님 몸과 내 몸이 둘이 아니다. 일체만물의 생명과 나의 생명, 일체만물의 마음과 내 마음, 일체만물의 몸과 내 몸이 둘이 아니다."[203]라고 밝힌 데에서도 분명히 알 수 있다. 주인공 관법에서는 전체와 하나가 '일즉다다즉일一卽多多卽一'의 원리로 상즉해 있다고 관한다. 선사가 말하는 한마음과 주인공은 일체만물을 다 포함하는 것이다. 그래서 선사는 "생명이 있는 것은 모두 불이니, 불성이라는 것은 나의 근본생명, 영원한 생명, 이 우주 전체를 싸고 있는 근본처를 말한다."[204]라고 한다. 그런데 이렇게 이러한 불성, 즉 한마음은 어떠한 실체성을 띠고 존재하는 것이 아니라 그 본질이 텅 비어 있다. 그래서 주인공主人空이라 하는 것이다. 즉 전체와 공이 상즉불이의 상태로 존재하고 있는 것이다. 이에 대하여 선사는 다음과 같이 말하고 있다.

"주인공!" 하면 거기엔 일체만물이 다 포함된다. 그리고 공한 것이다. 헤아릴 수 없이 수많은 생명이 다 합쳐지는 거기, 만물만생이 다 합쳐져서 부동한 자리이자 공한 그 자리가 일컬어 주인공이다. '경계와 거짓 나와 참나가 하나이다.'[205]

선사는 수행의 방편으로 '주인공'을 세워 항시 '주인공'을 믿고 놓아가면서 자문자답하라고 하고 있다. 위에서 말하는 일체만물을 다 포함하

---

203 『한마음요전』, 앞의 책, pp.390~391.
204 위의 책, p.343.
205 위의 책, pp.361~362.

면서도 공한 자리가 주인공이며, 한마음이다. 따라서 "주인공!" 하면서 수행해 나가는 주인공 관법의 하나의 원리는 전체와 공이 불이상즉한 데에 있다고 할 수 있다.

(2) 한마음과 주인공의 상즉불이

선사에게 있어 한마음과 주인공은 불성의 다른 이름으로서 근본적으로 다른 것이 아니다. 그럼에도 불구하고 한마음은 심心의 측면에서 붙여진 가명이라면, 주인공은 인人의 측면에서 붙여진 가명이라 할 수 있다. 그렇다면 선사의 사상체계 안에서 한마음과 주인공은 어떠한 관계 속에 있는지를 살펴볼 필요가 있다.

김호귀는 선사의 선사상을 본래성불 사상에 입각하여 이해하고 있는데, '한마음은 자성본래불로서 근원성을 밝히고 있으며, 주인공은 본래면목의 자기로서 본래성을 밝히고 있고, 오공은 본래 부처의 현성으로 평등성을 밝히고 있다.'고 말한다.[206] 이와 같이 근원성과 본래성과 평등성의 측면에서 이름을 달리 사용하고 있음을 말하는 것이다.

혜교는 "한마음은 한데 뭉치는 마음이라면 주인공은 뭉친 마음의 중심이다. 따라서 생명의 근본과 마음의 작용과 육체가 삼위일체가 되어 함께 돌아가는 것을 한마음주인공이라고 한다."[207]라고 하여 한마음과 주인공의 불가분의 관계를 설명하고 있다. 또한 "부처의 삶을 살기 위해서 '한마음주인공'이라고 하나의 단어로 쓰면 한마음을 보다

---

[206] 김호귀(2017), 앞의 글, pp.125~136.
[207] 이향숙(혜교)(2013), 앞의 글, p.66.

더 강조하는 뜻이 된다. 나를 존재하게 하고 나를 이끌어주는 주인은 '한마음'임을 스스로에게 각인刻印시키는 효과가 있기 때문이다. 이러한 각인은 '한마음주인공'이 한마음과 주인공을 분리시켜서 사용할 때보다도 '한마음주인공'에 대한 믿음을 배가 시킬 수 있다."[208]라고 하여, 관법 수행상의 효과를 위해 한마음주인공이라 사용한다고 이해하고 있다.

한마음주인공 관법은 한마음과 주인공이 서로 떨어져 있는 것이 아니라, 한마음이 곧 주인공이고 주인공이 곧 한마음임을 의미한다. '심즉불心卽佛'은 선사상의 근본을 이룬다. 여기에서 한마음은 심에 가깝고, 주인공은 불에 가깝다고 할 수 있다. 따라서 한마음 즉卽 주인공이라 할 수 있다.

종호는 중국 선종의 사상사적 흐름을 성性에서 심心으로, 그리고 인人으로 변천했다고 말한다. 즉 "성性은 달마의 범성동일진성凡聖同一眞性이나 도신의 수일불이守一不移, 홍인의 수본진심守本眞心, 육조의 불성이나 자성, 본성 등과 같이 육조와 신회神會 이전에 주로 다루었던 문제이다. 심心은 신회의 본원청정심本源淸淨心을 비롯하여 즉심시불卽心是佛, 심지법心地法, 평상심平常心 등을 주장한 마조와 그 문하 및 동시대의 여러 선사들에게서 주창되었던 사상 형태이고, 인人은 무위무사無爲無事를 주장했던 위앙潙仰이나 무위진인無位眞人 및 무의도인無依道人, 목전청법인目前聽法人, 활조活祖 등을 설했던 임제 등에게서 나타나고 있는 사상이다."[209]라고 말하고 있다. 이러한 입장에서

---

[208] 위의 글, p.71.
[209] 종호, 『임제선 연구』(경서원, 1996), pp.14~15.

바라보면 선사가 불성과 한마음과 주인공을 강조하고 있는 것은 선사 상의 전체적인 흐름을 통합하고 있는 성격을 지니고 있다고 말할 수 있다.

2) 한생각 지혜의 관법의 원리

선사가 설하는 '한생각의 지혜'란 앞에서 법신의 지혜를 말하는 것으로, 기존의 경론에서 삼성 중 '문수'에 해당된다고 볼 수 있다. 선사는 법문 중에 '가만히 있으면 부처요, 한생각 내면 문수'라고 설하면서 한생각의 중요성을 강조하였다.

여기서는 선사가 말하는 문수에 해당하는 한생각에 대해 구체적으로 살펴보고자 한다. 한생각에 대한 정의와 중요성, 그리고 한생각을 어떻게 내고, 또 그 공덕과 능력이 어떠한지에 대해서 중점적으로 언급하고자 한다.

(1) 한생각의 정의

선사는 한생각에 대해 다음과 같이 설하고 있다.

> 여러분이 전부 법신, 화신, 보신, 약사, 뭐 여기 전부들 계십니다. 그게 딴 데 계신 게 아니라 한생각에서 보현도 있고 문수도 있는 겁니다. 한생각에서 지장도 있고 관세음도 있는 겁니다. 응? 이 한생각이라는 거. 그래서 과거의 한생각에 다 계셨었는데 지금 한생각에도, 그것이 삼천 년 전의 한생각이 지금 한생각이고, 지금 한생각이 미래의 한생각이자 지금 한생각입니다.[210]

선사는 우리가 마음 내는 한생각에 문수 등 제불보살이 함께한다고 강조하고 있다. 선사는 부처·문수·보현의 관계에서 마음을 내는 것, 즉 한생각에 해당하는 것을 문수라 하고, 이러한 삼성은 모두 일심인 한마음 내지는 한생각에서 비롯된다고 설한다.[211]

여기서 선사가 말하는 '문수'라는 의미는 지혜를 의미하는데, 이는 청량징관의 『삼성원융관문』에서 문수에 대한 언급과 일치한다.

문수는 깨닫는 대지를 나타냄이니 본래로 섬기는 바인 부처를 일러 부동지不動智라 부르기 때문이다. 자씨〔마이뜨레야〕가 이르기를, "문수사리는 언제나 헤아릴 수 없는 백천억 나유타 제불의 어머니가 되기 때문이고, 문수가 모든 경 가운데에서 말한 바의 법문이 모두 다 반야의 종지를 드러내기 때문이다."라고 하였다.[212]

징관은 그의 말년에 『화엄경』을 정리하는 『삼성원융관문』에서 문수는 대지혜를 표현하며 반야의 지혜를 드러낸다고 했다. 반야지란 법의 참다운 이치에 부합한 최상의 지혜로 공과 중도의 이치를 완전하게 체득함을 말한다. 징관이 설한 문수의 지혜는 중국 선종에 들어오면서 완전히 자성에 내포되었다고 볼 수 있다. 혜능은 『단경』에서 "선지식

---

210 『허공을 걷는 길: 정기법회』 2권, 앞의 책, pp.361~362.
211 〈승단〉(459), 앞의 녹취록, 1990. 5. 8.
212 『三聖圓融觀門』 卷1 (T45, p.671b). "文殊表能證大智 本所事佛名不動智故 慈氏云 文殊師利常爲無量百千億那由他諸佛母故 文殊於諸經中 所說法門多顯般若旨故."

들이여, 혜능이 구도자들에게 권하여 자성의 삼보에게 귀의하게 하나니, 불이란 깨달음이며, 법이란 바름이며, 승이란 깨끗함이다."[213]라고 하여 삼신불은 항상 자신의 마음에 있다고 강조한다. 또한 "한생각이 선하면 그에 따라 지혜가 생기니, 한 등이 천년의 어둠을 능히 밝히고, 한 지혜가 능히 만년의 어리석음을 없애는 것과 같다."[214]라고 하였다.

『전심법요傳心法要』에 "문수보살은 이치를 맡고, 보현보살은 행을 맡는다. 이理는 진공眞空이어서 아무런 걸림이 없는 이치이며, 행行은 상相을 초월하여 다함이 없는 행이다."[215]라고 하였다. 선사도 한생각을 잘 하면 지혜가 생기고 그 지혜는 모든 장애를 극복할 수 있다고 강조한다. 이는 각자의 마음에 문수보살의 공과 중도의 지혜를 구비하고 있어서 보현보살행을 해 나갈 수 있는데, 어리석은 중생은 그것을 몰라 밖으로 구한다고 지적한다. 선사의 '한생각의 지혜'에는 깨달은 자에게 있어서 지혜가 충만히 갖추어 있다고 하는 것 이외에도 깨닫지 못한 범부일지라도 주인공에 믿고 놓으면서 관하게 되면 지혜가 나온다는 것이다. 이러한 선사의 가르침은 일상생활에서 우리 자신이 각자 주인으로 어떻게 살아가야 할 바를 제시해주고 있다.

선사가 설하는 한생각을 좀 더 설명하자면 다음과 같다. 이 세상이 찰나찰나 화해서 돌아가는 이치가 그대로 공이므로 그 공에서 그대로

---

213 『敦煌本壇經』卷1 (T48, p.339c). "善知識 慧能勸善知識 歸依三寶. 佛者覺也 法者正也 僧者淨也."
214 위의 책, p.339b. "見一念善知惠卽生. 一燈能除千年闇. 一智能滅萬年愚."
215 『黃檗山斷際禪師傳心法要』卷1 (T48, p.380a). "文殊當理 普賢當行 理者眞空無礙之理 行者離相無盡之行."

한생각을 내면 법이 된다. 그 한생각이 그대로 법이 됨으로써 육신이 움직이게 되는 것이니, 자기중심으로부터 모든 것을 한생각 잘 해서 활용하는 것이 지혜로운 삶이라고 할 수 있다. 가만히 있는 자기 무심과, 생각을 내는 마음과, 생각을 내면 몸이 움직이는 것 등 세 가지가 하나로 한데 합쳐서 돌아가는 것이다.

선사는 다른 법문에서, 부처가 마음 내는 것을 문수라고 하였는데 문수는 부처의 능력이라고 설하고 있다.[216] 여기서 부처의 능력이라는 것은 바로 『기신론』에서 말하고 있는 상대相大의 무한한 성性공덕을 구족하고 있다는 것과 유사하다.[217]

한생각의 중요성에 관련하여 진리 그대로가 움직이지 않고 있으면 부처고, 한생각을 했다 하면 문수이며, 몸을 움죽거렸다 하면 화신化身 이라 조금도 어긋나지 않고 그냥 찰나찰나 화해서 돌아가면서 자동적 으로 그냥 생활하고 있으나, 한생각을 내지 않으면 법이 성립이 되질 않는다. 그리고 한생각이란 각자가 그냥 생각이 아니라 근본 마음을 통해 마음을 잘 내는 것을 말하며 그것이 부처님의 마음이요 능력이다. 그러면 선사가 말하는 한생각을 구체적으로 살펴보자.

그러니까 마음속으로 들어가서 고개를 숙이고 말입니다. 작으면 내가 작아지고, 크면 내가 커지고 그래서 똑같이 맞추어야 이게 둥글어지죠. 그래서 크고 작은 걸 다 놔라 이런 게 있습니다. 생활뿐 만 아니라 말입니다. 모든 거를 거기 놓고 가다 보면 모두가 바로

---

216 〈담선〉(180), 앞의 녹취록, 1986. 1. 12.
217 『大乘起信論』 卷1 (T32, p.575c). "二者相大 謂如來藏具足無量性功德故."

한마음이 돼서 내가 생각하는 대로 응해주는데 그게 한생각이죠. 여러분의 생각은 생각이지마는 깨달은 부처님들의 생각은 한생각입니다. 한생각! 한생각이라고 하는 건 여러 생명들의 의식도 하나로, 부처님의 그 마음 하나로 계합이 되기 때문입니다. 모두가 하나가 돼서 조복을 받았기 때문입니다. 그래서 부처님의 마음들이 전부 보살이죠.[218]

선사가 말하는 한생각이란 간단하게 말해 부처 혹은 각자覺者의 생각을 말한다. 깨달은 자는 자신의 내면에 있는 모든 생명들의 의식을 조복받아 한마음이 되어 모든 부처와 보살, 그리고 모든 중생들과 하나가 된다. 그리하여 깨달은 자가 한생각을 내면 모든 일체제불이 마음이 한데 합쳐 응해주는 도리를 말한다. 선사는 한생각에 제불보살들이 함께하므로 우리가 진정 귀의해야 할 곳은 자성삼보라고 강조하고 있으며,[219] 이는 혜능이 말하는 자성삼신불과 일치한다. 한생각(一念)에 대한 전거를 『육조단경』에서는 다음과 같이 설하고 있다.

일념(一念: 한생각)이 어리석으면 곧 반야가 끊기고 일념이 지혜로우면 곧 반야가 나거늘, 마음속은 항상 어리석으면서 '나는 닦는다'고 스스로 말한다. …… 이 법을 깨친 이는 반야의 법을 깨친 것이며 반야의 행을 닦는 것이다. 닦지 않으면 곧 범부요, 한순간 수행하면 법신과 부처와 같으니라.[220]

---

[218] 『허공을 걷는 길: 법형제법회』 2권, 앞의 책, p.830.
[219] 〈정법〉, 앞의 녹취록, 1998. 11. 15.

위 내용은 혜능이 반야바라밀을 어떻게 수행하는가에 대해 설한 일부 내용이다. 혜능은 반야바라밀을 행하는 것이 바로 최상승법을 수행하는 것이라고 강조하면서 지혜를 바로 일으키기 위해서는 일념(한생각)을 잘 해야 한다고 하였다. 그리고 한생각을 잘 내서 수행하면 법신과 부처와 같다고 하였다. 선사도 한생각의 지혜가 곧 법신이요, 문수라고 설하고 있다.

선사는 한생각을 낼 때 깨달은 자만이 한생각을 낼 수 있다고 한정하지 않는다. 깨닫지 못한 자라도 일체를 한마음주인공에 놓고 가면 일체제불보살의 마음이 자기와 더불어 한마음이 되어 응해주는 것이 한생각이라는 것이다. 그러므로 한생각이란 개별적인 생각이 아니라 포괄적인 생각이기 때문에 일체만생의 마음이 함께 더불어 하는 것이라고 설한다. 선사는 깨닫지 못한 이에게도 한생각을 낼 수 있다고 다음과 같이 설한다.

우리가 꼭 알아야 할 문제는 그거야, 바로. 내가, 내가 이렇게 천차만별로 나투는 그 가운데, 바다 같은 가운데서 나오는 이 생각이, '그래서 생각도 개별적으로 하지 말고 포괄적으로 해서 한생각으로 해라.' 이거야. 내가 그냥, 내가 했다고 하면은 개별적인 게 되고 주인공에서 이게 더불어 같이 생각을 하면은 한생각이 되니 이거는 공덕이 돼. 공심이 되는 거야, 공용이 되구. 이게 모두가

---

220 『敦皇本壇經』 卷1 (T48, p.340a). "一念愚卽般若絶 一念智卽般若生 世人心中常愚 自言我修般若 …… 悟此法者 悟般若法 修般若行 不修卽凡 一念修行 法身等佛."

그렇게 붙어 돌아가. 그런데 묘한 것은 하나에서부터 열까지 틀린 게 하나도 없어.[221]

비록 깨닫지 못했다 하여도 어떠한 생각을 할 때 주인공에 믿고 놓아 더불어 생각을 한다면 한생각이 된다고 한다. 또한 선사는 모든 것이 한마음으로 연결되어 있음을 알고 진실하게 믿으면서 생각을 내면 한생각이 된다고 강조한다. 수행자들은 깨닫고 못 깨닫고를 떠나서 일상생활에 모든 것을 공空에 놓고 가다 보면 모두가 바로 한마음이 돼서 내가 생각하는 대로 응해주는데 그게 한생각이다. 한생각이라고 하는 건 여러 생명들의 의식이 하나로, 부처님의 그 마음 하나로 계합이 되기 때문이다. 모두가 하나가 돼서 조복을 받았기 때문이다. 이러한 선사의 한생각의 의미는 우리가 일상생활에서 어떠한 경계가 닥친다 할지라도 한마음주인공에 믿고 놓게 되면 모든 일체제불보살의 마음이 함께 응하여 그 문제를 가장 적합하게 해결할 수 있는 지혜가 나온다는 것이다. 그러므로 이 지혜는 개인의 지혜가 아닌 전체가 함께 작용한 지혜이다. 그것이 바로 문수의 지혜인 것이며 보현의 삶인 것이다.

(2) 한생각의 중요성

선사는 수행자들에게 항상 일체를 한마음에서 벌어진다는 것을 믿고 놓으면서 일상생활에 닥쳐오는 경계에 대해 지혜로운 한생각을 내는

---

[221] 〈정법〉, 앞의 녹취록, 1998. 8. 21.

것이 중요하다고 설하였다. 여기서는 우리들의 한생각이 일상생활과 더 나아가 세계에 어떠한 영향이 있는지에 대해 알아보기로 한다. 선사는 한생각의 중요성을 다음과 같이 설하고 있다.

그런 거와 같이 우리가 이게 말로는 '한생각이다' 이렇게 아주 쉽게 말을 하지만, 한생각이라는 게 얼마나 중요하고 광대무변하고 묘법인지 몰라요. 이 음파가 그대로, 얼른 알아듣기 쉽게 말하자면 원자에서 입자가 전부 나가서 조절을 하거든요. 마음을 조절을 해서 둘 아니게 응신이 돼서 하면 그 마음들이 다 풀려서 그 사람이 나오게 되는 그런 문제를 말하는 거예요.
그렇기 때문에 그 마음 하나가 얼마나 중요한지 모르죠. 그런데 마음에 자기 욕심을 채워서 말을 함부로 하고 또 스님네들을 우습게 보고 그냥 마구 해대는 수가 많거든요. 아무리 이런 말 못하는 돌이라도 아, 이거는 내가 공부한 대로 여기서도 말을 할 수 있거든요. 내가 마음공부를 했다면 꽃나무도 이런 들에도 전부 같이 통하지 않는 게 하나도 없어요. 나무에는 목신이 있고, 물에는 용신이 있고, 산에는 주산신이 있고 이렇듯이 말이에요. 그러니까 모두 통해서, 남이 아니고 서로가, 우주 전체가 조직적인 진리로서 에누리 하나 없이 이렇게 진행해 나간다는 것, 이런 것이 틀림없죠. 질서정연해요. 그런데 우리는 마음이 질서정연치 못하니까 질서정연치 못하게 세상에 나가는 거죠. 그리고 이득이 없고 자기를 자기가 망치고 돌아가거든요.[222]

---

[222] 『허공을 걷는 길: 국외지원법회』 3권, 앞의 책, p.1722.

위의 내용에서 한생각의 중요성과 한생각으로 인해 벌어지는 현상들을 예를 들어 설명하고 있다. 마음공부를 해나가면서 진실하게 한생각 내었을 때 산천초목에서부터 우주만물까지 통신이 된다고 강조하고 있다. 선사는 삼성三聖을 언급하면서 깨달은 자의 한생각은 바로 법신이자 문수로 비유하면서 보살행을 함에 있어서 한생각에서 보현의 보살행을 할 수 있다고 강조하고, 무엇보다 한생각이 중요하다고 하였다.[223] 또한 선사는 한생각을 중요성에 대해 우리가 한생각을 잘 하게 되면 우주 전체를 잘 되게 할 수도 있고 태산 같은 업을 없앨 수 있다고 하였다. 반대로 한생각 잘못하면 우주 전체를 나쁘게 할 수 있고 태산 같은 업을 만들 수 있다고 하였다.[224]

우리가 불교를 말할 때 자각의 종교 혹은 지혜의 종교라고 한다. 이는 우리가 지혜를 어떻게 잘 내느냐 하는 것과 밀접한 관계가 있다. 이러한 한생각의 지혜는 우리들의 일상생활에서 사소한 것에서부터 크게는 세계까지 영향을 줄 수가 있다. 요즘 국내외에서는 환경, 종교, 그리고 국가 간에 분쟁 등의 문제로 혼란과 위기를 맞이하고 있다. 이러한 때에 우리 모두가 공심으로 한생각을 잘 내면 나라와 세계를 잘 유지시킬 수 있다. 이러한 한생각은 우리들 생활에 국한되는 것이 아니라 한생각에 따라 세계도 무너뜨릴 수 있고 발전시킬 수도 있는 것이다. 이처럼 한생각 내는 것이 매우 중요하다고 하였는데, 다음과 같이 다시 설하고 있다.

---

223 『허공을 걷는 길: 국외지원법회』 1권, 앞의 책, pp.494~495.
224 〈담선〉(104), 앞의 녹취록, 1985. 02. 17.

이 문제는 상당히 중요한 것인데, 그렇기 때문에 우리가 마음을 악하게 쓰지 않아도 한 생 살고, 악하게 써도 한 생 살 거, 좀 좋게 살면 어떻습니까? 좀 좋게 생각하고 살면 어떻습니까? '자유스럽게 마음을 써라' 하고 사람으로 내놓은 겁니다. 그러니 사람이라면 좀 더, 이 마음이 나쁘게 나오더라도 좋은 마음으로 바꿔서 생각을 하고 이랬으면 좋을 텐데, 이거는 나오는 대로 그냥 내뱉어버리는 거예요. 조금도 참지 못하고. 나오는 생각을 안에서 조절을 해서 이렇게 참고, 좀 생각을 해서 던지는 게 한생각이거든요. 그리고 막 나오는 대로 말하는 게 그냥 생각이죠. 생각해서 잘 말하는 게 한생각이고, 그냥 나오는 대로 내뱉고 욕하고 화내고 이러는 게 바로 중생이라는 말이죠. 그러니까 이것이 웃어가면서 해야 옳을지, 울어가면서 해야 옳을지 모르는 이런 상황에 처해 있는 문제란 말입니다.[225]

선사는 일상생활에서 침착하게 생활을 하면서 지혜롭게 대처하기를 권하고 있다. 아무리 억울하고 화나는 일이 있더라도 상대를 내 모습과 같이 보면서 마음을 잘 굴리면서 한생각을 내 주어야 한다고 하였다. 이처럼 선사가 강조하는 한생각의 중요성에 대해 언급하고 있는 내용을 찾아보면, 『묘법연화경현의妙法蓮華經玄義』에서 "삼계는 따로 다른 법이 없고, 오직 한마음이 만든다. 마음은 지옥이 되기도 천당이 되기도 하며, 마음은 범부가 되기도 하고 성현이 되기도 한다."[226]라고 하면서

---

225 『허공을 걷는 길: 법형제법회』 2권, 앞의 책, p.1263.
226 『妙法蓮華經玄義』 卷1 (T33, p.685c). "三界無別法 唯是一心作 心能地獄 心能天

일심, 즉 한생각의 중요성을 설하고 있다. 여기서의 일심의 의미는 대상과 관련하여 작용하는 마음을 뜻한다.

『단경』에서는 "한 지혜가 능히 만년의 어리석음을 멸한다. ……한 번의 생각이 악하면 천년의 착함을 물리쳐 그치게 하고, 한 번의 생각이 착하면 천년의 악을 물리쳐 없앤다."라고 하였다.[227] 혜능은 한 번 생각을 잘하여 지혜로우면 오랫동안 쌓여 있던 악과 어리석음을 멸하고, 한 번 생각 잘못하면 반대가 된다고 하였다.

이처럼 우리 자신이 아무리 어리석고 못났다 할지라도 지혜로운 한생각으로 지혜로운 삶을 살 수 있다는 것을 선사와 경론에서 증명해 주고 있다. 이러한 것을 이해하고 실천하는 것이 무엇보다 중요하다고 본다.

선사는 비록 지혜가 갖추어져 있다 할지라도 한생각을 못하면 경계에 대처를 할 수 없다고 하는데, 이와 관련하여 다음과 같이 회고한다.

저 어느 절에를 가는데, 그 전날 아, 그냥 어느 지옥 같은 그 컴컴한 덴데, 그냥 사람들이 벽절 치듯 하고 갇혀 있어 가지고는, 이리저리 그냥 쫓기고, 이리저리 그냥 숨고 야단이 난 거야, 그냥. 죽고 그냥 엎드러지고 그냥, 애 어른 할 것 없이…….
그런데 보는데 말이야. 그렇게 봐도 생각이 안 난 거야. 이게 한생각에, 이게 모든 게 잠잠해질 텐데, 한생각이 안 나는 거야, 영.

堂 心能凡夫 心能賢聖."
227 『敦皇本壇經』卷1 (T48, p.339b). "一智能滅萬年愚 …… 一念惡 報却千年善心 一念善 報却千年惡滅."

그 무슨 원리냐 이거야. 한생각이 안 나니까, 그대로 그냥 거기서 그냥 나오지 못하고 있으니까, 부처님이 비구로 화해서, 조끄마한 동자비구로 화해서 꽃마차를 가지고 거기까지 들어왔어. 환하게 이런 불이, 불이 달려 있는 그걸, 그래서 그걸 타고 나왔다고. 그걸 타고 와서 생각을 하니깐 말이야. 그걸 타고 나와서도 생각을 해도, 또 그걸 생각이 안 나는 거야······.

그러니까 미아리고개라는 소리에 그만 '아, 그 구덩이가 거기구나.' 생각을 했던 거지. 그러니까 이 생각이라는 게 얼마나 중요한지 몰라. 아무리 지가 뛰고 난다 하더라도 한생각을 하지 않으면 법이 이루어지지 않아. 법이 성립이 되질 않는다고. 그래서 가만히 앉았으면 그냥 부처고, 생각을 했다 하면 법신 문수다 이거야. 그리고 움죽거렸다 하면 보현신이다 이거야. 그러니 아무리, 제아무리 잘 안다 하고 뭐, 하늘을 뚫은 재주가 있다 하드래도, 생각이 없는데, 그건 송장같이 생각이 없는데, 뭔 성립이 돼, 글쎄?[228]

위에서 선사는 미아리고개 근처에서 수많은 죽은 영혼들이 늘어져 있었는데 그들을 천도하겠다는 생각이 들지 않았다고 하였다. 나중에 시자스님이 미아리고개라는 말에 그곳에서 많은 영혼들이 있다는 것을 알았다. 그 후 한생각을 잘 내어 그곳에 있는 영혼들을 잘 제도하였다고 하였다. 그러면서 아무리 지혜를 갖춘 사람이라도 한생각 혹은 자비심을 내지 않는다면 소용이 없다고 회고하였다. 선사가 말하는 한생각은 『법성게』에도 '끝없는 무량한 겁이 곧 한생각과 닿아 있고,

---

[228] 〈승단〉, 앞의 녹취록, 1999. 05. 11.

한생각을 내는 것이 곧 무량겁'[229]이라고 하였다. 이 의미는 시간과 공간에 관계없이 한생각을 내면 무량겁의 과거로 돌아갈 수도, 미래로 나아갈 수도 있다는 말이다. 그러므로 한생각을 내는 것이 매우 중요하다고 하겠다.

(3) 한생각 내는 법

앞에서 한생각에 대한 정의와 한생각의 중요성에 대해서 살펴보았다. 그러면 어떻게 한생각을 내어야 하는가? 선사는 각자에게 부처의 성품과 지혜의 작용을 갖추고 있으니 용도대로 쓸 수 있다고 말한다. 한생각을 어떻게 내는가에 대한 법문을 다음과 같이 하고 있다.

> 마음을 아무렇게나 쓰면 그 아무렇게나 쓴 대가가 바로 즉시 자기가 연결돼서 갖는 거니까요. 그래서 '마음을 바로 써야 뭐든지 묘하게 묘법으로서의 보배가 내 앞에 그득히 산처럼 쌓여서, 그거를 나누어 주고도 남음이 있더라.' 이렇게 얘기하고, 또는 이 모든 사람이 어떻게 생각을 할는지 모르지만은 생각을 아주 잘 하세요. '생각을 잘 하시되 왜 한생각을 하시라고 그랬나' 이거를 가만히 따져 보세요. '한생각이 도대체 무엇이 한생각인가?' 그럼 생각은 다 똑같이 누구나가 생각을 하는데, 한생각은 뭐라고 하는 게 한생각인가 이렇게 생각하시죠. 부처님 법은 '못하고, 하고'가 없어요. 그러니까 '아니다, 기다'를 떠나서 그 가운데 그냥 내 앞에 닥치면 닥치는 대로 결정을 짓는 것이……[230]

---

[229] 『義相法師法性偈』 卷1 (B32, p.822a). "無量遠劫卽一念 一念卽是無量劫."

자기가 마음을 쓰는 대로 자기가 갖는다고 하였는데, 서산대사가 '시주물을 헛되이 받으면 그 업보는 응당 메아리처럼 되돌아온다.'[231]고 하였듯이, 우리가 마음을 제대로 못쓰면 그 업보를 결국 자기가 받는 것이다. 인용문에서 한생각을 낼 때 '한다, 못한다'를 떠나서 그대로 활용을 하라고 하였는데 한생각을 할 수 있다, 없다는 것은 단지 중생들의 생각일 뿐이다. 그러므로 깨닫지 못한 입장에서는 알지 못하기 때문에 믿음을 강조하고 있다. 『기신론』에서 말하고 있는 바와 같이 각자覺者나 범부에 관계없이 체·상·용 삼대의 능력을 갖추고 있다는 것을 믿는 것이 중요하다. 그러나 일반적으로 범부는 그러한 능력이 자신과는 무관하다고 처음부터 마음의 벽을 쌓아버린다. 선사는 이에 대해 어떠한 어려운 경계가 닥친다 하여도 물러나지 말고 지혜롭게 결정해서 그대로 밀고 나가라고 강조한다.

선사는 한생각 내는 법에 대해, 우리들은 그대로 공한 상태이므로 한생각 내면 그대로 법이 되고 이것에 의해 육신이 움직이면서 활용이 된다고 설하였다.[232] 선사는 『반야심경』의 공空 도리를 예로 들면서 본래부터 우리들은 공하여 돌아가지만 중생들이 그것을 모를 뿐이다. 그러므로 우리가 진실하게 주인공을 믿으면서 한생각을 낼 때 그대로 법이 되어 일상생활에서 질서를 지켜나가면서 용도에 맞게 활용이 된다고 하였다.[233]

---

230 〈정법〉, 앞의 녹취록, 2000. 12. 17.
231 『禪家龜鑑』 卷1 (X63, p.742) "虛受信施 報應如響."
232 〈담선〉(2), 앞의 녹취록, 1983. 9. 04.
233 〈담선〉(54), 위의 녹취록, 1984. 3. 7.

이와 같이 비록 깨닫지 못할지라도 수행자가 일상생활에서 일체가 다 한마음의 작용임을 인식하면서 용도에 따라 지혜로운 생각을 내면 그것이 한생각인 것이다. 자기 앞에 닥친 모든 상황 앞에 잘 관하면서 유위법과 무위법 양면에 위배됨이 없이 여여如如하게 해나가라는 것이다. 그렇다고 한생각을 낸다고 해서 어떤 작위적인 마음은 아니라고 경고하기도 한다. 한생각을 내는데, 함이 없이 무심으로 하라면서 다음과 같이 설하고 있다.

> 네가 모든 것을 종합해서 공했다는 도리를 알고, 이것을 한꺼번에 드는 이 마음으로서의 내가 했단 말이 없이, 생각도 없이, 무심으로서의 내가 어떠한 것을 한생각 내서 줬을 때 무주상이요, 또는 내가 한생각 났을 때, 목마를 때 물을 한 그릇 줬어도 그건 무주상이다 이거야. 그러기 때문에 무주상, 이 상이 없이 내가 마음을 한생각 내주는 것도 무주상이요, 이 상을, 이렇게 줘도 무심히 줬기 때문에 이것은 무심으로서 무주상이다 이거야. 그래서 모든 게 한생각 내는 것도, 이 물질을 주는 것도 공해서, 이것이 무심이기 때문에 무주상 보시를 하는 거고, 그것이 바로 공덕이 있는 것이지. 공덕이 있다, 없다도 놔버려야 하지마는, 가르치려니까 '그것이 공덕이지' 하는 거야. 그것이 공덕이지.[234]

일상생활에서 물질적인 것이든 마음으로 한생각을 내주는 것이든 상이 없이 해야 무주상이 된다고 강조한다. 이러한 무주상의 물질적

---

[234] 〈대담〉(145), 앞의 녹취록, 1985. 4. 5.

정신적 보시는 바로 공덕으로 이루어진다고 한다. 이러한 한생각 혹은 무심에 대한 사상은 중국 선종사에서 찾아볼 수 있다. 먼저 『육조단경』에서 무념에 대해 "무無란 두 가지 상대적 생각에서 나타나는 모든 번뇌를 떠난다는 것이며, 염念이란 진여의 본성을 생각한다는 것이다."[235]라고 하였다. 앞에서 '염念이 진여의 본성을 생각한다.'고 하였는데, 선종에서는 염念을 망념으로 많이 해석하고 있지만, 여기서는 진여의 본성을 생각한다는 긍정적인 면으로 해석된다. 무념無念의 글자 순서에 의하면 무無의 의미인 "두 가지 상대적인 모습에서 벗어난다."라는 뜻이 먼저인데, 내용적으로 보면 염念의 내용이 먼저 실천되어야 한다고 여긴다. 왜냐하면 진여의 본성을 생각할 때 내외에서 일어나는 모든 경계에 집착하지 않게 되기 때문이다. 이러한 무념에서 특히 무의 해석과 유사하게 선사는 우리의 일상생활에는 '된다, 안 된다' 그리고 '좋다, 나쁘다' 등의 구분이 명확하지만 선禪에서는 그런 것이 없다고 하면서, 그 이유는 행하는 그 마음이 불보살의 마음이기 때문이라고 설한다.[236]

이어서 혜능은 『유마경』을 인용하면서 "밖으로는 모든 법의 실상을 잘 분별하고, 안으로는 제일의제第一義諦에서 마음이 흔들리지 않는 것이다."[237]라고 하였다. 앞의 무념에 대한 두 구절을 종합해보면,

---

235 『敦皇本壇經』卷1 (T48, p.338c). "無者 離二相諸塵勞 念者 念眞如本性 維摩經云 外能善分別諸法相 內於第一義而不動."

236 〈정법〉, 앞의 녹취록, 2000. 12. 17.

237 『敦皇本壇經』卷1 (T48, p.338c). "諸塵 維摩經云 外能善分別諸法相 內於第一義而不動."

무념이란 모든 경계를 철저히 잘 구별하면서도 거기에 집착하지 않는 삶이다. 사회윤리적인 면에서 보면 옳고 그름이 있는데, 이것을 무시해 버리면 사회의 구성원과 조화롭게 생활하기가 힘들다. 그러나 옳고 그름을 잘 분별하지만 거기에 대해서 집착하지 않는 것이 무념과 무심의 삶이라 할 수 있다. 예를 들면 나쁜 일을 하는 것을 보고 분명히 나쁘다는 것을 인지하지만 그 나쁜 행위를 하는 사람에 대해서는 증오심이 없어야 한다는 것이다.

이처럼 『육조단경』에서 설하고 있는 무념은 그냥 아무 생각도 내지 말라고만 한 것이 아니라 적극적으로 진여眞如에 대한 생각과 그로 인한 모든 상대성의 분별을 하지 말 것을 강조하는 면에서 선사의 한생각 개념과 유사하다.

황벽도 『전심법요』에서 "이 마음이 곧 무심의 마음이요, 일체 상을 떠나 있으며 중생과 모든 제불이 차별이 없다. 단지 무심하기만 하면 이것이 바로 구경이다."[238]라고 하였다. 『전심법요』의 핵심인 마음을 전하는 데 있어 중요한 것은 무심無心이다. 무심하기만 하면 일체의 분별을 떠나 바로 부처의 구경지에 이르기 때문이다. 황벽이 말하는 무심에는 진여·법신 등의 사상이 내포되어 있다. 하지만 중국 선종과 황벽의 선에는 간단명료한 요체를 나타내고자 했기 때문에 자세한 작용 등의 설명을 생략하였다고 볼 수 있다.

이상과 같이 한생각을 어떻게 내는가에 대해 살펴보았다. 선사는 한생각은 깨달은 자에 한해서만 이루어지는 것이 아니라 깨닫지 못한

---

238 『黃檗山斷際禪師傳心法要』 卷1 (T48, p.380b). "此心卽無心之心 離一切相 衆生 諸佛更無差別 但能無心 便是究竟."

중생들의 입장에서도 한생각을 낼 수 있다고 하였다. 중요한 것은 『육조단경』에서 언급된 무념처럼, 우리의 일상생활에서 벌어지고 있는 모든 것들이 한마음의 작용임을 믿고 항상 한마음을 관하게 되면 관하는 만큼 법이 된다는 점이다. 그러므로 우리 앞에 펼쳐지는 옳고 그름, 좋고 나쁨 등의 분별적인 사고를 떠나 일체를 내 모습과 같이 보면서 지혜로운 한생각을 내면 그대로 법이 되고 보살행을 할 수 있게 된다.

(4) 한생각의 공덕과 능력

지금까지 한생각의 정의, 중요성, 그리고 한생각을 내는 법에 대해서 살펴보았다. 이어서 여기서는 이러한 한생각이 이루어질 때 어떠한 공덕과 능력이 생기는가에 대해 살펴보겠다. 앞에서 살펴본 대로 선사는 누구에게나 내면에 삼관의 능력을 구비하고 있지만 중생들은 미혹하여 자신 스스로가 중생이라는 견해를 가지고 뛰어넘지 못한다고 설하였다. 선사는 한생각의 공덕을 다음과 같이 설하고 있다.

> 벗어나게 되면 그때는, 너무도 이 우주의 섭류와 이런 인간의 살림살이에 모든 게 적합하게, 모든 게 공해서 돌아가는 거를 알게 되고, 진실로 알게 되고, 내가 한생각이라면 그냥 이렇게 하다가도, 아까도 얘기했지만, '아, 저 사람을 구해줘야지' 하는 생각이 무뜩, 이게 여기서 다 하는 …… 이 생각난 것도 여기서 생각난 게 아니겠습니까? 그러기 때문에 몽땅 들리는 겁니다. 몽땅, 그 힘이!
> 그러기 때문에 그것은 다양하게 …… 내가 아픈 사람을 불쌍해서

그렇게 생각을 했다면, 그대로 아까 보이지 않는 약이 글루 갈 것이고, 또 가난해서 불쌍해서 생각을 해줬다면, 바로 보이지 않는 데서 바로 그 가난을, 자기가 그 업보를 면해주니까, 바로 그게 없어지니까 바로 가난함을 없애죠. 그러니까 그걸 가지고 보이지 않는 데서 마음으로 하는 그 무주상 보시 …… 그 마음으로 한생각 냈기 때문에 한생각이 거기에 융합이 되고, 통틀어 그 힘이 한데 가하게 되자, 그건 들리게 되는 거죠.[239]

위의 설명에서 보면 수행자들이 모든 것을 한마음주인공에 믿고 놓게 되면 모든 탐·진·치가 소멸되며, 그 결과 공한 도리와 참 진리를 깨닫게 된다. 그런 후 저절로 내가 남을 도와주어야 하겠다는 한생각이 일어나게 되며, 이렇게 될 때 무주상 보시가 되고 모두가 한마음이 되어 작용해준다는 것이다. 이를 공덕적 측면에서 선사는 비유를 들면서 수행자들이 한마음으로서 모든 자생중생들을 조복받은 후 한생각 내었을 때 자생중생들이 보살로 화하여 사람들 마음속에 들어가서 조절해준다고 하였다.[240] 또한 선사는 우리의 일상생활에서 한생각의 공덕과 능력은 우리 자신뿐만 아니라 우리나라와 나아가 우주까지 영향을 줄 수 있다고 설한다. 이와 관련된 부분을 선사는 다음과 같이 설하고 있다.

그런데 우리가 삼분의 이가 그렇게 되고 삼분의 일이 악종惡種이라

---

239 〈담선〉(179), 앞의 녹취록, 1986. 1. 9.
240 『허공을 걷는 길: 정기법회』 4권, 앞의 책, p.88.

면 그것은, 악의 종자가 삼분의 일밖에 안된다면, 전체적으로 이건 삼분의 이가 선善의 종자라면 종자가 선의 종자로 몰려져 버려, 우리가 선거를 하면은 그렇듯이. 그러니 종자를 따지고 보자. 우리 몸뚱이 속에 종자가 얼마나 많으냐? 응? 세상에 헤아릴 수가 없어. 보살이 그렇게 부처님 국토에서 국토 가운데서 그 보살이 낱낱이 나오는 그것을 헤아릴 수가 없다고 그랬어, 보살이. 그 반면에 악종이라면 악종이 보살 그만큼 헤아릴 수 없이 나오듯 악종도 그렇게 헤아릴 수 없이 나온단 말이야. 그러니 우리 한 몸뚱이 가지고 이끌어가고 사는 것이 얼마나 귀중하고 얼마나 무시, 무시무시하고 얼마나……

그것을 잘 생각해서 둥글려서 조복을 받는다면, 그 헤아릴 수 없는 보살로서, 응신으로서, 화신으로서, 법신으로서, 이거는 전체 이 신 저 신 이름이 수만 개라 할지라도 하나에 하나로 들고 하나로 나고 그래. 그러니 그 수효가 얼마나 많겠니? 그 반면에 그 마음 하나 잘못 쓰면 그렇게 악종이 나올 때에 그 악종의 그 헤아릴 수 없는 문제들을 어떻게 해결할 수 있겠느냐 이거야. 그렇게 된다면 우리나라뿐만 아니라 전 우주로 번지게 돼 있어. 세계적으로도 번지고 말이야. 남을 해치는 걸 아주 재밌어 하는, 남을 죽이는 거를 재밌어 하는 그런 악종들 말이야.

그래서 이 공부를 하는 것은 허공에서 그렇게 악종들이 몰려서 바람처럼 그냥 회오리바람이 불면서 그냥 악종들이 그냥 그 어느 나라라고 헐까, 나라 나라마다 이렇게 악종이 들어올 때 그걸 대치할 수 있는 거는 우리 마음이란 얘기야. 이 공부를 하게 되면, 그

속에 들어가면 그냥 그것이 한생각에 법이 되기 때문에 법을 따르지 않으면 멸망하거든. 그러기 때문에 법을 따르게 돼 있어. 그러기 때문에 그 악종이 없어진다는 얘기야. 그러니 이게 우리가 그냥 목탁치고 중노릇 허는 그 문제만이 아니라는 얘기지. 너무도 깊고 너무도 펼쳐진 이 문제들이 광대하기 때문에 우리는 조그맣게 생각해서는 아니 된다.[241]

우주에는 다양한 생명체가 있는데 그들 중에는 선의 종자와 악의 종자가 있다. 만약 악의 종자가 잠에서 깨어나면 우리나라뿐만 아니라 지구는 물론 전 우주에 퍼진다. 그러나 마음 도리를 공부해서 지혜로운 한생각을 하게 되면 천백억화신으로 변화하여 악의 종자들을 교화할 수 있다. 이런 내용은 공상과학에나 나올 만한 내용으로 일반적인 상식으로는 헤아리기 어려운 내용이다. 하지만 이러한 내용이 현실에 지금 벌어지고 있다고 하니 수행자들이 심사숙고해야 할 문제이다. 이처럼 현실에 벌어지고 있지만 일반 범부들이 모르는 내용을 선사는 혜안으로 관하여 실제 벌어지고 있는 상황을 직접 설하고 있다.

한생각의 공덕에 대해 말하면, 『대승기신론』에서는 진여자체상眞如自體相의 공덕에 대해 언급하였다. 진여자체상에는 일체공덕을 구족하여 있고, 상락아정常樂我淨의 이치이며 부사의한 법을 구족하였다고 하였다. 그리고 앞서 혜능이 언급한 바와 같이 한생각의 지혜가 만년의 어리석음을 없애며, 생각하고 헤아리면 스스로 변화한다고 하였다.

이상과 같이 선사는 한생각의 지혜의 관법과 관련하여 우리들 자신

---

241 〈승단〉(681), 앞의 녹취록, 1994. 11. 21.

에게 부처의 지혜가 갖추어져 있으므로 한생각의 무심의 상태가 될 때 진여법신과 하나가 되고 지혜가 생겨난다고 하였다. 이러한 한생각의 영향은 개인뿐만 아니라 우주까지 미칠 수 있다고 강조한다.

3) 나툼 관법의 원리

대승불교의 목표는 상구보리와 하화중생이다. 선사도 이러한 대승불교의 사상을 계승하면서 위로는 보리를 구하며 아래로는 자생중생들은 물론이고 타인들에게 보살행을 해야 한다고 강조한다. 여기서는 부처·법신·화신 혹은 부처·문수·보현에서 화신과 보현에 관련된 내용을 살펴보고자 한다. 앞에서 언급한 것처럼 선사는 가만히 있으면 부처요, 한생각 내면 문수가 된다고 하였다. 그리고 한생각 내면 바로 그게 작용으로 이어지게 되는데, 그것을 일러 화신이자 보현행이라 하였다. 이제 대승보살도의 실천면에서 살펴보고, 이어 화신과 보현의 나툼의 요소에 대해 살펴보고자 한다.

(1) 화신·보현행의 실천

선사가 말하는 최종의 관법은 수행을 통해 이루어진 구경의 열반경지에 이르러 모든 중생들의 요구에 응해주면서 보살행을 실천하는 것이다. 이러한 보살행은 문수의 지혜작용인 화신행이요 보현행이다. 선사는 화신에 대해 다음과 같이 설하고 있다.

> 열반의 구경경지까지 이른다면, 그것은 말로는 형용할 수 없이 이 세상을 한 찰나에 들고 나면서, 과거 미래를 한 찰나에 들고

나면서, 모두 한 내 몸속에 있는 그 중생들이 모두 보살로 화해서 털구멍을 통해서 들고 나면서, 어느 누구든지 아프다면 약사가 돼서 응신이 돼주고, 또 가난하다고 원할 때는 반드시 관세음이 돼주고, 또는 명이 짧으면 칠성이 돼주고, 좋은 데로 못가서 염을 하면 지장이 돼주고, 이 세상에 밝게 깨우치게 당신만이 할 수 있다고 할 때에 비로소 아촉이 되고, 아미타가 되고 돌아 나오는 길에 미륵이 되고, 이렇게 하고 때에 따라선 물에 가서 참 죽을 고비를 당했을 때는 바로 주해신을, 주해신을 찾는 게 아니라 주인공에다 모든 거를 '너만이 나를 건질 수 있어' 하면 그냥 주해신으로서 나투어주신다 이런 거지. 산에 올라가서 죽게 돼서 주인공에 관하면 그냥 주산신이 돼서 나투어주시고, 어느 거든지 아니 돼 주시는 게 없어요. 그러기 때문에 부처님이라는 이름이 어떤 거 할 때에 나라고 헐 수 없는 것이 부첩니다.[242]

인용문에서 보듯이 부처 혹은 깨달은 자들은 중생들이 원하는 대로 화化하여 응해준다. 특히 선사는 수행하여 깨달으면 자신의 내면에 있는 모든 자생중생들을 제도하게 되고, 그들이 모두 보살로 화하여 중생들이 원하면 털구멍을 통해 들고 나면서 보살행을 한다고 하였다. 그리고 선사가 항상 강조하듯, 깨닫지 못한 범부일지라도 주인공에 진실로 관하게 되면 용도에 따라 나툼[243]을 한다는 것이다. 그러므로

---

[242] 〈일법〉(727), 한마음선원 자료실, 명법사, 1996. 3. 26.
[243] 선사가 말하는 나툼이란 응신 혹은 화신으로 화하는 것을 말하기도 하며, 이 세상 제법이 찰나찰나 고정됨이 변하여 돌아감을 뜻하기도 한다.

우리가 일상생활에 처해 있을 때 우선 주인공을 믿고 마음을 내는 것이 중요하다.

선사는 부처의 참된 의미는 자기라는 고정된 상相이나 집착이 없이 중생들의 입장에서 조건 없이 천백억화신이 되어 나투어주며 항상 중생들의 마음의 인등을 밝게 밝혀주는 역할을 하는 것이라고 설한다.[244] 위에서 말한 부처가 사람들이 처해진 환경에 따라 주해신主海神·주산신主山神 등으로 응신이 되어 나투어준다고 하였다. 선사는 『화엄경華嚴經』에 나와 있는 신들을 언급하면서 이러한 신들은 깨달은 자의 육체 안에 있던 중생들이 보살행을 할 때 보살로 화현한 것이라고 하였다.[245] 이러한 전거는 『화엄경약찬게華嚴經略纂偈』에 보면 먼저 법신·보신·화신 및 일체 여래와 성현들에게 귀의한다. 그리고 난 후 보살행의 대표자인 보현보살과 그 뒤로 모든 신들의 이름이 거론된다. 이처럼 보현보살과 모든 신들은 모두가 부처의 화현으로서 중생들을 위해 응신應身한 것이다.[246]

선사는 우리들 내면에 한마음이 내재되어 있기에 중생들의 원하는 바에 따라 제불보살과 신들로 화현하여 도움을 줄 수 있다고 강조한다. 또한 만약 누군가 어려움에 처해 있을 때 진실로 내면으로 관하면

---

[244] 『허공을 걷는 길: 국내지원법회』 2권, 앞의 책, 2012, p.1268.
[245] 〈승단〉(707), 앞의 녹취록, 1995. 9. 9.
[246] 龍樹 저, 『華嚴經略纂偈』, 동국대학교 중앙도서관 소장고서, (d 213.15 용57ㅎ). "南無華藏世界海 毘盧遮那眞法身 現在說法盧舍那 釋迦牟尼諸如來 過去現在未來世 十方一切諸大聖 根本華嚴轉法輪 海印三昧勢力故. 普賢菩薩諸大衆 執金剛神身衆神 足行神衆道場神 主城神衆主地神 主山神衆主林神 主藥神衆主稼神."

어려움을 해결해줄 수 있도록 제불보살이 옹호해준다는 것이다. 이제 선사가 말하는 보현행에 대해서 인용문을 참조하면서 살펴보고자 한다.

> 그건 왜냐하면은 여러분들이 이 공부를 해서 내 속에 들은 그 의식과 모든 생명들하고 같이 그 마음이 한마음으로 돌아가기 때문입니다. 그리고도 그 분신은 항상 그 법신에 의해서, 마음을 일으키는 법신에 의해서, 화신들은 바로 보현이죠. 그 보현은 바로 직접 모습 없는 모습으로서의 그 천백억으로 화해서 남이 원하는 대로 모습을 나투면서 이렇게 일을 하고 있습니다.[247]

위 인용문은 수행을 하여 내면의 자생중생들과 더불어 한마음으로 돌아갈 수 있을 때 어떠한 일에 대해 마음을 일으키면 그것은 법신의 지혜이며, 그 지혜로 인해 보현의 작용을 할 수 있다고 한다. 보현행이란 우리의 일상생활에서 길에 엎드러지면 내가 직접 손을 짚고 일어나는 이것이 바로 보현행이라고 설한다.[248] 선사가 말하고 있는 보현행에 대한 전거는 『화엄경』 「보현행원품」에도 나와 있다.

> 선남자여, 중생의 뜻에 항상 따른다는 것은 온 법계, 허공계, 시방세계의 중생들이 여러 가지 차별이 있어 알에서 나고, 태에서 나고, 습기로 나고, 화하여 나기도 하나니 …… 내가 모두 그들에게 수순하

---

[247] 〈일법〉(464), 앞의 녹취록, 1990. 6. 3.
[248] 『허공을 걷는 길: 법형제법회』 2권, 앞의 책, pp.946~947.

여 가지가지로 섬기고 가지가지로 공양하기를 부모같이 공경하고, 스승과 아라한 내지 부처님이나 다름이 없이 받들며, 병든 이에게는 좋은 의원이 되고, 길 잃은 이에게는 바른 길을 보여주고, 캄캄한 밤에는 빛이 되며, 가난한 이에게는 묻혀 있는 보배를 얻게 하면서 이렇게 보살이 일체중생을 평등하게 이롭게 함을 말하는 것이니라.
……

선남자여, 그대는 이 이치를 이렇게 알아야 하느니라. '중생에게 마음을 평등하게 함으로써 원만한 자비를 성취하고, 자비심으로 중생들을 수순함으로써 부처님께 공양함을 성취할 수 있는 것이니라.'고. 보살은 이와 같이 중생을 수순하나니 허공계가 다하고, 중생계가 다하고, 중생의 업이 다하고, 중생의 번뇌가 다하여도 나의 수순함은 다함이 없느니라. 염념이 계속하여, 잠깐도 끊어짐이 없건만 몸과 말과 뜻으로 짓는 업은 지치거나 싫어함이 없느니라.[249]

인용문은 보현보살이 모든 중생들을 자신과 같이 생각하고, 그들을

---

249 『大方廣佛華嚴經』卷40,「入不思議解脫境界普賢行願品」(T10, p.845c~p.846a). "復次 善男子 言恒順衆生者 謂盡法界 虛空界十方刹海 所有衆生種種差別 所謂 卵生 胎生濕生 化生 …… 我皆於彼隨順而轉 種種承事 種種供養 如敬父母 如奉師長 及阿羅漢乃至如來 等無有異 於諸病苦爲作良醫 於失道者示其正路 於闇夜中爲作光明 於貧窮者令得伏藏 菩薩如是平等饒益一切衆生 …… 善男子 汝於此義應如是解 以於衆生心平等故 則能成就圓滿大悲 以大悲心隨衆生故 則能成就供養如來 菩薩如是隨順衆生 虛空界盡 衆生界盡 衆生業盡 衆生煩惱盡 我此隨順無有窮盡 念念相續 無有間斷身語 意業無有疲厭."

부처 섬기듯 하면서 끊임없는 보살행을 실천하겠다는 내용이다. 이러한 보살행의 원력은 깨달은 입장에서 볼 때, 일체를 나 자신 혹은 자식처럼 생각한다면 자연스러운 보살행이 될 것이다. 하지만 아직 완전히 깨닫지 못한 수행자의 입장에서는 이러한 원력을 세워 실천해 나가는 것이 바람직할 것이다. 『화엄경』의 내용 중 「보현행원품」은 『화엄경약찬게』나 『삼성원융관문』 등에서와 같이 보현보살은 부처·문수·보현의 삼성 중에서 화신의 역할을 맡아온 중생을 제도하겠다는 서원이 나온다. 또한 『화엄경』 「입법계품入法界品」에는 여래의 광명으로 중생들의 번뇌를 멸해주며 여래의 털구멍을 통해 수없는 화신을 낳아 중생들의 괴로움을 없애주면서 여래의 공덕을 찬탄하였다.[250]

선사가 말하는 보현행과 앞서 언급한 「보현행원품」의 보현행과 「입법계품」의 화신행은 중생들을 위한 보살행을 함에 있어서 같은 의미를 전달하고 있지만, 「입법계품」의 화신행은 완전히 깨달은 입장에서 화신의 나툼을 의미하고, 「보현행원품」의 보현행은 향상문의 입장, 즉 아직 부처가 되지 못한 보살의 경지를 내포하고 있다.

(2) 화신·보현행의 요소

선사는 모든 중생은 본래부터 삼관三觀의 능력을 갖추고 있다고 하였다. 그러나 중생들은 그것을 몰라서 고에서 벗어나지 못하므로 방편상 세 번 죽는 관법수행을 제시하여 단계 없는 세 단계를 거쳐야만 완전한

---

[250] 『大方廣佛華嚴經』 卷69, 「入法界品 39」 (T10, p.373a). "如來一毛孔 放不思議光 普照諸群生 令其煩惱滅 如來一毛孔 出生無盡化 充遍於法界 除滅衆生苦 佛演一妙音 隨類皆令解 普雨廣大法 使發菩提意."

화신과 보현의 보살도를 실천할 수 있다고 하였다. 세 번 죽는 관법에 대해 다음과 같이 설하고 있다.

'처음에는 무조건 용광로에다 헌쇠 넣듯 놓아라. 나를 이끌고 가고 일체만법이 들고 나는 곳은 거기니까 모든 것은 거기서 하게끔 하고 감사하게 생각하면서 거기 놔라.' 하는 것을 말했습니다. 그럼으로써 나를 발견해서 보는 단계가 되고, 나를 보는 단계에서는 둘이 아닌 도리를 알기 위해서 바로 거기에 또 놓고 가되, 안에서 어떠한 뜻이 오더라도, 무엇을 시키는 일이 있더라도 할 거는 하되 거기에서 하라는 대로 맹종하지는 말라고 한 겁니다. ……
그러니까 안의 경계에 맹종하고 거기서 시키는 대로 한다면 안으로 기울어지고 밖에서 끄달리고, 또 밖으로 떨어진다면 밖의 경계에 기울어지는 것이니까 안으로나 밖으로나 맹종하지 말고, 모든 이치를 눈으로 보고 듣고 모든 것을 내가 주장해서 결정을 짓는데, 그 양면은 다 거기에 총괄이 돼서 그대로 법이 된다는 얘깁니다. 그래야만이 모든 경계나 망상이나 이런 것에 끄달리지 않고, 그대로 생각하면서도 걸림이 없이 그대로 자기가 주장자를 올바로 세우고 이끌어 나가는 공부라고 보겠습니다.
셋째 번에는 둘이 아닌 까닭을 알았기 때문에 둘이 아닌 나툼을 나툰다고 했습니다. 그 나툼이라는 것은 열반계를 말하죠. 즉 말하자면 열반각지涅槃覺地, 구경각지究竟覺地를 말한다 이겁니다.[251]

---

[251] 『허공을 걷는 길: 법형제법회』 1권, 앞의 책, pp.44~45.

선사는 인용문에서 수행의 세 단계를 제시한다. 첫 번째는 일체를 주인공에 놓아나가면서 자기 마음을 탄생시키는 견성의 단계다. 두 번째는 견성 후 일체의 환상이나 신통들에 대해 집착하지 말고 다 놓을 때에 비로소 둘 아닌 도리로서 일체와 더불어 죽는 단계이다. 그리고 마지막으로 전체 유생무생과 더불어 같이 나투는 단계인 열반의 경지이다. 열반의 경지 혹은 구경각지가 되어야만 진정한 화신과 보현행을 할 수 있다고 설한다.

선사가 말하는 열반의 경지는 보살행을 실천하는 것을 기존의 불교 경전에서 살펴보면 『성유식론』에 무주처열반無住處涅槃과 비교해볼 수 있다. 이 논에서 무주처열반은 대자비와 반야에 항상 둘러싸여 생사와 열반에도 머물지 않고 유정을 이롭고 안락하게 하는 일을 미래세가 다하도록 작용하면서도 항상 고요하다고 하였다.[252] 무주처 열반은 4가지 열반[253] 중의 하나로서 모든 번뇌를 끊고 열반에 집착하지 않고 중생들을 위해 이타행利他行을 함이 없이 해나가는 것을 말한다. 이와 같은 맥락에서 선사는 오분향五分香에 대해 설한 내용이 있는데, 이 중에서 해탈지견향의 경지에서 보현행을 할 수 있다고 말한다.

해탈지견향. 그것은 우주 일체만물만생을 다 밝게 보고 보살피며, 바로 걸림 없이 여여하고 구족하게 다스리면서, 우리가 밝게 조건

---

[252] 『成唯識論』 卷10 (T31, p.55b). "四無住處涅槃 謂卽眞如出所知障 大悲般若常所輔翼 由斯不住生死涅槃利樂有情窮未來際用而常寂故名涅槃."

[253] 위와 같음. "本來自性淸淨涅槃 …… 有餘依涅槃 …… 無餘依涅槃 …… 無住處涅槃."

없는 자비로서 많은 중생들을, 모든 일체만물만생들을 응신으로서 보답하는 것입니다.²⁵⁴

선사는 오분향 중에서 마지막 단계인 해탈지견향의 경지가 되면 일체법을 제대로 보고 많은 중생들에게 이타행을 할 수 있다고 하였다. 이러한 선사의 해탈지견향에 대한 전거는 『법보단경法寶壇經』에서 해탈지견향에 대해 설하길, 고요함에만 빠져 있지 않고 널리 배워서 본심을 터득하고 불교 이치를 통달한다. 그리고 온화하게 중생을 대함에 있어서 나와 남을 구분하지 않고 곧바로 보리진성에 도달하게 한다고 하였다.²⁵⁵ 선사가 말하고 있는 '모든 일체만물만생들을 응신으로서 보답하는 것'과 혜능이 설하는 '중생을 대함에 있어서 나와 남을 구분하지 않고 곧바로 보리진성에 도달하게 한다'는 내용은 해탈지견향을 설명함에서 두 선사의 일치된 부분을 보이고 있다. 이러한 점에서 볼 때 두 선사는 어떠한 경론에 의지하기보다는 자신들이 마음으로 증득한 것을 설하고 있으며, 그 핵심내용이 같다는 것을 볼 수 있다.

마지막으로 선사는 보현행을 할 수 있기 위해서는 오신통을 벗어나 누진통이 되어야만 완전한 깨달음이며 보살행을 할 수 있다고 하면서 다음과 같이 설하고 있다.

---

254 『허공을 걷는 길: 국내지원법회』 2권, 앞의 책, p.1011.
255 『六祖大師法寶壇經』 卷1 (T48, p.353c). "五. 解脫知見香 自心旣無所攀緣善惡 不可沈空守寂 卽須廣學多聞 識自本心 達諸佛理 和光接物 無我無人 直至菩提 眞性不易 名解脫知見香 善知識 此香各自內熏 莫向外覓."

우리가, 그래서 부처님께서는 보는 것만이 도道가 아니니라, 듣는 것도 도가 아니니라, 남의 속을 아주 잘 안다고 해서 도가 아니니라, 그것만 가지고 늘어지지 말아라. 착을 두지 말아라. 또 남이 지나 내려온 억겁을 거쳐서 온 숙명을 안다고 해서 도가 아니니라. 가고 옴이 없이 네가 맘대로 댕긴다고 해서 도가 아니니라. 그 다섯 가지를 다 네가 다시금 네 마음을 깨우쳤다면, 탄생했다면, 그 다섯 가질 배우기 위해서 전력을 다해서, 안으로 보림을 다시 하면서 다시 체험을 하면서, 그걸 굴리면서 안으로 굴려서 그 다섯 가지도 다 익혀서 네가 부려야만이, 그것이 바로 마음으로부터 금광주로부터 누진을 통해서 그것을 다 부리게 됨으로써의 그때에 진짜 가만히 있으면 '부처'요, 바로 생각을 하면 '법신'이요, 그 다음에 움죽거렸다 하면 '화신'이야. 그러니 즉 보현 문수는 스스로 따르고 …… 자기, 자기라! 그래서 "32상이 그대로 밝아서 보살행을 할 수 있다."라는 얘깁니다.[256]

위에서 말한 보는 것, 듣는 것, 남의 속을 아는 것은 오신통의 일부를 말한다. 선사는 오신통에 집착하지 말 것을 강조하는 한편, 오신통에서 벗어나기 위하여 안으로 굴리면서 보림을 거쳐야 누진통이 실현된다고 말한다. 누진통이 되었을 때 비로소 중생들에게 보살행을 실천할 수 있기 때문이다. 선사가 언급하고 있는 누진통에 대해 『보살선계경』에서 누진지통漏盡智通이란 보살이 번뇌를 제거하기 위함이요, 중생들의 번뇌를 파하기 위해 법을 설하는 것이라고 하면서, 결론에

---

[256] 〈행사〉(269), 한마음선원 자료실, 본원, 1986. 5. 18.

는 누진통을 닦아 중생을 교화하여 교만을 파한다고 하였다.[257] 선사와 『보살선계경』에서 말하는 누진통은 모두 자신의 번뇌를 다 제거하여야 비로소 자신의 깨달음은 물론이고 중생들을 교화할 수 있는 능력을 갖출 수 있다는 점에서 일맥상통하고 있다.

3. 대행선사 관법 원리의 특징

선사의 관법 원리는 앞 절에서 밝힌 바와 같이 '한마음주인공 관법', '한생각 지혜 관법', '나툼 관법'의 원리로 볼 수 있다. 그렇다면 이러한 선사의 세 가지 관법 원리는 기존의 경론과 어떻게 관련성을 지니고 있는 것일까? 이에 대하여 선사의 관법 원리와 밀접한 관련이 있는 『기신론』의 일심一心·이문二門과 조사선의 본래성불사상, 그리고 화엄의 『삼성원융관문』에 나타난 삼성관 등과 관련하여 살펴보고자 한다.

1) 『기신론』의 일심·이문의 관법

한마음(一心) 사상은 불교사상 전체를 관통하고 있지만, 일심사상을 종합하고 있는 것은 마명馬鳴의 『대승기신론』이라 할 수 있다. '대승에 대한 믿음을 일으키는 논서'라는 제목에서 알 수 있듯이, '진여법신眞如

---

257 『菩薩善戒經』 卷2, 「不可思議品 6」 (T30, p.973a). "漏盡智通者 菩薩摩訶薩爲斷煩惱故修集道 自壞煩惱故修集道 爲壞衆生諸煩惱故而爲說法 爲壞有漏憍慢衆生 爲破非道計道衆生故 菩薩摩訶薩雖爲衆生說盡漏法自不盡漏雖未盡漏不爲所汚 菩薩摩訶薩漏盡智通不可思議 修漏盡通爲化衆生壞憍慢故 是名漏盡通."

法身에 대한 믿음'을 중시한다. 한자경은 진여에 대한 믿음을 일으켜야 하는 이유에 대하여 다음과 같이 말한다.

> 진여심은 곧 중생심, 바로 나의 마음 이외에 다른 것이 아니다. 그러므로 진여를 믿는 것은 바로 자기 자신을 믿는 것이다. 자신이 현상세계 일체만물의 근원이고 중심이라는 것, 내가 살면 우주가 살고, 내가 죽으면 우주가 죽는다는 것을 믿는 것이다. 이 믿음을 통해서만 우리는 나 자신뿐 아니라 일체중생, 모든 생명체가 그 자체 진여이며 우주의 중심이라는 것, 결국 현상세계의 모든 존재가 그대로 진여법신의 현현, 여래의 나툼이라는 것을 믿게 된다. 그리고 이 믿음을 통해서만 우리는 나를 살리고 일체생명을 살리는 길, 대승보살의 길로 나아가게 한다.[258]

위의 인용문은 앞서 살펴본 바와 같이 선사의 한마음 사상과 주인공 관법에서 '믿음'을 강조하는 이유와 정확히 일치한다.

이러한 『기신론』의 핵심사상은 일심一心·이문二門에 있다. 논에서는 "일심의 법에 의거하여 두 문이 있으니, 무엇이 두 가지인가? 첫째는 심진여문心眞如門이고, 둘째는 심생멸문心生滅門이다. 이 두 가지 문이 모두 각각 일체의 법을 총괄하고 있다. 이 뜻이 무엇인가? 이 두 문이 서로 여의지 않기(不相離) 때문이다."[259]라고 말하고 있다. 또

---

[258] 한자경, 『대승기신론 강해』 (불광출판사, 2016), pp.20~21.
[259] 『大乘起信論』卷1 (T32, p.576a). "依一心法 有二種門. 云何爲二. 一者 心眞如門. 二者心生滅門. 是二種門皆各總攝一切法. 此義云何 以是二門不相離故."

심진여문에 대해 "일법계一法界의 대총상大總相이며 법문의 체이다. 이른바 심성心性은 불생불멸이다. 일체제법은 오직 망념妄念에 의거하여 차별이 있는 것이다. 만약 망념을 여의면 일체경계의 모습은 없다. 그러므로 일체법은 본래부터 언설言說의 상相을 여의고 명자名字의 상을 여의고 심연心緣의 상을 여읜 것이다."[260]라고 말한다.

『기신론』에서 심진여문의 입장에 본다면 진여 자체를 나타내지만, 생멸인연상의 입장에서 본다면 체상용으로 나타낼 수 있다. 체대體大는 일체법의 진여로서 평등하여 증감이 없으며, 상대相大는 여래장에 한량없는 성공덕을 갖추어져 있기 때문이고, 용대用大는 일체의 세간과 출세간의 착한 인과를 잘 내기 때문이라고 하였다.[261] 앞에 언급한 체대는 일체법의 진여로서 범부와 부처에 이르기까지 평등함을 말함으로써 누구나가 다 갖추고 있음을 뜻한다. 그러므로 선사가 말하는 관법에는 누구나가 『기신론』의 생멸인연상에 나타나는 체상용의 삼대를 활용할 수 있다는 것이다.

그리고 심생멸문에 대해서는 "여래장에 의거하기 때문에 생멸심이 있는 것이다. 이른바 불생불멸과 생멸이 화합하여 하나이지도 않고 다르지도 않으니, 이것을 아뢰야식이라 이름한다. 이 식에는 두 가지

---

260 위와 같음. "心眞如者 卽是一法界大總相法門體. 所謂心性不生不滅 一切諸法唯依妄念而有差別. 若離妄念則無一切境界之相. 是故一切法從本已來 離言說相 離名字相離心緣相."

261 『大乘起信論』卷1 (T32, p. 575c) "是心生滅因緣相, 能示摩訶衍自體相用故. 所言義者, 則有三種. 云何爲三? 一者、體大, 謂一切法眞如平等不增減故. 二者、相大, 謂如來藏具足無量性功德故. 三者、用大, 能生一切世間、出世間善因果故."

의미가 있어 일체법을 포섭할 수 있고 일체법을 생성할 수도 있다. 무엇이 그 두 가지인가? 첫째는 각覺의 의미이고, 둘째는 불각不覺의 의미이다."[262]라고 말한다.

여기에서 진여문은 일체 생멸의 경계를 언설상과 명자상과 심연상을 여읜 공空으로 포괄하고서 그 바탕이 되는 불생불멸의 진여를 말한다. 그런데 생멸문에 있어서는 불생불멸의 심心 자체가 어떻게 인연 화합하여 현실의 생멸상을 형상해 내는지를 설명한다. 여기에서 생멸심을 아뢰야식이라 하고 있는데, 그것은 진여의 불성을 간직하고 있다는 의미이다. 따라서 생멸문은 진여문과 밀접하게 연관되어 있으며, 불생불멸과 생멸을 동시에 나타나게 된다. 그래서 각과 불각이 공존한다고 말하는 것이다.[263]

선사가 제시한 관법에는 이러한 진여문과 생멸문의 두 문을 동시에 제시하고 있다. 이에 대하여 선사는 "현상계에서 보면 뚜렷하게 둘이면서도 근본 자리에서 보면 둘이 아니다. 근본으로는 둘이 아니면서도 색으로는 둘이다. 그러므로 '산은 산이요, 물은 물이다'라고 하는 것이다."[264]라고 밝히고 있다. 선사는 제자들을 지도할 때 어떤 때는 진여문의 입장에서 설하는가 하면, 어떤 때는 생멸문의 입장에서 설하기도 하고, 또 어떤 때는 진여문과 생멸문을 동시에 같이 설하기도 하였다.

---

262 위의 책, p.576b. "心生滅者 依如來藏故有生滅心. 所謂不生不滅與生滅和合非一非異 名爲阿梨耶識. 此識有二種義 能攝一切法生一切法. 云何爲二. 一者覺義. 二者不覺義."
263 한자경(2016), 앞의 책, p.33.
264 『한마음요전』, 앞의 책, p.393.

예를 들어 '믿음'의 관법에서 "오직 자기 자신이 본래로 성불되어져 있음을 기쁜 마음으로 믿어라. 자기 자신은 본래 아무런 부족함이 없는 존재이다."[265]라고 진여문의 입장에서 설한다. 그런가 하면 "먼저 우리는 우리 속에 부처를 이룰 수 있는 힘, 불성이 있음을 믿어야 한다."[266]라고 하여 부처를 이룰 수 있는 가능성과 불성의 내재를 강조하는 여래장 사상, 즉 생멸문의 입장에서 설한다. 그리고 "그대로 견성성불이지 어찌 따로 있는 것이겠는가. 그러나 마음으로 가로 긋고 세로 긋고, 그어놓고 또 달리고 있으니 …… 불법이란 본래로 여여하고 당당한 것이니, 곧 마음으로 지은 감옥을 마음으로 허물어 가는 것이 불법공부이다."[267]라고 하여 진여문과 생멸문의 입장을 동시에 취하기도 한다.

2) 조사선의 본래성불 관법

선사는 우리가 본래부터 부처로 태어났는데 먼지가 끼어 그럴 뿐[268]이라고 하였고, "나의 불성이나 석가모니 부처님의 불성이나 역대 조사님들의 불성이나 불성은 똑같다."[269]라고 설하였다. 이처럼 선사는 수행자들에게 우리들 자신이 본래 부처라는 것과 제불조사들과 다르지 않음을 강조하였다. 이러한 선사의 사상은 대승불교의 본래성불사상과

---

265 위의 책, p.505.
266 위의 책, p.499.
267 위의 책, p.566.
268 『허공을 걷는 길: 법형제법회』 2권, 앞의 책, p.688.
269 『한마음요전』, 앞의 책, p.341.

일치하고 있는데, 『화엄경』에는 "마음과 부처, 그리고 중생 이 셋은 차별이 없다."라고 하고 있다.[270] 그리고 『열반경』에서 모든 중생이 불성과 32상 80종호가 갖추어져 있다고 하였다. 또한 조사어록에서 달마의 심신深信, 마조의 즉심시불卽心是佛, 묵조의 수증일여修證一如나 현성공안現成公案 등은 우리가 곧 부처임을 강조하는 것이다. 박문기(종호)는 묵조의 좌선은 석존이 깨달은 이후 자수용법락自受容法樂을 느끼면서 행했던 좌선과 같은 의미라고 하면서, 앉아 있는 그대로가 깨달음의 작용이라고 하였다.[271] 이처럼 선사의 관법의 원리는 대승경론과 조사선의 본래성불사상에 그 근거를 두고 있음을 알 수 있다.

이렇게 선사의 관법은 이러한 본래성불사상에 근거를 두고 있는데, 그 한 예를 들어보자.

여러분이 부처인 것이요, 그대로 부처 자리에 한자리 한 것이요, 그대로 부처님 법을 용用하는 것이요, 그대로 한마음으로 돌아가는 것입니다. 그대로 견성성불이지 따로 있는 것이라고 생각하십니까? 이렇게 마음을 두고서 항상 가로 그어놓고 세로 그어놓고 자꾸 걸리는 거예요. 가로 그어놓으면 세로 그어놓는 대로 빠져나가고 또 일어나질 못해서 애를 쓰고, 여러분은 참 답답합니다. 깨닫고 안 깨닫고 모든 걸 놓고 가세요.[272]

---

270 『大方廣佛華嚴經』卷10, 「夜摩天宮菩薩說偈品 16」 (T9, p.465c). "心佛及衆生 是三無差別."

271 박문기(종호), 「선수행법의 비교고찰」, 『불교연구』 25권, 한국불교학회, 1999), pp. 286~287.

선사는 우리가 본래 깨달아져 있는 존재이므로 그대로 일상생활을 전개해 나가라고 한다. 예를 들면 배고프면 밥 먹고 졸리면 자고 하는 등의 일상생활이 그대로 부처의 삶이라고 한다. 심지어 우리들에게 일어나는 탐·진·치도 부처의 성품과 다른 곳에서 나오는 것이 아니라 다만 성품에 미혹함이 있기 때문이라고 하였다.

이러한 본래성불에 입각하여 선사상을 크게 중흥시킨 인물은 혜능이다. 선사의 관법에 나타나는 큰 특징은 본래성불에 기초하고 있으며, 본래 부처인 한마음 주인공을 '믿음'에서 출발한다. 이는 선사의 관법의 중요한 원리가 조사선, 특히 혜능의 선사상과 상통하고 있음을 말한다. 혜능의 선사상은 즉심즉불卽心卽佛, 본래성불本來成佛, 돈오견성頓悟見性, 정혜불이定慧不二, 일행삼매一行三昧 등으로 표현되고 있는데, 이러한 혜능의 선사상에 대하여 선사는 분명하게 꿰뚫고 있었다. 이는 다음과 같은 제자와의 문답에서 알 수 있다.

한 수행승이 뵙고 여쭙기를 "육조 문하에서 법을 구하던 지통이라는 선사가 읊은 게송 가운데 '수행을 일으킴은 모두가 망동이요, 머물러 지킨다 해도 참이 아니라' 했는데, 어떤 경지를 이르오니까?" 하였다. 선사께서 그 수행승을 "이리 가까이 오라." 하시더니 그 수행승의 손바닥을 한 번 내리치셨다. 그가 합장하고 물러갔다.[273]

혜능은 중국 선종사에 있어서 가장 중요한 인물로 특히 한국불교의

---

272 『허공을 걷는 길: 정기법회』 1권, 앞의 책, 1999, p.427.
273 『한마음요전』, 앞의 책, p.318.

'조계종' 이름이 혜능에게서 유래한다. 『육조단경』에서 혜능은 기존의 삼신불三身佛에 대해 완전히 자성에 삼신이 있다고 강조하고 있다. 삼신에 대해 혜능은 다음과 같이 설하고 있다.

> 이 삼신불은 자성에서 생겨나는 것인데, 무엇을 청정법신불이라 하는가? 선지식이여, 세상 사람들의 성품은 본래 스스로 청정한 것으로서 만법은 자성이 있는 것이다. …… 자성은 언제나 청정하여 해와 달처럼 늘 밝은 것인데, 단지 구름이 덮고 있어 위는 밝지만 아래는 어두워 그 밝은 일월성신을 볼 수 없는 것이다. …… 자성 가운데에서 만법이 드러나니 모든 법은 자성이 있는 것이다. 이름하여 청정법신이라 하는 것이다. 스스로에 귀의한다는 것은 착하지 않은 마음과 착하지 않은 행위를 제거하는 것으로서, 이를 일러 귀의라고 하는 것이다.[274]

중국 선종에 있어 혜능에 이르러 조사선을 확립하여 마음(心), 자성 自性 등을 강조하면서 모든 것이 마음, 즉 자성에서 비롯된다고 역설하고 있다. 여기서 말하는 '자성'은 '불성'의 다른 표현으로 사람의 마음 밖에 따로 존재하는 것이 아니라 중생 각자의 마음속에 존재하는 심체心體라 할 수 있다. 혜능이 이처럼 본래 청정한 심체를 '자심自心'

---

[274] 『敦煌本壇經』卷1 (T48, p.339a~b), "三身佛從自性上生 何名淸淨法身佛 善知識 世人性本自淨 萬法在自性 …… 自性常淸淨 日月常明 只爲雲覆蓋 上明下暗 不能下見日月星辰 …… 於自性中 萬法皆現 一切法在自性 名爲淸淨法身 自歸依者 除不善心與不善行 是名歸依."

혹은 '자성'이라 하여 인간의 존엄성을 극대화시켰다. 혜능은 법신불 또한 각자의 마음속에 내재되어 있기에 밖에서 구하지 말 것을 강조하고 있다. 화신불과 보신불에 대해서 다음과 같이 설하고 있다.

무엇을 천백억화신불이라고 하는가? 생각하고 헤아리지 않으면 자성이 바로 공적하지만, 생각하고 헤아리면 바로 스스로가 변화한다. 악한 법을 생각하면 변화하여 지옥이 되고, 착한 법을 생각하면 변화하여 천당이 된다. …… 순간의 선이 지혜를 바로 생겨나게 하니, 이것을 일러 자성의 화신이라 하는 것이다. ……
무엇을 원만보신불이라고 하는가? 한 등불이 능히 천년의 어둠을 없애고, 한 지혜가 능히 만년의 어리석음을 없애는 것이니, 지나간 일에 매달리지 말 것이며 언제나 뒷일을 생각하라, 언제나 뒤에도 선만을 생각하면 이것을 일러 보신이라 하는 것이다.[275]

혜능은 가만히 있으면 공적하여 법신이지만 한생각을 어떻게 내느냐에 따라 천당이 되기도 하고 지옥이 되기도 한다고 하였다. 그리고 한 지혜가 만년의 어리석음을 없앤다고 하는데, 그 지혜는 외부의 보신불이 주는 것이 아니라 자신의 지혜로운 한생각이 그렇게 할 수 있다는 것이다. 이와 같이 혜능은 화신이나 보신이 외부로부터

---

275 위의 책, (T48, p.339b). "何名爲千百億化身佛 不思量 性卽空寂 思量 卽是自化 思量惡法 化爲地獄 思量善法 化爲天堂 …… 一念善 知惠卽生 此名自性化身佛 …… 何名爲圓滿報身佛 一燈能除千年闇 一智能滅萬年愚 莫思向前 常思於後 常後念善 名爲報身."

작용하기보다는 자신의 내면에 갖추어져 있다고 하면서 이것을 쓰고 못쓰고는 자기 자신에 달려있다고 강조하고 있다. 마지막으로 "법신을 따라 헤아리는 것이 화신이고, 생각마다 선한 것이 보신이며, 스스로 깨닫고 스스로 닦는 것을 일러 '귀의'라고 한다."[276]라고 설하였다.

선사의 관법 가운데 특히 '믿음'은 이러한 조사선의 본래성불에 입각해 있음을 알 수 있다.

3) 화엄의 삼성 관법

다음으로 경론에 나타난 삼성관三聖觀과 선사의 삼성관과 비교해본다. 먼저 선사는 관법의 원리를 삼성관에 비유해 부처·문수·보현으로 나누어 설하였다.

> 이 법당에는 왜 부처님 한 분만 모셔 놓느냐 하는 분들도 있겠죠. 대개 절에 가면 삼불을 모셔 놓거든요. 문수, 보현, 부처님, 이렇게 삼불을 모셔 놓습니다. 또 이렇게 말씀들을 하십니다. 문수는 부처님의 왼팔, 또 보현은 바른팔이라고 말입니다. 그거를 그렇게 말씀하실 때에 벽을 치면 봇장이 울리듯이 우리가 알아채야 됩니다. 아무 생각 없이 있을 때는 부처고, 한생각을 냈을 때는 문수고, 한 몸이 움죽거렸을 때는 보현이구나 하는 걸 말입니다. …… 그렇게 우리가 마음을 낼 때는, 가만히 있든 통틀어 일심으로써 한 부처가 됐든 벌써 마음을 냈으니까, 그 한 부처는 마음 낸 대로 하나로 몰아줍니다. 하나로 몰아줘요. 부처님이 따로 있는 게 아니라 부처

---

276 위와 같음. "從法身思量 卽是化身 念念善 卽是報身 自悟自修 卽名歸依也."

님의 마음이, 마음을 냈으니까 법으로 따라준단 말입니다. 그러니까 문수와 부처가 둘이 아니라 가만히 있을 때는 문수가 그냥 부처로 하나가 돼버리고, 또 생각을 냈을 때는 부처님이 문수와 하나가 됩니다. 그래서 그것을 법이라고 합니다. 법이 마음을 내는 거라면, 마음을 냈으면 반드시 몸이 움죽거리게 돼 있습니다. 그러니 보현이라고 합니다.[277]

인용문에서 선사는 부처·문수·보현의 삼성이 우리의 마음에 갖추어져 있다고 설한다. 다시 말해 일심에서 삼성三聖이 나타나는 것이다. 이러한 원리는 앞에서 살펴본 바와 같이 선사는 삼신(三身: 부처·법신·화신)과 삼성을 따로 구별하지 않고 똑같이 한마음주인공에 갖추어져 있다고 설한다.[278]

선사가 설하는 삼성관은 화엄계통에서 그 전거를 찾아볼 수 있다. 『화엄경』의 구성은 비로자나불, 문수, 그리고 보현의 삼성의 구조로 되어 있다. 비로자나는 청정한 진리인 법신에, 문수는 지혜를 비유하고, 보현은 자비실천에 중점을 두고 있다. 80권 『화엄경』의 경우, 보현은 제1·7·8·9회에서 선재동자에게 자비실천을 설하고 있고, 문수는 제2회와 제9회에서 수행인에게 필요한 지혜와 믿음에 대해 설하고 있다.[279]

---

277 『허공을 걷는 길: 국내지원법회』 3권, 앞의 책, p.1421.
278 『허공을 걷는 길: 국내지원법회』 1권, 앞의 책, p.486.
279 김진현(현석), 「三聖圓融에 대한 硏究」(『불교학연구』 37호, 불교학연구회, 2013), pp.314~315.

제3장 대행선사 관법의 정의와 원리 **163**

이후 화엄계통에서 삼성에 대한 언급은 이통현(635~730 혹은 646~740) 장자가 "문수는 법신의 묘한 지혜이고, 보현은 만행의 위덕인데, 체와 용이 자재한 것을 부처라 이른다."[280]라고 하였다. 그리고 청량징관(淸涼澄觀, 737~838)의 『삼성원융관문』에서는 다음과 같이 설한다.

문수는 깨닫는 대지大智를 나타냄이니, 본래로 섬기는 바의 부처를 일러 부동지不動智라 부르기 때문이다. …… 문수사리의 지혜의 대해大海로부터 태어났기 때문에 문수를 본 후에 바야흐로 보현을 보나니, 그것을 드러내는 지혜가 있어야 바야흐로 이理를 깨닫기 때문이다.[281]

위 문장에서 징관은 삼성의 관계를 부처와 문수, 그리고 보현으로 나타냈다. 징관은 원융문圓融門에 대해 부처 안에 문수의 지혜와 보현의 자비행이 융합되어 있고, 문수의 지혜에는 부처의 부동지와 보현의 자비행이 융합되었다고 하였다. 그리고 보현의 자비행에는 부처의 부동지와 문수의 지혜가 원융하다고 하였다.

이러한 삼성의 관계에 대해, 조선후기 연담(蓮潭, 1720~1799) 선사는 징관의 삼성원융관에 동의하지만 몸과 지혜로 나눈 것에 대해서는

---

[280] 『新華嚴經論』 卷4 (T36, p.745a). "文殊爲法身妙慧. 普賢爲萬行威德故. 體用自在名之爲佛."

[281] 『三聖圓融觀門』 卷1 (T45, p.671b). "文殊表能證大智 本所事佛名不動智故 從文殊師利智慧大海所出生 故 見後文殊 方見普賢 顯其有智 方證理故."

반대의 입장을 보였다. 연담은 『화엄경청량소초삼현유망기華嚴經淸凉疏鈔三賢遺忘記』에서 "혹 몸이 주체가 되고 지혜는 대상이 된다거나, 혹은 지혜가 주체가 되고 몸이 대상이 된다고 하니 모두 그른 것이다. 법계에 두루한 것은 사事이든 이理이든 다 비로자나불의 몸이 아닌 것이 없기에 그 비추어지는 대상을 합해 또한 몸이라고 한다."[282]라고 하였다. 이와 같이 연담은 모든 법계를 비로자나의 한 몸으로 귀결시키고 삼성이 원융을 초월하여 동체임을 강조하였다. 또한 연담에게는 인식 주체와 객체를 따로 나누지 않고 '천지만물은 원래 한 뿌리요, 유정 무정을 모두 동일체'로 보는 일심화회사상一心和會思想을 볼 수 있다.[283]

이상과 같이 볼 때 선사가 말하는 삼성관은 화엄계통의 삼성관과 그 맥을 같이하고 있으며 특히 이통현, 징관, 그리고 연담의 삼성관과 유사한 입장을 보이고 있다. 징관, 연담, 그리고 선사의 삼성을 표로 나타내면 다음과 같다.

---

[282] 蓮潭, 『華嚴經淸凉疏鈔三賢遺忘記』, (동국역경원, 2006), p.48. "或云身能智所 或云智能身所皆非也. 以遍法界 若事若理 無非盧體故 合其所照 亦爲身也."
[283] 김진현(현석, 2013), 앞의 글, pp.321~329.

▶ 삼성三聖의 원리

『삼성원융관문』의 三聖觀	부처	비로자나불·보현·문수의 원만함을 證함	三聖이 圓融
	문수	법신의 묘한 지혜(반야지)	
	보현	문수의 지혜	
『華嚴經淸凉䟽鈔 三賢遺忘記』의 三聖觀		문수·보현을 비롯한 일체만물이 비로자나의 한 몸임(一心和會思想)	三聖이 同體
선사의 三聖觀	부처	생각나기 이전 이치적인 진리	三聖이 자성에 구족
	문수	한생각의 지혜 부처의 생각	
	보현	지혜의 작용	

지금까지 우리들 각자에 부처·문수·보현의 능력이 갖추어져 있는데 이러한 원리를 한마음주인공, 한생각의 지혜, 나툼의 활용으로 설명하였다. 선사는 누구에게나 이러한 능력이 구족되었으므로 일상생활에서 활용하라고 강조한다.

다음 장에서는 이러한 삼관의 능력을 갖추기 위한 수행법인 믿음, 놓음, 지켜봄에 대해서 살펴보고자 한다.

제4장 대행선사의 관법수행

앞 장에서 대행선사 관법의 원리에 대해서 살펴보았다. 이 장에서는 선사의 실천론의 핵심인 관법수행의 구체적인 내용에 대해서 알아보고자 한다. 불교의 궁극적인 목적은 깨침과 자비에 있다고 할 수 있다. 따라서 깨침에 이르는 수행법의 중요성을 강조하지 않을 수 없다.

여기서 '관법'이라 하면 초기불교에서 말하는 '관', 즉 위빠사나에 한정된 말이 아니다. 앞서 살펴보았던 것처럼 선사가 말하는 관법은 천태나 화엄의 선사상 전통에서 말하는 지관止觀, 정혜定慧처럼 깨달음에 이르게 하는 실천방법과 보살행을 내포한다. 따라서 여기에서는 광의의 관법을 말한다.

선사는 "원래 참나인 주인공의 성품은 영원히 밝고 청정하여 걸림이 없음에도 다만 중생심, 번뇌심, 삼독심 등의 망념으로 말미암아 가리어져 있으니, 마치 맑고 밝은 하늘이 구름에 덮인 것과 같다."[284]라고

---
[284] 『한마음요전』, 앞의 책, 375.

말한다. 즉 본래는 부처이지만 현실적인 인간들은 망념에 가리어져 있기 때문에 수행의 필요성이 있게 되는 것이다. 망념에 가리어져 있는 사람들에게 한마음주인공을 회복하도록 한 것이 관법이다.

선사의 관법은 본래성불의 입장에서 행해지는 것이다. 이미 부처이기 때문에 어찌 생각하면 특별한 닦음이 필요하지 않다고 할 수 있다. 상·상근기의 경우는 언하言下에 깨달아 돈오돈수頓悟頓修하기도 하지만, 일반적인 사람들은 닦음이 필요하지 않을 수 없다. 그러나 이러한 닦음은 차제에 의한 점차적인 닦음이 아니라 한마음주인공에 맡기는 공부이다. 그러나 수행은 깨닫지 못한 사람이 깨달아가는 과정에서 일어나기 때문에 점차적인 차제의 과정이 있다고 해석할 수도 있다. 이러한 선사의 관법수행에서는 '믿음', '놓음', 그리고 '지켜보기(관)'의 세 가지 수행법을 제시하고 있다.

제1절 믿음의 관법수행

1. 믿음의 의미와 대상

『화엄경』에서는 "믿음은 도道의 으뜸이요, 공덕의 어머니라서 일체의 모든 선근을 길러내어, 온갖 의혹의 그물을 끊어 애욕에서 벗어나, 열반의 무상도를 열어 보인다."[285]라고 말한다. 또 『진심직설』에서는 교종과 달리 선종 조사의 바른 믿음은 "일체 행위를 통한 인과를 믿지

---

285 『大方廣佛華嚴經』「賢首品」第十二 (T10, 72b). "信爲道元功德母 長養一切諸善法 斷除疑網出愛流 開示涅槃無上道."

않고 다만 자기가 본래 부처라는 것만을 굳게 믿을 뿐이다. 천진한 자성이 사람마다 갖추어져 있고, 열반의 오묘한 본체가 각자에게 원만히 이루어져 있으므로 다른 데서 구하려고 할 필요가 없고 원래 자기에게 스스로 갖추어져 있음을 믿는 것이다."[286]라고 말한다. 이처럼 '믿음'이란 교종과 선종을 막론하고 수행의 첫 출발점이자 마지막이라 할 수 있다.

그런데 이러한 '믿음'은 경전에 따라 꼭 같은 의미로 사용되는 것은 아니다. 때론 '부처가 될 가능성으로서 불성이 있다'는 것을 믿으라 하기도 하고, '이미 있는 그대로가 본래 부처'라는 것을 믿으라고도 한다. 부처와 불성 또한 가능태로서 말할 때가 있고 완성태로 말할 때도 있다. 인因의 관점에서 부처와 불성을 말하기도 하고, 과果의 관점에서 부처와 불성을 말하기도 한다. 또 '불성'이라 말할 때에도 선과 악이 혼재되어 있는 그대로를 불성이라 하기도 하고, 순선純善한 것만을 불성이라 하기도 한다. 따라서 이러한 점들을 주의 깊게 살피지 않으면 왜 믿음을 강조하고, 그 믿음의 성격이 어떠하며, 또 믿음과 수행과의 상관관계는 어떠한지를 알기가 어렵다.

선사는 "먼저 우리는 우리 속에 부처를 이룰 수 있는 힘, 불성이 있음을 믿어야 한다. 그런 다음에 정원사가 꽃나무를 가꾸듯이 불성을 살려내야 한다."[287]라고 말한다. 여기에서 '부처를 이룰 수 있는 힘'이란 표현에서 선사가 부처와 불성을 가능태로 보고 있다고 이해할 수도

---

[286] 『眞心直說』, 眞心正信章 (T48, p.999b). "不信一切有爲因果 只要信自己本來是佛 天眞自性 人人具足 涅槃妙體 箇箇圓成 不假他求 從來自備."
[287] 『한마음요전』, 앞의 책, p.499.

있다. 그러나 선사가 말하고 있는 강조점은 '불성이 있음'에 있다. 여기에서 '불성'은 곧 앞에서 말한 한마음이요, 주인공이다. 우선 수행에 임하는 자는 '불성'·'한마음'·'주인공'이 자기의 몸과 마음속에 있음을 믿어야 한다는 것이다. 그래야 그 불성을 살려낼 수 있다는 의미이다.

선사가 말하는 믿음의 의미는 본래성불에 입각한 믿음으로서 앞의 『진심직설』에서 말하고 있는 조사의 믿음과 같다. 이는 "내가 본래 부처이기에 사실 수행이라는 것은 없다. 강한 믿음이면 그뿐이다. 내가 본래 부처라고 아는 믿음이 확고하면 그것이 전부이다."[288]라고 하는 데에서 분명히 나타난다.

본래성불을 굳게 믿으면 부처와 내가 둘이 아니게 된다. 부처와 나를 둘이 아니게 보는 선사는 경전에 대하여 새로운 해석을 시도하고 있는데, 예를 들어 『천수경』의 '개경게'를 다음과 같이 풀이하고 있다.

일체 모든 부처님의 마음은 내 한마음에 깊고 깊어
한 찰나에 부처님의 마음이요
한 찰나를 몰라서 끊임없는 억겁에 끄달리네

일체 모든 부처님의 마음이 내 마음이요
듣고 보고 행하는 그 모든 것 부처님 법 아님 없어
내 한마음이 바로 부처님의 법이며 생활일세[289]

---

[288] 위의 책, p.501.
[289] 『뜻으로 푼 천수경』(『한마음요전』, 앞의 책), p.880.

위의 인용문의 '일체 모든 부처님의 마음은 내 한마음'이란 말에서 알 수 있듯이 부처님은 밖에 대상화되어 따로 존재하는 것이 아니라, 내 마음 안에 존재한다. 그래서 모든 부처님의 마음과 나의 마음이 하나로 연결되어 항상 작용하고 있다. 또한 '내 한마음이 바로 부처님의 법이며 생활일세.'라는 말에서 알 수 있듯이, 부처님의 경전은 바로 내 한마음이 나투는 일상으로 전환되어진 것이다. 이러한 경지는 혜능이 『법보단경』에서 "마음이 미혹하면 법화경에 굴림을 당하고, 마음을 깨달으면 법화경을 굴린다."[290]는 말을 떠올리게 한다.

그렇다면 선사는 왜 관법수행의 첫 번째를 '믿음'에서 시작하는 것일까? 그 이유는 동아시아 불교에 큰 영향을 끼친 『대승기신론』의 제목에서 찾아볼 수 있을 것 같다. 책 제목은 바로 '대승에 대한 믿음을 일으키는 논서'이다. 여기에서 '믿음(信)'의 의미에 대하여 원효는 다음과 같이 말하고 있다.

'믿음(信)'이란 결정코 그러하다고 여기는 말이니, 이치가 실제로 있음을 믿으며, 닦아서 얻을 수 있음을 믿으며, 닦아서 얻을 때에 무궁한 덕이 있음을 믿는 것을 말하는 것이다. 이 중에서 '이치가 실제로 있음을 믿는다'는 것은 체대體大를 얻는 것이니, 일체의 법이 그 실체를 얻을 수 없음을 믿기 때문에 그 평등법계가 실제로 있음을 믿는 것이다. '닦아서 얻을 수 있음을 믿는다'는 것은 상대相大를 믿는 것이니, 본성의 공덕을 갖추어 중생을 훈습薰習하기 때문에, 곧 서로 훈습하면 반드시 마음의 근원에 돌아감을 믿는

---

290 德異 撰, 『六祖大師法寶壇經』(T48, p.355c). "心迷法華轉 心悟轉法華."

것이다. '무궁한 공덕의 작용이 있음을 믿는다'는 것은 용대用大를 믿는 것이니, 하지 않는 바가 없기 때문이다. 만일 사람이 이 세 가지 믿음을 잘 일으킨다면 불법에 들어가서 모든 공덕을 내고, 모든 마경魔境에서 벗어나 무상도無上道에 이를 수 있을 것이다.²⁹¹

여기에서 원효는 믿음을 체·상·용 삼대三大에 배대하여 '이치가 실제로 있음을 믿으며, 닦아서 얻을 수 있음을 믿으며, 닦아서 얻을 때에 무궁한 덕이 있음을 믿는 것'이라고 믿음의 의미와 그 믿는 이유를 해석한다. 선사는 '믿음'을 통하여 본래 자기와 하나가 되어 자기의 참모습을 회복할 수 있기 때문에 절대적인 믿음이 필요하다고 말한다. 그래서 "자기가 자기를 믿지 못하면 이 도리를 체험할 수 없다. 자기가 어떻게 말을 하고 어떻게 한 발을 떼어 놓을 수 있는지를 모른다면 실험조차 해보지 못할 것이니 도리를 알 수 없게 된다."²⁹²라고 말한다. 또 "참나에 대한 믿음, 전체를 포괄하는 대공大空의 진리에 융합된 하나의 주처에 대한 믿음, 그것이 있어야 내가 태어나기 이전의 나와 현재의 나가 통하게 된다."²⁹³라고 말한다.

'믿음'이 관觀의 수행으로 성립되기 위해서는 믿는 주체와 믿는

---

291 元曉,『大乘起信論疏』上卷 (H1, 699c). "信以決定謂爾之辭 所謂信理實有 信修可得 信修得時有無窮德. 此中信實有者 是信體大 信一切法不可得故 卽信實有平等法界. 信可得者 是信相大 具性功德熏衆生故 卽信相熏必得歸原. 信有無窮功德用者 是信用大 無所不爲故. 若人能起此三信者 能入佛法 生諸功德 出諸魔境 至無上道."
292 『한마음요전』, 앞의 책, p.506.
293 위의 책, p.507.

대상이 있어야 한다. 그러나 주체와 대상이 있게 되면 주객主客이 있게 되어 이분법에 떨어지게 된다. 주와 객이 존재하는 믿음은 본래성불의 입장이 아닌 수행을 통하여 깨달아야 할 대상을 상정하고 있는 것이 된다. 따라서 본래성불의 입장에서는 닦아야 할 수행은 존재할 수가 없고, 존재해서도 안 되는 것이다. 그래서 마조는 도불용수道不用修를 주장했고, 임제는 무사인無事人이라 했던 것이다. 만약 선사의 관법수행에서 믿음의 대상을 설정하였다면 본래성불의 입장과는 동떨어지게 되는 것이다.

그런데 선사는 믿음에 대해 자성, 즉 자기의 본래면목을 믿어야 하며 밖에 있는 어떠한 구세주도 내 마음 안에 있는 구세주만 못하다고 설하였다.[294] 그런데 만약 '자성', '본래면목', '주인공' 등 무어라 하든 그것이 실제로 존재하는 어떠한 '실체'라 한다면 이는 '믿는 주체'와 '믿는 대상'이 있게 되어 상대의 세계에 떨어지게 된다. 그런데 선사는 비록 믿음의 대상을 설정하긴 하였으나, 그것은 실체가 공한 것이며 임시적인 방편으로 세워 놓은 것이라고 한다. 이는 '주인공'을 통한 관법수행에 대하여 말하고 있는 다음의 대목을 통하여 확인할 수 있다.

지금 말 그대로 우리는 주인이자 공입니다. 그렇죠? 내가 있으니까 주인이자 공이에요, 공! 이건 개별적인 나 하나가 아니라 포괄적인 하납니다. 전체가 흐름에 의해서 지금 운행이 되고 있죠. 그런 걸 거둬 잡은 겁니다. '주인공!' 하면, '주인공!' 하는 그 말 자체도

---

294 위와 같음.

바로 방편으로 세워 놓은 거죠. 거긴 주인공이라는 것도 붙을 자리가 못되죠. 허나 주인공이라는 그 방편의 말을 해놓고서 모든 것이 그 지금 끌고 댕기는 집도, 마음도 모두가 그게 아니라면 지금 우리가 끌고 댕기지도 못하거든요.[295]

위에서 볼 수 있듯이 한마음이란 우리의 '주인'이지만 그것은 실체가 아니라 '공空'한 것이다. 그래서 '주인공主人空'이라 이름 붙여 놓은 것이다. 그런데 중요한 것은 그것이 '방편' 혹은 '도구'로써 임시로 세워 놓은 것(假立)이란 사실이다. 이는 마치 강을 건널 때 뗏목이 필요한 것처럼, 혹은 고기를 잡기 위해 투망이 필요한 것처럼 공부하는 초심자들에게 '주인공'이란 방편을 세워 관觀을 하도록 한 것이다.

2. 믿음의 기준

선사는 수행자들에게 관법수행을 함에 있어 무엇보다 믿음을 강조하였다. 일반적으로 수행자들은 진실하게 믿으면서 수행한다고는 하지만, 경계에 부딪힐 때 자신의 생각과는 달리 문제해결이 뜻대로 되지 않는 경우가 생기게 된다. 이것은 믿음의 부족으로 인한 것에서 찾을 수 있다. 이에 대해 선사는 믿음에 대해 다음과 같이 설한다.

그러기 때문에 그러한 문제들을 가지고 무조건 자기 끌고 댕기는 자기, 수억 광년으로부터, 미생물서부터 끌고 진화시킨 그 주인을

---
[295] 〈담선〉(23), 앞의 녹취록, 1984. 2. 17.

어째서 믿지 않고 그러느냐 이거야. 진짜로 믿고, 진짜로 이걸 깨우치지 못했어도, 진짜로 믿고 거기에 놓고 생각하면은, 하면은 되는 거야. 그러나 진짜로 믿질 못하고, '어, 한마음 주인공에다 놓고 하래니깐 뭐 그렇게 해보자.' 이렇게 하는 거는 아니야. '아니올시다.' 그러니까 진실하고 이건 아주 굳건히 자기를 믿는 데서 한 달, 한 달이래도 굳건히 했으면 자기를 발견할 수 있는 그런 문제가 생겨.[296]

여기에서 선사는 수없는 과거부터 함께해온 주인인 근본 마음을 절대적으로 믿을 것을 강조하면서 진짜로 믿게 되면 자기를 발견하게 되는, 곧 견성을 쉽게 할 수 있다고 하였다. 이와 관련하여 믿음이 곧 깨달음이라고 언급하는 경론을 살펴보면, 『십법경』에 "믿음은 최상의 수레가 되어 바른 깨달음을 이룬다. 그러므로 믿음 등의 일을 지혜로운 사람은 공경하고 친근히 한다."[297]라고 하였다. 그리고 『대승밀엄경』에는 "믿음은 곧 부처님의 몸이니 해탈을 반드시 얻게 한다."[298]라고 하였다.

이처럼 기존 경전에서나 선사는 믿음이 중요하다고 하지만, 진정한 믿음으로 들어가는 것은 결코 쉬운 일이 아니다. 일반적으로 사람들은 믿는다 하여도 그것은 사량적인 믿음일 뿐 진실한 믿음이 되지 못한다.

---

296 〈청년〉(537), 앞의 녹취록, 1991. 11. 10.
297 『佛說大乘十法經』卷1 (T11, p.764b). "信爲最上乘 以是成正覺 是故信等事 智者敬親近."
298 『大乘密嚴經』卷2 「阿賴耶建立品 6」(T16, p.737c). "信爲佛體必當解脫."

'한마음주인공'이라고 임시적으로 세워 놓은 말에 현혹되어 이러한 것이 한마음이다, 저러한 것이 주인공이다 하면서 한마음과 주인공을 실체화하고 대상화하게 되는 것이다. 그러한 것은 진실한 믿음이라 할 수 없다.

필자의 예를 들면 출가한 지 2~3년 지나서 선사와 '수행'에 대해 개인적으로 점검을 받았던 일이 있었다. 그때 선사는 법문하던 중간에 필자에게 '믿어야 한다.'고 강조하였다. 필자는 이 말을 듣는 순간 분명히 근본 참나인 주인공에 대해 철저히 믿는다고 생각하였는데, 선사가 보기엔 그렇지 않는 것으로 이해되었다. 그래서 선사에게 필자의 심정을 이야기한 후 필자의 어떤 점이 믿음에 대해 잘못되었는지 질문하였다. 그러자 선사는 '일체가 주인공 자리에서 움직이고 보고 듣고 하고 있는 것을 믿어야 된다.'고 설하였다. 선사의 대답은 여느 때처럼 평범한 법문으로 들렸고 필자는 마음속으로 그렇게 하고 있다고 생각하면서 더 이상 묻지 않았다. 하지만 세월이 흘러 다시 생각해보니 필자가 100% 믿는다고 확신하였던 것은 진실한 믿음이라기보다는 사량적인 믿음이었던 것이다. 바꾸어 말해서 필자가 진실한 믿음을 가졌다면 어떠한 경계에도 여여如如했어야 했는데, 그렇지 못하고 사량분별과 집착으로 끄달린 삶을 살아온 것이 사실이다. 이와 같은 경우는 필자뿐만이 아니라 일반수행자의 경우도 마찬가지일 것이다.

선사는 항상 모든 이에게 자비롭게 대해주지만, 어떠한 경우에는 냉정하게 대하면서 스스로 믿고 수행할 것을 권하는 경우가 있다. 예를 들면 몸이 많이 불편한 어느 신도가 상당한 고통 속에서도 주인공을 관하지만 잘 안 된다고 하자, 선사는 단호하게 '왜 믿지를 못하느냐?' 고 설하면서 이렇게 냉정하지 않는다면 한 치도 걸음을 떼어놓지 못한다고 설하였다.[299] 이처럼 많은 수행자들이 관법을 수행하면서 경계에 부딪히면 믿고 관하지만, 왜 해결이 안 되는지 의아해하기도 하고 중간에 포기하는 경우도 있다. 하지만 그러기에 앞서 본인이 제대로 주인공에 대해 제대로 믿고 있는지 점검해볼 필요가 있다. 그렇다면 선사가 말하는 믿음의 기준은 무엇인가? 선사는 진정한 믿음에 대해 다음과 같이 설한다.

진정한 믿음이란 나와 부처가 둘이 아니요, 나의 근본과 우주의 근본이 다르지 않아 한마음임을 철석같이 받아들이는 것, 바로 그것입니다. 그렇다면 무엇이 철석같은 것이냐. 앉으나 서나 자나 깨나 그런 믿음에서 떠나지 않는 것, 그야말로 사무치게 믿는 것입니다. 그렇게 사무치게 믿으면 생활이 그대로 참선이 되고 내가 살아서 움직이는 게 바로 화두가 되는 것입니다. 믿음을 공덕의 어머니요, 깨달음에 이르는 길이라고 하는 까닭도 거기에 있습니다.[300]

여기에서 선사가 설하는 진정한 믿음의 조건은 '나와 부처, 나의 근본과 우주의 근본이 하나'임을 진실히 믿는 것이라고 하였다. 비유하자면 나무의 가지와 줄기가 뿌리와 연결되어 있다는 것이 당연한 것처럼, 우리의 마음이 부처의 마음과 우주와 함께 연결되어 있는

---

299 『허공을 걷는 길: 정기법회』 4권, 앞의 책, pp.333~334.
300 현대불교신문사, 『생활 속의 불법수행』, 여시아문, 1998, p.44.

것은 당연하다고 볼 수 있다. 이처럼 절대적인 믿음이란 곧 근본을 통해 나와 부처 혹은 우주와 하나가 되는 이치라고 볼 수 있다.

불교의 수행은 수증修證이라고 한다. 즉 닦음과 증득(깨달음)이 불교수행의 핵심이기 때문이다. 그런데 수修와 증證의 문제에 있어서 수와 증 사이에 차제가 있는 것인가, 아니면 수와 증이 동시에 일어나는가 하는 문제는 본각과 시각, 돈오와 점수 등의 불교학파 내에 많은 논쟁을 유발시켰다. 이러한 측면에서 선사가 말하는 수행은 기본적으로 본각과 돈오에 입각해 있다. 그래서 차제적인 수행법을 구체적으로 제시한 것이 아니라 '믿음'을 강조하는 것이다.

화엄에서는 수행에 대하여 차제가 있는 항포문行布門과 차제가 없는 성기문性起門을 동시에 시설하고 있다. 화엄에서 믿음이 충만하게 되면 초주初住가 되는데 이 초주가 바로 초발심인 것이다. 그런데 『약찬게』와 『법성게』에 "처음 발심한 때가 바로 정각을 이룬다."[301]라고 하였다. 여기서 정각正覺(Pāli. sammā-sambodhi, saṃbodhi ; Skt. abhisaṃbodhi)이라는 것은 수행계위의 마지막 계위인 묘각妙覺(Skt. subuddhi, buddhâgrya, buddha, ā-√budh)을 말한다. 또 「현수품」에서는 "믿음이 충만하게 되면 여래의 경지에 이르게 하고, 해탈도를 보여주며, 수승한 지혜를 얻게 한다."라고 하였다.[302] 이러한 십신十信이 충만하게 되면 초발심주初發心住 즉 초주初住가 되는데,「십주품」에서 초발심주를 이룬 보살은 부처님의 32상과 80종호 등을 보고 여래의 광대한 불법을 듣는 한편, 중생들의 고통을 보면서 온갖 보리심을 내어 온갖

---

301 『義相法師法性偈』 卷1 (B32, p.823a). "初發心時便正覺."
302 『大方廣佛華嚴經』 卷14,「賢首品 12」 (T10, p.72b~c).

지혜를 구한다고 하였다.³⁰³ 이는 모두 성기문의 입장에서 설명하는 방식이다. 그리고 『기신론』에 신성취발심信成就發心을 하게 되면 진여眞如를 바로 기억하며 즐거운 마음으로 선행을 하고 대자비심을 일으킨다고 하였다.³⁰⁴ 그리고 달마의 『이입사행론』의 이입理入에서 말하는 심신深信 또한 이러한 입장이라 할 수 있다. 이러한 내용들은 모두 '한마음을 철석같이 믿어야 한다.'는 선사의 입장과 동일한 것이다.

선사는 진심으로 믿는 사람이 드물다면서, 자식이 죽는다 하여도 여여한 사람은 아주 드물다고 하였다.³⁰⁵ 이러한 비유를 든 이유는, 우리에게 가장 소중한 것이 무엇이냐고 한다면 아마도 나와 내가 소중히 여기는 가족의 생명이라고 해야 할 것이다. 선사는 죽음이 앞에 닥쳐와도 두려움 없이 여여하다면 사는 도리가 있다고 한다.³⁰⁶ 이런 점에서 볼 때 우리가 일상생활에서 몸이 아프고 아무리 언짢은 일이 있다고 하더라도 마음이 산란함이 없어야 한다. 이러한 작고 사소한 것부터 실천될 때 자신의 죽음 등 큰 문제에도 여여하게 될 것이다. 선사도 생사에 관한 일까지도 근본의 뜻이라고 믿는다면 사소한 일은 맡기지 못할 이유가 없다고 하였다.³⁰⁷

---

303 『大方廣佛華嚴經』卷8,「菩薩十住品 11」(T09, p.445a).
304 『大乘起信論』卷1, (T32, p.580c).
305 『한마음요전』, 앞의 책, p.512.
306 『허공을 걷는 길: 정기법회』 2권, 앞의 책, pp.186~187.
307 '죽이든지 살리든지 만들어 놓은 당신께서 알아서 해결하시오!' 하고 일체를 턱 맡기는 게 믿음이다. 나고 죽는 것까지도 다 나를 있게 한 근본의 뜻이라는 믿음이 있다면 생활 중의 사소한 일 따위야 맡기지 못할 게 없다. (『한마음요전』, 앞의 책, p.512)

이상에서 살펴본 바와 같이 선사의 관법에서 말하는 '믿음'이란 어떠한 믿음의 대상을 설정하고 상대적으로 믿는 것이 아닌 자신의 본래면목, 주인공에 대한 절대적인 믿음이다. 내가 무엇을 믿는 것이 아니라, 절대적인 믿음을 통하여 본래의 참나가 활동할 수 있게 하는 그런 '믿음'이다. 따라서 이는 『기신론』의 본각이나 화엄의 성기적 입장, 그리고 조사선의 돈오에 입각한 믿음이라 할 수 있다.

3. 못 믿는 이유

선사는 수행자들에게 무엇보다 자신을 이끄는 근본 참나, 주인공을 믿고 '주인공만이 모든 것을 해결할 수 있다.'고 관하라고 당부하였다. 그러나 우리는 실제로 문제에 봉착했을 때 주인공에 믿는다고는 하지만 제대로 못 믿는다. 선사는 이렇게 자기 근본인 주인공을 믿지 못하는 이유를 다음과 같이 설한다.

> 사람은 믿음, 믿음이 제일입니다. 이것이, 모르면 믿기라도 해야지, 믿고 들어가면 차차차차 그게 물리가 틔어져서 알게 되는데 말입니다. 그래 '모든 것을 부숴버려라.' 이러는 거는, 모든 것을 부숴버리기 이전에 내 생명, 내 이 육신 자체를 만약에 생명이라고 생각한다면, 이거를 다 버렸다면 다른 것도 다 놔버릴 겁니다. 그런데 이놈의 거 이게 이 착著을 두고, 이 몸뚱이에 착이 있기 때문에 그 하는 것마다 착이 있는 거 아닙니까? 그리고 또 하는 것마다 착이 아니라, 모든 자식들도 하나하나 착이 있는 거예요. 아, 살다가 자식도

살다가 그만큼 살다가 죽으면 죽고 살면 사는 거고, 나도 그렇고 다 그런 거예요. 그거 뭐 그렇게……? 아니 억겁천년서부터 자식이 었습니까, 부모였습니까? 한 개의 그저 도반들이에요, 도반들. 그리고 그저 또 한동네 마을의 벗들이고요. 자식도 역시 마찬가지에요.[308]

선사는 수행자들이 믿지 못하는 이유는 무엇보다 집착 때문이라고 하였다. 자신의 육신에 대한 집착 때문에 믿고 놓지를 못한다는 것이다. 앞에서 언급했듯이 여래의 지혜는 중생들의 몸 안에 갖추어져 있지만 중생들이 착각하여 그것을 알지도, 보지도, 그리고 믿지도 못한다고 하였다. 이는 번뇌로 인한 전도망상이 되었기 때문이다. 예를 들면 '병이나 죽음 같은 힘든 경계를 만나도 주인공 근본 자리에서 나온 것이기 때문에 근본 자리에서 해결할 수 있게끔 고통의 느낌 등 일체를 놓아버려야 한다.'는 것을 이론적으로는 이해할 수 있다. 그리고 『반야심경』에서 언급하듯 '이 육신이 불생불멸하다.'는 것도 이해할 수 있다. 하지만 육체적 정신적 고통이 지속되게 되면 아픔이라는 고통과 죽음이라는 공포가 밀려와 몰록 놓아버리지 못하고 살려고 하는 마음이 든다. 경허의 일화에도 보면, 경허는 한때 강원의 강주로서 이론적으로는 모든 것을 이해하고 있었지만, 전염병 마을에 도달했을 때 죽음에 대한 공포로 살기 위해 급하게 그 마을을 빠져나왔다고 하였다. 이러한 경우는 모두가 자신의 몸에 대한 애착과 자기가 있다고 하는 집착 때문이다. 그리고 인연에 대한 애착으로 가족, 특히 자식에 대한 애착은

---

[308] 〈담선〉(75), 앞의 녹취록, 1984. 3. 30.

정말 내려놓기가 힘든 것이다. 하지만 자식을 비롯한 모든 인연들도 잠시 만난 인연이라 생각하며 놓는다면 집착이 없어질 것이다.

선사는 믿지 못하는 다른 하나의 이유가 이제까지 살아오면서 의심하는 마음 등의 습관 때문에 믿지 못한다고 설한다.[309] 다시 말해 자신들이 여태까지 살아왔던 고정관념 등이 고착화되어 어려운 경계를 만났을 때 자기 자신을 믿고 놓지 못한다는 것이다. 예를 들어서 남이 나에게 아무런 이유 없이 욕을 하게 되면 자신도 모르게 같이 화를 내고 보복을 하려는 고정관념이 있게 된다. 하지만 이것을 한번 돌이켜 '아, 전자의 내가 모자랐던 때의 모습이구나.'라고 여긴다면 마음이 오히려 측은해지고 자비심이 나게 되는 것이다. 이처럼 과거에 행하던 습관들을 단호하게 내려놓고 모든 것을 지혜롭게 생각하면 생활 속에서 참된 수행을 할 수 있다.

『대승기신론』에는 많은 사람들 중 진여를 믿고 못 믿는 이유에 대해 묻고 있다. 그리고 이에 대해 답하기를, 진여 그 자체는 평등하지만 마음 본성에 대한 미혹, 즉 무명에는 천차만별이 있다고 하였다. 그러므로 무명이 엷은 이는 진여에 대한 믿음이 있고, 두터운 이에게는 믿음이 없다고 설한다.[310] 이 논에서 언급된 '아견애염번뇌我見愛染煩惱'는 견혹見惑과 사혹思惑으로, 이들 역시 무명에 의해 차별을 일으킨다

---

309 〈대담〉(143), 앞의 녹취록, 1985. 3. 31.
310 『大乘起信論』卷1 (T32, p.578b~c). "問曰 若如是義者 一切衆生悉有眞如 等皆熏習 云何有信無信 無量前後差別 皆應一時自知有眞如法 勤修方便等入涅槃 答曰 眞如本一 而有無量無邊無明 從本已來自性差別厚薄不同故過恒沙等上煩惱依無明起差別 我見愛染煩惱依無明起差別 如是一切煩惱 依於無明所起 前後無量差別 唯如來能知故."

는 뜻이다. 진여는 하나이지만 무명의 염혹染惑이 차별되고 후박厚薄도 같지 않으므로 신해행증信解行證도 같지 않다는 것이다.[311] 중생들 모두가 진여불성을 갖추고 있지만 무명으로 인해 견혹과 사혹을 일으키는데, 그 번뇌의 두터움과 엷음의 차이로 인해 차별이 일어난다고 하는 것이다. 『화엄론절요서』에도 "범부가 십신十信에 따라 들어가기 어려운 것은 모두 자기 스스로가 범부임을 인정하고, 제 마음이 부동한 부처임을 인정하지 않기 때문이다."[312]라고 하면서 자신이 본래 부처임을 자각하라고 강조하고 있다. 이런 점에서 볼 때 우리가 진여에 대한 바른 믿음을 일으키기 위해서는 우리의 마음이 부처의 마음과 다르지 않음을 믿는 것이 중요하다.

우리의 본래면목을 믿고 실천하기 위해서는 우리가 갖고 있는 습과 집착 등에서 벗어나야 한다. 일상생활에서 어떠한 경계가 닥친다 하더라도 아상我相을 비롯한 사상四相에 대한 집착과 관습을 몰록 주인공에 놓아 근본 진여의 자리로 돌아가야 하는 것이다.

4. 믿음의 공덕

선사는 자신의 참나인 주인공을 절대적으로 믿으라고 강조하면서, 믿음에 대한 공덕을 다음과 같이 설한다.

---

311 김월운, 『大乘起信論 講話』(佛泉, 1993), pp.150~151.
312 知訥, 『華嚴論節要序』(H4, p.768a). "從凡入十信難者 摠自認是凡夫 不肯認自心是不動之佛故."

주인공을 진실하게 믿고 그 자리에 일임하게 되면 왜 모든 일이 잘 풀리는가? 그것은 근본 자리에서부터 보이지 않는 힘이 우러나와서 유위의 법을 어루만져 주기 때문이다. 주인공은 때에 따라서 다보여래가 되기도 하고, 지장보살이 되기도 하며, 관세음보살·문수보살·보현보살이 되기도 한다. 또 신장이 되기도 한다. 주인공은 무엇이든 아니 되는 게 없으니, 주인공 자리는 본래 공한 것이지만 그러한 묘법이 있다. 그러므로 일체를 주인공에 맡기고 놓는다면 주변이 화락해질 것이다.[313]

이와 같이 주인공을 진실하게 믿었을 때의 작용은, 삼신의 원리에 대해서 설명한 것처럼, 근본 자리에서 상대에 맞게 응신·화신으로 작용을 하게 되는 것이다. 그래서 선사는 어려운 경계가 닥친다 하더라도 일단은 주인공을 믿는 것이 중요하며, 그렇게 근본 주인공을 믿고 놓아간다면 주변일이 잘 풀리게 된다고 하였다. 이러한 맥락에서 선사는 주인공을 믿었을 때 인체에 어떠한 영향이 가는지 설명한다. 주인공을 믿고 마음을 내게 되면 대뇌를 거쳐 사대로 통신됨과 동시에 정수에 입력이 된다고 한다. 그리고 우리가 마음을 입력한 대로 과거의 업은 없어지고 새로 입력한 것이 현실화된다고 설하였다.[314] 그리고 주인공을 믿으면 정신계와 물질계가 둘 아니게 함께 돌아간다고 설하였다.[315]

---

313 『한마음요전』, 앞의 책, p.531.
314 〈특법B〉(834), 한마음선원 자료실, 워싱턴지원, 1998. 6. 5.
315 〈승단〉(628), 앞의 녹취록, 1993. 8. 15.

『화엄경』에서 '믿음이 공덕의 어머니'라고 말한 것처럼, 믿음은 수행자에게 기본적인 요소임과 동시에 여래에 이르는 요소가 되기도 한다. '공덕의 어머니'란 뜻은 믿음으로 인해 여래의 무한한 공덕을 성취할 수 있음을 뜻한다. 이러한 믿음을 항시 유지할 때 수행과정에 닥치는 장애와 경계를 극복할 수 있고 아만을 잠재우게 할 수 있는 것이다. 또한 『화엄경』에 "이 법을 듣고 기뻐하면서 믿는 마음에 의심을 내지 않는 사람, 그는 위없는 도道 속히 이루어 저 여래와 평등해진다."[316]라고 하였는데, 이는 믿음이 충만하면 바로 부처와 동등해진다는 것이다. 이행구(도업)는 『화엄경』에서 「현수보살품」, 「보살십무진장품」, 「십지품」, 「입법계품」 등을 인용하면서 '보살이 믿음으로 인해 발심하게 되며, 팔난八難에서 벗어나 해탈도를 얻을 수 있으며, 모든 공덕을 낳고 선법을 길러 무상도를 성취할 수 있으며, 그리고 묘한 법을 깨달아 여래의 땅에까지 도달할 수 있다.'고 하였다.[317]

『기신론』에서는 믿음을 성취하여 발심했을 때 법신을 보게 되고, 본래 스스로 열반에 들어 있음을 알기에 어떠한 고난에도 겁약한 마음을 내지 않는다고 하였다.[318] 여기서 언급한 발심은 신성취발심으

---

[316] 『大方廣佛華嚴經』 卷60, 「入法界品 34」 (T9, p.788a~b). "聞此法歡喜 信心無疑者 速成無上道 與諸如來等."

[317] 이행구(도업), 「화엄교학에서의 믿음(信)」(『정토학연구』 9집, 한국정토학회, 2006), p.63.

[318] 『大乘起信論』 卷1 (T32, p.581a). "菩薩發是心故 則得少分見於法身 以見法身故 隨其願力能現八種利益衆 …… 又是菩薩一發心後 遠離怯弱 畢竟不畏墮二乘地 若聞無量無邊阿僧祇劫勤苦難行乃得涅槃 亦不怯弱 以信知一切法從本已來自涅槃故."

로, 『원효소』에 의하면 십신十信의 수행에 의해 신근信根을 성취하고, 그것에 바탕을 두고 발심을 하며, 초발심주의 계위에 들어간 보살이 갖추는 수승한 공덕을 나타내는 것이다.[319] 여기서 말하는 초발심이란 십신을 다 행하고 난 후에 초주에 들어간 상태를 말한다. 이때의 경지는 정각의 경지와 같은 것이지만, 과거로부터 지어온 무량한 번뇌가 단절된 상태가 아니기에 해행발심解行發心과 증발심證發心을 통해 번뇌를 제거하는 수행이 필요한 것이다.

---

[319] 이평래, 『이평래 교수의 대승기신론 강설』 (민족사, 2014), p.475.

제2절 놓음의 관법수행

선사는 관법수행에 있어서 앞에서 언급한 것처럼 주인공에 대한 믿음과 더불어 놓는 수행이 절대적으로 필요하다고 하였다. 특히 수행과정에서 어떠한 체험이 있다고 해서 자만하지 말고 일체를 주인공 자리에 놓아야 함을 강조한다. 여기에서는 '믿음'을 바탕으로 하는 '놓음'의 의미와 전거, 그리고 놓음의 종류 등에 대해 살펴보고자 한다. 먼저 놓음의 관법수행에 있어서 믿음과 놓음은 어떠한 관계가 있는가? 선사는 진정한 믿음에서 놓을 수 있다고 다음과 같이 설한다.

> '에이, 될 대로 돼라.', '어떻게 되겠지.' 하고 놓는 게 아니다. 믿음으로써 놓는 것이다. 모든 것은 주인공의 뜻이고, 모든 것은 주인공만이 할 수 있다는 믿음으로써 놓는 것이다. '잘 되게 해주시오.'도 아니다. 그렇게 하면 벌써 둘이 된다. 오로지 거기서밖에는 해결할 수 없다는 일심으로 놓는 것이다.[320]

선사가 강조하는 '주인공만이 할 수 있다.'라는 것은 '성자신해(性自神解: 성품이 스스로 신비하게 앎)'와 '공적영지(空寂靈知: 지극히 고요한 가운데 신령스럽게 앎)'의 마음을 의인화한 것이다. 어떤 경계가 닥칠 때 주인공을 믿고 거기에 놓아야 된다는 것을 사량으로는 알고 있지만 진짜 현실로 닥치면 어떻게 해야 될지 모르는 경우가 생기게 되는데, 그 이유는 진짜 믿지 못하기 때문이다. 주인공에 대한 믿음이 형성되기

---
[320] 『한마음요전』, 앞의 책, p.539.

위해서는 먼저 이론적으로나마 주인공에 내포된 사상을 확실히 이해하고 이러한 것을 바탕으로 간절하게 믿어야 된다.

예를 들면 한 손님이 택시를 타고 A라는 목적지에 가는 길이라고 가정해보자. 손님이 기사에게 그 목적지를 아느냐 물어보니 안다고 해서 손님은 택시기사를 믿고 편안히 있다 보면 목적지에 도착할 것이다. 그러나 손님이 기사를 믿지 못한다면 목적지까지 잘 갈 수 있는지 의심하며 불안한 마음이 지속될 것이다.

이처럼 우리가 '주인공이 모든 것을 해결한다.'는 믿음을 갖지 못할 때는 놓지 못하게 된다. 따라서 선사가 말하는 놓는다 함은 '내가 하는 게 아니라 주인공에서 하는 것이니, 공空 자리에서 모든 것을 하는 것이다.'[321]라고 굳게 믿는 것을 말한다. 이처럼 놓음이란 주인공에서 일체를 하는 것이라고 굳게 믿는 것이므로 놓음이란 곧 믿음이라는 등식이 성립되며, 놓음의 관법수행에서 믿음은 놓음과 불가분의 관계이다.

1. 놓음의 의미와 대상

선사는 관법수행에 있어 먼저 참나인 주인공을 진실로 믿을 것을 강조한 후 맡겨놓으라고 하였다. 여기서는 맡겨놓음을 편의상 '놓음'이라 한다. 선사는 놓음에 대해 다음과 같이 설하였다.

---

[321] 현대불교신문사, 『생활 속의 불법수행』 (여시아문, 1998), p.27.

왜 내가 항상 여러분들한테 말씀드리느냐 하면은, '죄가 있든지 없든지 무조건 믿고 무조건 놔라.' 이랬습니다. 그것입니다, 바로! 무조건 놓게 되면은 무조건 이 사대로 통신이 되면서, 이 모든 오장육부의 의식들도 통신이 되면서, 모두 이 대뇌를 통해서 정수에 입력이 된다고 그랬죠. 입력이 되면 내가 생각하고, 생각하고 '잘됐다, 못됐다'를 없이, 잘된 것도 못된 것도 무조건 그 착이 없이, '이렇다, 저렇다' 하는 분별이 없이 '여기다 가만 놓으면 된다.'는 그런 생각으로서 그냥 놓게 되면, 앞서에 그 살아온 차원의 입력됐던 것이 다 없어집니다. 무조건하고 없어지는 거죠. 무조건 놨으니까 무조건 없어지는 겁니다.

이 마음공부라는 것이 그렇게 오밀조밀하게 이유를 따지고, 분별을 하고, 이게 옳으니 그르니 하고는 저승 세상에는 맛도 못 봅니다. 죽는 사람이, 한순간에 숨이 끊어질 텐데도 불구하고 자기 자식들을 두고 죽으면서도 그거를 이유를 붙입디까? 죽는 사람은 이유를 못 붙여요. 그렇듯이 죽은 세상에 들어가서 우리가 이 죽은 세상에 들어가서 모든 걸, 가고 옴이 없이 가고 오는 세상, 듣는 사이 없이 듣는 세상, 보는 사이 없이 보는 세상, 가고 오는 사이 없이 가고 오는 세상, 내가 자유자재로써에 '이렇게 하겠다.' 하면 이렇게 하는 것, '저렇게 하겠다' 하면 저렇게 하는 것, 이게 평등공법의 원리입니다.[322]

선사는 놓음과 관련하여 죄책감, 옳고 그름 등에 대한 집착과 분별심

---

[322] 『허공을 걷는 길: 법형제법회』 2권, 앞의 책, 2011, pp.1004~1005.

을 놓음으로써 자신이 입력했던 모든 업이 사라진다고 하였다. 그러면서 이러한 놓음이 바로 평등공법, 즉 한마음의 원리라고 설명하고 있다. 이는 승찬이 『신심명』에서 "지극한 도는 어렵지 않으니 오직 간택하는 마음을 없애라. 다만 사랑하고 미워하는 분별심만 사라지면 진리는 명백하게 드러나게 된다."[323]라고 한 말과 일치한다. 선사는 '놓음이란 본래 일체가 고정됨이 없이 놓고 흐를 뿐인데 그것을 모르기에 집착을 떼기 위하여 놓으라.'고 하였다.[324] 그리고 선사의 『뜻으로 푼 반야심경』에 보면 "모든 중생들이 고정됨이 없이 나투어 돌아간다."[325]라고 하였다. 또한 선사는 놓음이란 "거기서 나오는 거니까 거기서, 공해서 나오니까 딱! 놓고 믿으면 '아 거기서 다 하는 거로구나.' 하고 믿는다면 그냥 몰록 놓는 거야."[326]라고 하였다. 다시 말해 주인공에서 일체를 다하는 것이라고 믿는 것이 바로 놓는 것이다.

그러므로 선사는 본래부터 인간을 포함한 우주만물이 고정되게 머물러 있지 않고(無住) 흘러가고 있으므로 어디에도 집착할 것도 없고(無執着) 분별할 것도 없다(無分別)고 하였다. 하지만 중생들은 그것을 모르기에 주인공에 놓으라고 설한다.

놓음의 자리는 믿음에서와 마찬가지로 주인공 자리에 놓는 것이다. 이와 관련하여 선사는 놓는 자리에 대해 다음과 같이 설한다.

---

323 僧璨, 『信心銘』 (T48, p.376b), "至道無難 唯嫌揀擇 但莫憎愛 洞然明白."
324 『한마음요전』, 앞의 책, p.536.
325 위의 책, p.875.
326 〈담선〉, 앞의 녹취록, 1985. 1. 04.

어디다 놓느냐? 공空에다 놓는다. 공은 어떤 것이냐? 모든 생명이 같이 돌아가는 곳이 공이다. 그러면 나는 빠졌느냐? 나까지 거기 있다. 그렇다면 전체가 공이요 나조차도 공인데, 공에다 넣을 것은 어디 있고 뺄 것은 어디 있느냐? 전체가 공이라 본래로 놓아진 것이지만 도리를 모르니까 공에다 놓으라고 하는 것이다. 〈어차피 공한 도리이고 어차피 공한 내 몸이요 어차피 일체가 공해서 내가 하는 것조차 붙을 자리가 없이 공해버렸는데, 공에다 놓지 않으면 어떻게 하겠는가.〉[327]

이와 같이 이미 이 세상 전체가 찰나찰나 고정됨이 없이 화하여 흘러가는 것이기에 붙잡거나 집착할 것이 못 된다. 하지만 중생들은 순경계順境界에 집착하여 머물러 있기를 원하고, 역경계逆境界에는 벗어나려고 애쓴다. 순경계와 역경계 모두 고정됨이 없이 돌아가고 있음을 모르기 때문이다. 그러기에 그 고정됨이 없이 돌아가는 공자리에 놓으라고 한 것이다. 또한 놓는다 함은 선과 악이 나오기 이전 자리에 놓는 것이다.

선사는 또한 놓음의 대상과 관련하여 놓는 자와 받는 자가 다르지 않음을 강조하면서, 놓는 자와 놓는 대상이 따로 있다고 생각하면 주인과 노예의 관계가 된다고 경고한다.[328] 선사는 주인공을 몸체와 마음 내는 거와 불성으로 구분하는데, 이는 다시 말해 체·상·용 구조로 되어 있다는 의미이다. 그러므로 마음 내는 현재의식으로 주인공에

---

[327] 『한마음요전』, 앞의 책, p.541.
[328] 위의 책, p.557.

맡긴다 하여도 결국에는 근본 자리인 주인공에서 나오게 된 것이다.

관법수행에 있어서 많은 수행자들이 '놓아야 된다는 것을 알지만 마음대로 되지 않는다면서 어떻게 하면 제대로 놓는 것인가'에 대해 묻는다. 이에 선사는 다음과 같이 설하고 있다.

질문: 어린 자식들 데리고 남편 없이 살려니까 무척 힘이 듭니다. 스님께서 주인공에 일체를 놓으라고 하시는데, 아무리 놓아도 일이 뜻대로 되질 않습니다. 어째서일까요?
선사: 일체를 맡겨놓고 죽어도 좋다는 굳은 믿음이 있어야 합니다. 놓는다고 하면서 살려고 놓으니까 결과를 탓하게 됩니다. 그냥 죽어버리려고 주인공에다 놓으세요. 그래야만 합니다. 믿음은 공덕의 어머니라 했는데, 어린아이가 엄마를 믿듯 철석같이 믿는 마음이 되어야 합니다. 요렇게 하면 사는 길이 생기겠지 하며, 살자고 놓으니 제대로 되지 않는 것입니다. 옛말에 눈 뜨고 삼 년을 푹 쉬어라, 자거라 하였습니다.[329]

여기에서 놓음이라는 것도 결국 믿음에서 비롯되는 것이다. 주인공에서만이 해결할 수 있다고 굳게 믿고 죽음까지도 놓아버릴 때 진정 놓음이라는 것이다. 예를 들면 어떤 경계에도 놓아야 한다고 이론적으로는 알면서 막상 경계가 닥칠 때, 예를 들어 몸이 심하게 아팠을 때 일단은 주인공 자리에 놓고 난 후 대처를 해야 하는데, 몸이 낫기만을 희망하는 경우가 있다. 놓음이란 진정한 믿음과 함께 죽음까지도

---

[329] 현대불교신문사, 『생활 속의 불법수행』 (여시아문, 1998), p.37.

주인공에 일임할 때 진정한 놓음이고 쉼이다.

　선사는 신도들이 어려움을 호소하면 모든 것을 주인공에 놓으라고 한다. 그러면 신도들이 주인공에 놓아버리면 포기하여 아무것도 하지 말라는 것인가 하고 궁금해 한다. 이와 관련하여 선사는 놓는다 함은 중심을 잘 잡고 근본 자리를 잘 관하라는 것이지, 아무 생각도 하지 말라는 의미가 아니라고 설하였다.[330] 근본 자리를 관한다 함은 일체가 근본 주인공에서 벌어지는 것임을 굳게 믿어서 유위법으로는 지혜롭게 해결할 방법을 모색해 나가라는 의미이다. 다시 말해 어떤 경계가 닥쳤을 때 중심을 잡지 못하면 당황하게 되고 침착하게 대처를 하지 못한다. 하지만 이런 경우 모든 것이 주인공의 작용이라는 것을 믿고 놓아 이러한 경계도 주인공에서 비롯되었다고 관해야 한다. 그러면 마음이 안정되면서 그 경계를 해결할 수 있는 지혜가 생겨나게 되는 것이다. 그래서 선사는 놓는다 함은 "첫째, 진실히 자기 자성 주인공을 믿어야 하고, 둘째, 물러서지 않아야 하고, 셋째, 그대로 믿고 활용하며 밀고 넘어가야 한다. 가만히 있으라는 게 아니다."[331]라고 설하였다.

2. 놓음의 명징성

앞에서 언급한 선사의 놓음이 기존의 경론과 어떠한 관련이 있는지 살펴보자. 우선 경론에 나오는 놓음과 관련된 전거를 살펴보면, 『연등회요』에 부처와 범지와의 문답에서 찾아볼 수 있다.

---

330 『한마음요전』, 앞의 책, p.553.
331 위의 책, p.559.

흑치범지가 신통력으로 왼손 오른손에 오동꽃 두 그루를 들고 부처님께 바친 일로 부처님께서 선인을 부르시자, 범지가 "예." 하고 대답하였다. 부처님께서 말씀하셨다. "내려놓아라." 범지는 왼손의 꽃 한 그루를 내려놓았다. 부처님께서 또 선인에게 말씀하셨다. "내려놓아라." 범지가 오른손의 꽃 한 그루를 내려놓았다. 부처님께서 또 선인에게 말씀하셨다. "내려놓아라." 범지가 세존께 말씀드렸다. "저는 지금 양손의 꽃을 모두 이미 내려놓았는데, 뭘 더 내려놓습니까?" 부처님께서 말씀하셨다. "내 자네에게 손안의 꽃을 내려놓으라고 한 게 아니네. 자네는 지금 바깥의 육진뿐만 아니라 안쪽의 육근, 그리고 그 사이의 육식을 함께 내려놓아야 하네. 한꺼번에 내려놓아서 더 버릴 수 없는 경지에 이르러서야, 곧 자네가 삶과 죽음을 벗어나는 경지일세." 범지는 세존의 말이 떨어지자마자 무생법인을 깨쳤다.[332]

여기서 부처는 범지에게 물질적인 것을 내려놓으라는 게 아니라 마음의 집착을 내려놓으라는 것을 설하고 있다. 즉 바깥의 육경六境과 더불어 안쪽의 육근六根과 육식六識을 모두 내려놓는 것이다. 부처가 된다는 것은 우리의 인식이 무명無明에서 명명으로 전환됨을 의미한다. 이는 무명에 의하여 촉발된 근근·경境·식識의 삼사三事가 화합되어

---

[332] 『聯燈會要』卷1 (X79, p.14c). "世尊因黑齒梵志 運神力 以左右手 擎合歡梧桐花 兩株 來供養佛 佛召仙人. 志應諾. 佛云 放下著. 志放下左手花. 佛又召仙人放下著. 志又放下右手一株花. 佛又召仙人放下著. 志云 我今空手而立 更放下箇甚麼. 佛云 吾非教汝 放捨其花 汝當放捨外六塵 內六識 中六根 一時放捨 至無可捨處 是汝免生死處. 志放言下悟無生法忍."

일어나는 잘못된 인식의 고리를 끊어야 한다는 것이다. 그 끊음이란 대상을 떠난 끊음 없는 끊음이기 때문에 의식적으로 끊는 것이 아니라 그저 내려놓으면 되는 것이다. 이렇게 놓아버렸을 때 무명이 아닌 명에 의한 인식으로 전환되어지는 것이다. 이를 유식에서는 전식득지 轉識得智라 한다.

'내려놓음'은 경전과 어록에서 '방하착放下著' 혹은 '휴헐休歇' 등의 표현으로 자주 등장한다. '방하착'이란 '내려놓아라'라는 의미이고, '휴헐'이란 '쉬다'는 의미이다. 물론 쉬어야 할 대상은 분별 망념이다. 구름이 사라지면 해가 자연스럽게 드러나듯이, 망념을 내려놓기만 하면 진심은 드러나게 되어 있다. 이는 『능엄경』에 '만약 연약달다의 미치광이 성품을 스스로 쉬게 되면, 쉼에 즉卽하여 곧 보리菩提가 드러난다.'[333]라고 한 것처럼, 분별 망념만 쉬게 되면 깨달음은 드러나게 되는 것이다.

『진심직설』에서는 망념을 쉬는 열 가지 공부방법의 하나로 '휴헐'을 제시하고 있는데, "이는 공부할 때에 선도 생각하지 말고 악도 생각하지 말아서 마음이 일어나거든 곧 쉬고, 인연을 만나거든 곧 쉰다는 것이다."[334]라고 정의하고 있다. 여기에 제시된 '휴헐'의 수행법은 선사의 관법에 있어서 '놓음'과 일치한다. '방하착'은 엄양嚴陽존자와 조주와의 다음과 같은 문답에서 살펴볼 수 있다.

---

[333] 『大佛頂如來密因修證了義諸菩薩萬行首楞嚴經』 卷4 (T19, p.121b). "則汝心中 演若達多狂性自歇 歇卽菩提."
[334] 『眞心直說』, 眞心息妄章 (T48, p.1001a). "二曰 休歇. 謂做功夫時 不思善 不思惡 心起便休 遇緣便歇."

홍주 신흥에 사는 엄양존자는 휘가 선신善信인데, 처음으로 조주를 찾아와서 "한 물건(一物)도 가져온 게 없을 때 어떻게 하느냐?"라고 물었다. 조주가 답하길 "내려놓아라."라고 하였다. 엄양존자가 "이미 한 물건도 가져온 것이 없는데 무엇을 내려놓느냐?"라고 하였다. 조주가 이르길 "내려놓을 게 없으면 가지고 가라." 하였다. 엄양은 언하에 대오하였다.[335]

두 선사 간의 대화에서도 '내려놓아라'의 의미는 물질적인 내려놓음이 아니고 사량 분별하는 망념을 내려놓으라는 것으로 가르침을 주고 있다. 처음에 엄양은 혜능 이래 선가에서 본래면목을 상징하는 '일물'을 부정하면서 그 일물마저 의식하지 않으면 어떻게 수행해야 하는지를 묻고 있다. 그러나 아직도 엄양은 일물에 대체할 무엇인가를 찾고 있다. 이에 조주는 그러한 분별 사량 일체를 '내려놓으라'고 말한 것이다.

임제는 '순간순간 편안하게 구하는 마음을 쉬게 되면 부처와 조사와 다르지 않다.'[336]라고 하였다. 다시 말해 중생이 깨닫고 보니까 산천초목이 이미 성불하여져 있고 모두가 법신이고 법을 설하고 있는데, 중생들이 다만 그것을 모르고 있다는 것이다. 또 『벽암록』에 "쉬고

---

335 『敎外別傳』 卷6 (X84, p.224c). "洪州新興嚴陽尊者 諱善信 初參趙州問. 一物不將來時如何. 趙州曰 放下着. 師曰 旣是一物不將來放下箇甚麼. 趙州曰 放不下擔取去. 師於言下大悟."
336 『鎭州臨濟慧照禪師語錄』 卷1 (T47, p.497b). "爾若能歇得念念馳求心 便與祖佛不別."

또 쉬어버리니 무쇠나무(鐵樹)에도 꽃이 피는구나."[337]라고 하였다. 무쇠나무에 꽃이 핀다는 의미는 '돌장승이 아기를 낳는다.', '돌사자가 포효를 한다.' 등의 의미로 우리가 상식적으로는 생각하지 못한 것을 초월하는 의미로 실상중도에 들어간다는 의미다.

기존의 경론에서 방하착, 휴헐 등의 의미는 분별심과 집착심, 그리고 깨달으려고 하는 마음을 쉬는 것이라 볼 수 있다. 그러므로 선사가 말하는 놓음은 경전에서 말하고 있는 상대적 견해를 취하지 않는 무분별, 무집착, 무념과도 연관성이 있다고 볼 수 있다. 또한 마음을 쉰다는 것은 깨달음으로 직결되는 중요한 관점이 된다.

3. 놓음의 종류

앞에서 경전과 어록에서 쉼(놓음) 그 자체가 깨달음이고, 부처와 조사가 다르지 않다고 하였다. 선사는 놓음에 대해 다양한 방법으로 설하고 있는데, 여기서는 크게 놓음에 내용과 방법 두 가지로 나누어 살펴보고자 한다.

먼저 선사는 놓음의 내용적인 면에서 다음과 같이 설하고 있다.

첫째는 나를 발견하기 위함이고, 둘째는 모든 것을, 그 습을, 모든 습을 녹이기 위해서고, 셋째는 위로는 내 마음이 녹음으로써 발견이 되고, 발견이 되면서 위로는 조상들 전체, 일체제불과 조상들 모든 걸로 한마음이 될 수 있고, 가고 옴이 없이 서로 왕래를 할 수

---

[337] 『佛果圜悟禪師碧巖錄』 卷4 (T48, p.177c~p.78a). "休去歇去 鐵樹開花."

있고, 아래로는 모든 곤충과 더불어 어떠한 생명체하고도, 예를 들어서 저런 식물이나 뭐 이런 거 하고도 같이 내용을 왕래할 수 있고, 보이지 않는 그 지옥고를 받는 그러한 그 악의 마음을 가진 사람들하고도 통할 수 있고, 그러기 때문에 이것을 놓지 않으면 안 된다는 거.[338]

여기서 선사는 놓음의 내용을 세 단계로 나누어서 첫째는 나를 발견하기 위해, 둘째는 모든 습을 녹이고 둘 아닌 도리를 실천하기 위해, 셋째는 보살행의 실천을 통해 모든 중생들을 이익 되게 하는 데 있다고 한다. 이러한 세 가지 수증은 '바로 놓아야 한다는 것'이 바탕이 된다. 앞에서 살펴본 바와 같이 어록에서는 놓음이 바로 깨달음이며 부처이고 조사라고 하면서 돈오적인 깨달음에 대해서 언급하였다.

선사는 인용문에서처럼 깨달음인 증위를 세 단계로 나누고 있는데, 이와 관련된 수행법을 『마하지관摩訶止觀』에서 찾아볼 수 있다. 『마하지관』의 관심체계를 보면 오략십광五略十廣으로 나누어진다. 여기에서 오략을 중심으로 살펴보면, 오략이란 발대심發大心·수대행修大行·감대과感大果·열대망裂大網·귀대처歸大處로 나누어 『마하지관』의 전체 내용을 개략적으로 설명하였다. 이 중에서 발대심에서는 사홍서원을 중심으로 올바른 발보리심에 대해 설명하였고, 수대행에서는 깨달음에 이르기 위한 방법으로 사종삼매四種三昧의 수행법을 설하였다. 감대과에서는 깨달음에 대해 설하고 있는데, 천태는 이와 관련하여

---

338 〈대담〉(348), 앞의 녹취록, 1987. 9. 7.

깨달음을 '청정대과보淸淨大果報', '승묘과보勝妙果報', '습행習行', '발득發得' 등의 용어로 표현하고 있다.[339] 감대과는 대승불교 계위에서 초주위에 해당이 된다.

열대망의 과정에서는 지관을 사용하여 마음을 관찰하면 내심의 지혜가 명료해지고 일체 불법의 일심 속에서 명료해지고, 중생을 제도하는 데 있어서는 사람들이 이해할 수 있도록 설할 수 있다고 하였다.[340] 열대망이란 의미는 세간에서 미혹이 되는 그물을 찢어버리는 의미로, 수행자가 깨달음을 얻었다 할지라도 미세한 습기가 남아있는데 이러한 습기를 제거하는 것을 의미한다고 볼 수 있다. 깨닫고 난 후에 완전히 귀대처에 들어가기 전까지의 과정을 말한다.

다음으로 귀대처에서는 완전한 깨달음을 얻어 자신과 타인을 모두 법신·반야·해탈의 삼덕에 들게 하는 것이다.[341] 이 의미는 수행을 통해 완전한 깨달음을 얻게 되면 자신의 몸에 삼덕三德이 갖추어져 자유자재로 중생들이 원하는 대로 보살행을 할 수 있음을 말한다.

또한 『마하지관』의 관심체계는 본래성불사상과 원돈을 바탕으로 한 이승二乘, 통교, 별교수행의 차제次第와 원융삼관圓融三觀으로 보는 불차제적不次第的인 관심체계를 나타내고 있다.[342]

선사의 관법은 앞서 언급한 바와 같이 모든 중생들이 본래 부처임을 믿고, 거기에 맡겨 놓는 본각적이고 돈오적인 수행법이다. 그런데

---

339 『摩訶止觀』 卷2 (T46, p.20a~b).
340 위의 책, (T46, p.20b).
341 위와 같음.
342 『摩訶止觀』 卷3 (T46, p.24c~25b).

수행이란 현실적으로 깨닫지 못한 자가 깨달음에 이르는 과정에서 나오는 것이다. 이미 부처가 되어 있다면 수행의 필요성은 성립되지 않는다. 그래서 깨달은 선지식들은 위인문爲人門의 입장에서 시각과 점수를 설하지 않을 수 없는 것이다. 선사도 대부분 중생들의 근기를 보면 바로 구경성불이 되지 못한다고 주장하면서, 이에 대해 점차적인 수행법을 보조적으로 제시한다. 그리고 이치적인 면으로 볼 때 견성을 하면 바로 구경성불과 다름이 없지만, 그동안의 내재된 습기를 제거하기 위해 점차적인 수행이 필요하다고 하였다.

한편 선사는 놓음의 방법에 대해 수행자들의 상황에 따라 다양하게 설하였다. 여기서는 놓는 방법에 대해 '(나온 자리에) 되놓음', '몰록(무조건, 일체를) 놓음', '굴려(다스려) 놓음', 그리고 '양면을 놓음'으로 구분해서 살펴보고자 한다.

1) 되놓음

앞에서 놓음에 앞서 진실한 믿음이 필요하다고 하였다. 믿음과 함께 놓는 수행이 필요한데, 우선 선사는 되놓음에 대해 다음과 같이 설한다.

> 그리고 주인공이라는 이 자체가 전자의 과거에 살던 그 숙명, 즉 말하자면 컴퓨터라고 합시다. 컴퓨터에 전자에 살던 것이 자동적으로 바로 입력이 됐던 겁니다, 여러분한테 다. 그래서 지금 현실에 나옵니다. 입력이 됐던 거기 때문입니다. 그러니까 그 입력을 지우기 위해서 그 입력된 데다 다시 맡겨놓고 살아라 이겁니다. …… 그러니까 그 입력된 걸 없애려면 어떡해야 없애지겠습니까? 남들은

그것을 망상이라고 끊는다고 하지만, 그게 물끓는 거와 같은 겁니다. 끊는다고 끊어집니까? 그러니까 입력이 됐던 것이 나오는 거니까 입력을 되해라 이겁니다. 텔레비전을 켜느라고 눌렀는데 켜졌습니다. 끄려면 거기 다시 눌러야 합니다. 안 그럴까요? 모든 게 이열치열이에요. 그러니 나오는데다가, 용도에 따라서 우리 앞에 닥치는 거를 거기다 입력을 다시 해라 이겁니다. 그럼으로써 그 모든 가정에서 생기는 일들, 죽솥에서 죽 끓는 방울이 나오는 것도 잔잔해지죠. 왜냐하면 이 속이 죽솥과 같아요. 모두 그 생명, 의식, 모습 이것이 천차만별로 돼 있으면서 그때 인연 지었던 악업이나 선업이나 인연에 따라서 생긴 일들, 그것이 다 여기에 있는 걸요. 그러면 안 나와요, 그게? 나오지. 그러니까 그거를 지우려면 그렇게 하시라 이겁니다.[343]

우리의 몸에는 전생에 살았던 것이 다 주인공 자리에 입력되어 있다. 예를 들면 업보성, 유전성, 인과성, 세균성, 그리고 팔자운명 등이 조금의 오차도 없이 입력이 되었다는 것이다. 그래서 입력되었던 것이 그대로 나오니 인과가 되어 병환이나 우환 등이 발생되어 나와도 한 치도 벗어날 수 없다고 하였다. 그러나 이렇게 입력된 것을 없애기 위해서는 입력된 자리, 다시 말해 주인공에 되입력하는 것이 최선의 방법이다.

이와 관련된 내용을 경전에서 살펴보면 『화엄경』에 '일체유심조一切唯心造'[344]나 『금강경찬요간정기』에 "삼계는 오직 마음이요 만법은 오

---

[343] 『허공을 걷는 길: 국외지원법회』 2권, 앞의 책, pp.1124~1125.

직 마음이다."³⁴⁵라는 내용과 맥락을 같이한다. 이 두 구절의 공통점은 세상의 모든 것은 마음이 창조한다는 뜻이다. 바꾸어 말하면 마음이 모든 것을 없앨 수도 있다는 논리가 된다. 어떠한 일이 나로부터, 아니면 타인으로부터 벌어졌든지 그것은 모두 마음에 의해 지어진 것이다. 그러므로 이 마음에 의해 지어진 것은 마음으로 해결해야 한다는 등식이 성립되는 것이다. 또한 한생각에 삼천 가지의 헤아릴 수 없는 현상, 다시 말해 지옥에서부터 부처 세계까지 다양하게 펼쳐지는데, 한생각을 잘 하게 되면 부처의 삶이 되는 것이다.

그러므로 선사가 강조하는 것은 주인공에 의해 만들어진 모든 번뇌 망념들을 없애기 위해서는 주인공에 되입력을 통해서 없애야 한다는 주장이다. 예를 들면 텔레비전 리모컨에 켜기와 끄기가 한 버튼에 있는 것처럼, 우리의 모든 것이 주인공에 입력되어 생생하게 벌어지던 것을 소멸하기 위해서는 같은 버튼을 눌러야 꺼지듯이 우리의 인과업보나 팔자운명을 없애기 위해서는 주인공 자리에 되입력을 해야 한다. 선사는 또한 카세트테이프를 비유하면서 테이프에 녹음되었던 것을 새로 녹음하기 위해서는 기존에 입력되었던 테이프에 재녹음을 하면 된다고 하였다.³⁴⁶ 선사는 되입력에 대해 설하기를, 자신에게 병이나 인과응보도 자기가 지어 놓은 것이니까 자기가 풀어야 하므로 "주인공에서 나온 것이니 주인공이 고쳐라. 주인공 당신만이 할 수 있다." 하고 되입력하라고 한다.³⁴⁷

---

344 『大方廣佛華嚴經』卷19, 「夜摩宮中偈讚品 20」 (T10, p.102b). "一切唯心造."
345 『金剛經纂要刊定記』卷1 (T33, p.173a). "則知三界唯心萬法唯識."
346 〈담선〉(179), 앞의 녹취록, 1986. 1. 9.

우리의 일상생활 과정에는 많은 시련과 고통을 겪게 된다. 선사는 이러한 고통이나 경계가 외부가 아닌 바로 자신에서부터 벌어졌기에, 해결하는 것도 바로 자신이라고 하면서 일체를 자신의 주인공에게 되입력하라고 강조한다.

2) 몰록 놓음

다음은 몰록(무조건, 일체를) 놓음에 대해 선사는 다음과 같이 설하였다.

> '죽이든지 살리든지 만들어 놓은 당신께서 알아서 해결하시오!' 하고 일체를 턱 맡기는 게 믿음이다. 나고 죽는 것까지도 다 나를 있게 한 근본의 뜻이라는 믿음이 있다면 생활 중의 사소한 일 따위야 맡기지 못할 게 없다.[348]
>
> 몰록 놓는 게 어떤 것이냐 하면, 예를 들어 그까짓 것 죽으면 죽고 살게 되면 살지, 그래 한 번 죽지 두 번 죽겠느냐 하고 배짱 두둑하게 믿으라는 것입니다.[349]

위와 같이 일체를 몰록 놓으라는 방편을 제시하는 이유는 일부 신도들이 병고나 우환 등으로 인해 막다른 길에 처했을 때 복잡한 방법 없이 곧바로 일체를 주인공에 몰록 놓아버리게 하기 위한 것이다.

---

347 『한마음요전』, 앞의 책, 2016, p.544.
348 위의 책, p.512.
349 현대불교신문사, 『생활 속의 불법수행』, 앞의 책, p.56.

다시 말해 막바지 상황에서는 정말 끄나풀에도 의지하고 싶은 마음일 때 일체를 주인공에 조건 없이 놓아버리게 이끄는 것이다. 선사는 놓는 데에 조건을 달지 말고 놓아야 하며 가난, 병고, 일의 성사여부에 상관없이 닥치는 대로 주인공만이 잘 인도할 수 있다는 믿음으로 놓으라고 한다. 이러한 놓음이 다겁생의 업보를 소멸하는 것이며 깨닫게 되는 것이라고 설한다.[350]

　이와 같이 수행하는 과정에 있어서는 모든 것을 조건 없이 주인공에 놓아버리는 실천이 필요하다. 왜냐하면 아무리 사소한 것이라도 습관적으로 놓다 보면 아무리 어려운 문제도 조건 없이 무심으로 놓을 수 있기 때문이다. 또한 선사는 무조건 놓는 것을 용광로에 비유하면서 용광로는 모든 것을 녹여버릴 수 있다는 믿음을 가지고 조건 없이 쓸어 놓아버리라고 말한다. 그리고 용도대로 나오는 것을 지켜보는 것이 관이라고 말하면서, 조건을 붙이면 거기에는 삼독심이 붙는다고 설명한다.[351]

　일반적으로 용광로를 떠올리면 거기에는 붉게 이글거리는 것이 생각이 나며 무엇이든 심지어 무쇠까지도 다 녹여버릴 수 있다는 믿음이 생긴다. 이처럼 우리가 주인공에 놓을 때는 어떠한 문제든, 심지어 생사까지도 해결할 수 있다는 강한 믿음을 가지고 조건 없이 놓아버릴 때가 진정한 놓음이라 할 수 있다. 그렇게 될 때 우리의 무명이 없어지고 자유자재한 생활을 할 수 있다.

---

350 『한마음요전』, 앞의 책, pp.542~543.
351 현대불교신문사, 『생활 속의 불법수행』, 앞의 책, pp.69~70.

3) 굴려 놓음

다음으로 굴려 놓음 내지는 넓게 성찰하면서 다스려 놓음에 대해 살펴보고자 한다. 굴려(다스려) 놓음에 대해 선사는 다음과 같이 설한다.

'거기서 나오는 거니까 한 바퀴 굴려서 해라.' 하는 건, 그 선장한테다 다 맡겨서 잘 굴러가고 잘 되는 건 항상 감사하게 생각하고 항상, 안 되는 거는 불화가 일어나거나, 안에서 일어나든 바깥에서 오든 그냥 거기서 모든 거는 거기다 또 맡겨서 바꿔서 쓰란 말이야. 예를 들어서 의식으로 나쁜 생각이 들걸랑, 꿈을 꾸고도 '이게 나쁘다, 이거 이럭하면 안 되는데' 하는 생각이 들거나 …… '그렇게 안 되게 하는 것도 너 아니야.' 하고 놓으면서 그냥 굴려. 그러니까 바퀴에다가 넣으면 그냥 삼천년 전으로 돌거나 삼천년 후로 미래로 돌거나 이렇게 돌아버리니까, 자기가 그 업을 지은 거는 그냥 상상도 못하게 없어져.[352]

우리의 삶 가운데 때로는 힘든 경계와 그로 인한 좌절감과 포기를 생각하게 되는데, 이러한 경계에 대해 선사는 비록 부정적인 느낌이 든다 하여도 잘 굴려서 놓으라고 한다. 예를 들어서 꿈에 나쁜 징조가 나온다면 그것에 대해 걱정만 할 것이 아니라 '너만이 그렇지 않게 할 수 있어!'라고 하면 진짜로 안 좋은 일이 발생할 것도 미리 막을 수 있다는 것이다. 특히 이러한 지혜로운 마음으로 한생각을 잘 돌이키

---

[352] 〈승단〉(663), 앞의 녹취록, 1994. 6. 19.

면 시공을 초월하여 모든 업을 녹일 수 있다고 설한다.

선사는 또한 굴려(다스려) 놓음에 대해 일상생활 가운데 안팎으로 혹은 육근으로 들어오는 경계에 대해 그대로 반응하지 말고, 안으로 굴려놓으면서 밖으로 활용하라고 하고 있다. 그렇지 않으면 바깥으로 집착하기 십상이라고 설한다.[353] 일상생활의 예를 들면 갑자기 누군가 몸이 불편해 병원에 가서 진찰을 했는데 암이라는 판정을 받았다고 가정하자. 일반적으로는 그러한 판단을 받게 되면 십중팔구 초조와 불안한 생각이 들고 삶의 의욕을 잃게 되며, 심지어 삶을 포기하기까지 한다. 그러나 이럴 때 습관적으로 반응하지 말고 침착하게 내면으로 다스려가면서 주인공에 굴려 놓아 작용해 나간다면 전자보다 지혜롭게 대처할 수 있다.

『능가사자기楞伽師資記』 보원행에서 "현생에 어떠한 죄를 안 지었다 할지라도 고통을 받고 있다면, 전생에 지은 과보가 지금에 나오는 것이니 인내하면서 누구도 원망하지 말라."고 하였다.[354] 만일 누가 욕을 이유 없이 할 때 습관적으로 아무 생각 없이 나오는 대로 판단하거나 말하지 말고, 모든 것을 내 탓으로 여기며 안으로 한 번 굴려서 내놓으라고 한다. 상대가 언짢게 해서 그대로 악의적인 말을 해버릴 게 아니라 '주인공 저 모습도 나의 몰랐던 때의 모습이구나, 그렇지 않게 너만이 할 수 있어!' 하고 굴려 놓으라는 것이다. 그렇게 되면

---

[353] 『허공을 걷는 길: 정기법회』 2권, 앞의 책, pp.530~531.
[354] 『楞伽師資記』 卷1 (T85, p.1285a), "云何報怨行 …… 今雖無犯 是我宿殃 惡業果熟 非天非人 所能見與 甘心忍受 都無怨訴. 經云 逢苦不憂 何以故 識達本故 此心生時 與理相應 體怨進道. 是故 說言報怨行."

벌써 자비의 마음이 우러나고 부드러운 말과 행이 이어지게 된다. 이렇게 주인공을 믿으면서 안 좋은 일도 잘 되게 마음 내서 굴려 나가는 것도 보살행이라고 볼 수 있다.

선사는 구정물이 들어오면 '새 물로 나오는 것도 너 아니야'[355] 하고 내 마음에서 정수역할을 하라고 표현한다. 굴려(다스려) 놓음을 할 경우는 주로 화나는 마음을 화나지 않게 하며, 구정물을 새 물로, 악한 마음을 선한 마음 등으로 전환하여 놓는 방법이다. 또한 선사는 좋은 경계는 감사하게 놓고, 나쁜 경계는 좋게 생각해서 굴려 놓으면 좋은 생각으로 변화한다고 설명하고 있다. 다시 말해 순경계에 대해서는 감사하게 놓을 때 집착에서 벗어나게 되며, 역경계에 대해서는 그것을 좋게 바꿔서 놓으면 결과가 좋게 나온다는 것이다.

이렇듯이 굴려(다스려) 놓음은 일체를 무조건 놓기보다는 나오는 경계에 지혜롭게 다스리면서 대처하는 것이다.

4) 양면을 놓음

다음으로 양면을 놓음에 대한 것인데, 여기서는 좋고 싫음, 옳고 그름 등 이분법적인 생각을 모두 놓아버림을 말한다. 선사는 양면을 놓는 것에 대해 아래와 같이 설한다.

> 내가 이렇게 말하는 걸 딴 스님네들이 듣거나 또 어떤 분들이 들으면은 어폐가 있다고 하겠지만, 최상승에 이르려면 그렇게 하세

---

355 〈승단〉(670), 앞의 녹취록, 1994. 8. 19.

요. 모든 것을, 잘못하고 잘하고 하는 양면을 다 놔라. 본래 이 진리가 양면을 놓고 가는 거다 이런 겁니다. 본래 양면을 놓고 가고, 본래 고정된 게 없이 찰나찰나 나투면서, 잠깐잠깐 나투면서, 보는 것도 나툼이요, 듣는 것도 나툼이요, 모두가 찰나찰나 나툼이고 찰나찰나 함이 없이 하는 거다 이겁니다. 좀 마음을 넓혀서 한번……. 죽는다 산다, 겁쟁이가 되지 마시구요.³⁵⁶

이처럼 수행을 하다 보면 상식적으로 도저히 용납이 안 되는 상황을 접할 때도 있다. 이러한 상황에서 잘잘못을 따지는 시비에 휘말리지 말고 일체가 공空함을 자각함과 동시에 양면을 놔버리는 것이 중요하다. 이러한 가르침은 사실 일반인에게는 납득하기 어려울 것이다. 예를 들면 차를 운전해 가는데 누가 잘못하여 자신의 차를 들이받았을 때, 잘잘못을 따지지 말고 놓는다는 것은 이해가 안 될 것이다. 하지만 여기서 중요한 것은 냉철하게 양면을 놓은 다음에 지혜롭게 해결해 나가라는 메시지가 포함되어 있다. 일단 이 마음공부에 들어선다면 되는 것 안 되는 것, 옳은 것 그른 것 등 양면을 모두 다 주인공 자리에 놓아버리면서 물러서지 않는 패기가 중요한 것이다. 이는 좋고 나쁨 혹은 이분법적인 생각에서 벗어나 경계에 집착하지 않는 마음이 중요하다는 것을 가리킨다. 『마하지관』에서도 십승관법十乘觀法의 대경에 십경十境³⁵⁷이 있다. 이 중에서 일음계입一陰界入, 이번뇌二

---

356 『허공을 걷는 길: 법형제법회』 2권, 앞의 책, p.1108.
357 『摩訶止觀』 卷5 (T46, p.49a~b). "開止觀爲十 一陰界入 二煩惱 三病患 四業相 五魔事 六禪定 七諸見 八增上慢 九二乘 十菩薩."

煩惱, 삼병환三病患, 사업상四業相, 오마사五魔事는 주로 역경계에 관련된 것이고, 육선정六禪定, 칠제견七諸見, 팔증상만八增上慢, 구이승九二乘, 십보살十菩薩은 순경계에 대한 관법인 것이다. 『마하지관』에서는 이러한 10경, 다시 말해 역경계든 순경계든 부사의不思議한 경계로 관하게 되면 깨달을 수 있다는 것이다. 선사는 공부과정에서 옳고 그름을 시비하지 말라고 다음과 같이 설한다.

즉 말하자면 천상인간에도 머무르지 말라고 그랬거늘 선善으로 나간다 악惡으로 나간다, 이건 잘못된 거고 저건 잘된 거다 하는 것을 배운다면 여러분은 이 공부 못합니다. 누구든지 이것은 옳은 일이고 이것은 그른 일이다 이렇게 배우신다면 이 공부는 영 못합니다. 자유권을 얻지 못해요. 그래서 그른 것으로만 끝이 나는 것도 아니고, 또는 잘되는 걸로만 끝이 나는 것도 아니라, 잘되는 걸 취하다 보면은 어딘가가 잘못되는 수가 있고, 잘못되는 걸로 취하다 보면 잘되는 수도 있어. 양면을 다 놔야만이, 양 개체를 다 놔야만이 참나를 발견한다는 얘기죠.[358]

이처럼 공부하는 과정에서 옳고 그름을 따지게 되면 진정한 공한 자리를 터득하지 못한다는 것이다. 다시 말해 옳고 그름에 집착하는 마음이 없이 양면을 놓고 가다보면 이러한 것들이 고정됨이 없다는 것을 체득하게 된다는 것이다. 좋아하고 싫어하는 분별심을 내지 않는다면 참다운 도를 증득하게 되는데, 반대로 조금이라도 분별심에

---

[358] 『허공을 걷는 길: 정기법회』 2권, 앞의 책, pp.92~93.

집착하면 하늘과 땅처럼 도道와는 거리가 멀어진다고 경계하고 있다. 일반적으로 선악과 시비 등에 집착하고 마음이 움직이면 안 된다는 것을 알면서도 경계에 부딪히면 집착하고 옳다 그르다 하는 망념에 사로잡힌다. 그러므로 이러한 것에서 자유로워지려면 그러한 경계를 알아차리면서 양면을 내려놓는 것이 최선의 방법이 되는 것이다. 선사는 선악에 대해서도 선이다 악이다 구분하기 전에 양면을 둘이 아니게 놓아버리라고 한다.[359] 여기서는 선악을 불이不二의 입장으로 봐야 함을 설하고 있다.

　이와 관련하여 『열반경』에서는 공덕천녀와 흑암녀에 대해 언급하고 있는데 이는 행과 불행, 좋고 나쁨 등은 동전의 양면과 같아서 항상 함께하고 있다고 설한다.[360] 결국 이분법적으로 간택하는 마음은 윤회의 근본원인이 되기에 간택하는 마음이 근본적으로 공이 되었을 때 윤회에서 벗어나게 되는 것이다. 사실 우리가 수행하는 과정에서 항상 부딪히는 것이 시비와 선악에 많이 집착하여 수행과 멀어지는 경우가 많은데, 이러한 것을 극복하는 데 양면을 놓아버리는 것이 해결책이 될 수 있다.

4. 놓음의 공덕

선사는 먼저 일상생활에서 일체를 주인공에 놓으라고 강조하고 있다. 그는 놓음으로 인한 공덕을 다음과 같이 설하고 있다.

---

[359] 〈담선〉(236), 앞의 녹취록, 1986. 3. 27.
[360] 『大般涅槃經』 卷12 「聖行品 7」 (T12, p.435b~c).

그러니까 있으면서도 없고 그런 거니까, 그대로 "주인공!" 해서 주인공에다 그냥 일임시켜서 모든 거를 할 때, 어느 때에 부딪힐 때는 그게 의정이 나는 거거든요. 그러면 "그게 뭔가?" 하고선 인제, 주인공이란 이름에다 의정을 내는 게 아니라, 자기한테서 그, 그 의정이 나옵니다. 그 부딪힐 때 "야, 도대체 이것은 어떻게 해서 이 주인공에서 다 이렇게 할 수 있는가?" 또 "이것은 어떻게 해서 이게 이렇게 돌아가는가? 어떻게 해서 이게 이렇게 와 닿는데 둘이 아니래나? 모든 걸 왜 둘이 아니래나? 왜 모든 걸 비었대나?" 이게 의정이죠. 또 "니가 하는 게 아니라 참 니 주인공이 한다고 하는 건가?" 이게 의정이 아닙니까? 다 의정이죠, 모든 게. 그러니까 그거 하나만 쥐고 놓치지 않으면 의정은 저절루 나와요, 다.[361]

위에서 '일임시키다'의 의미는 놓음을 뜻한다. 선사는 계속 주인공에 놓고 가다보면 자기 안에서 의정이 나온다고 말한다. 그러나 일반인이 처음부터 의정이 쉽게 나오지 않고 번뇌 망념이 일어날 때는 의인화된 주인공과 자문자답을 시도하라고 한다.[362] 즉 주인공과 자문자답하라는 의미는 진심眞心을 지켜 움직이지 않게 하고 항상 깨어 있으라는 뜻이다. 이러한 과정을 통해서 내면에서 의정이 나오는가 하면 답답한 마음이 생기는데, 계속 참구하다 보면 그 의정이 풀리면서 참나를 발견하는 계기가 된다고 하였다.[363] 선사는 또한 놓음으로 인하여 다음

---

361 〈담선〉(90), 앞의 녹취록, 1984. 5. 12.
362 『허공을 걷는 길: 법형제법회』 1권, 앞의 책, pp.687~688.
363 〈담선〉(83), 앞의 녹취록, 1984. 4. 12.

과 같은 공덕이 있다고 하였다.

> 다 놓고 돌릴 때 그 공덕은 무한량이다. 첫째로 일체의 오무간 지옥이 무너진다. 둘째로 인연 따라 억겁 전생부터 내려온 모든 습이 녹고 만다. 셋째로 번뇌 망상으로 꽉 찼던 그릇이 비게 되면서 마침내 빈 것도 없고 담긴 것도 없는 그러한 위치가 되어 바로 '참나'가 발견된다. 나가 발견된다는 것은 그때부터 기초가 튼튼해졌다는 뜻이니, 바야흐로 집을 짓는 기둥을 세울 수 있는 것이다.[364]

여기서는 놓음의 공덕을 견성에 비유하여 설하였다. 놓음의 공덕에 대한 전거를 보면, 앞에서 언급한 『능엄경』과 『임제록』에서처럼 망념이나 구하는 마음을 쉬게 되면 바로 깨달음이며 부처와 조사와 같다고 한다. 『진심직설』 중 휴헐에 대해 "바로 망상을 끊고 분별을 떠나, 바보와 같고 말뚝과 같이 되어야 비로소 조금이나마 진심과 계합하리라."[365]고 하였다. 이처럼 많은 대승경전과 조사어록에서는 자신의 참 성품을 믿고 모든 것을 쉬게 되면 그것이 바로 깨달음이자 부처의 삶이라고 역설하고 있다.

필자가 놓음의 공덕에 대해 선사와 직접 문답을 했던 적이 있었다. 필자는 수행처에서 노동선을 하면서 본의 아니게 미물들을 해하게 되었다. 그러면서 '불교의 계율에는 수행자가 땅을 파는 등의 행위를 금지하고 있는데 왜 노동선을 해야만 하는가?' 하는 의문이 들었다.

---

[364] 『한마음요전』, 앞의 책, p.558.
[365] 『眞心直說』 (T48, p.1001a). "直得絶廉纖離分別 如痴似兀方有少分相應."

그러면서 이러한 것을 선사에게 직접 물어보았는데, 이에 대해 선사가 답하길 '그러한 미물들의 마음을 주인공 자리에 놓으면 좋은 인연으로 승화할 수 있다.'고 하였다. 그러자 순간 필자는 '다겁생에 윤회를 하면서 죽이고 죽임을 당한 인연들을 상상하면서 그러한 인연도 놓으면 되냐?'고 되물었다. 그러자 선사는 '그것도 집착을 해서 그렇지, 놓아버리면 아무것도 없게 된다.'고 하였다. 그러자 그러한 인연들에 대한 죄송한 마음이 없어지면서 '진실히 놓는다면 시공을 초월해 모든 것을 무마시킬 수 있다.'는 믿음을 갖게 되었다. 이러한 체험을 한 후 선사의 설법을 접하던 중 놓음과 관련하여 "좋은 마음을 내서 거기 이익하게 놓는다면 그것은 오간지옥고래도 다 무너지고, 유전성도 무너지고, 영계성도 무너지고, 세균성도 무너지고, 모두가 오간지옥이 다 무너진다 이겁니다."[366]라고 설한 부분에서 놓음의 중요성을 상기하였다.

선사는 또한 일체를 놓고 들어가다 보면 중생의 업보들이 보살로 화하게 된다면서 다음과 같이 설하고 있다.

모든 걸 놓고 들어가면 업보로 뭉쳐진 중생들이 다 그대로 보살로 화해서 놓는 자에게 쫓아온다. 거기서 호법신도 생기고 수호신도 생기고 화신도 법신도 생기고 수도 없이 생기니, 무심으로 다양하고 여여하게 쓸 수 있게 된다. 그러면 마음 편해 좋고 주위가 화목해지고, 하는 일마다 귀인이 생기고 마음이 떳떳하게 된다. 〈그것이 바로 도심이요 자유인의 경지요 부처인 것이다.〉[367]

---

[366] 『허공을 걷는 길: 국내지원법회』 2권, 앞의 책, p.612.

이와 같이 일상생활 중에 경계에 부딪혔을 때 일어나는 모든 중생심, 예를 들면 인과성이나 유전성 등을 놓게 되었을 때 바로 보살로 화할 수 있다는 것이다. 우리의 몸을 업식의 집합체로 본다면, 이러한 업식이 다 공한 상태가 되었을 때 깨달음이라고 한다면 공한 상태로 만들기 위해 놓아야 한다. 그러므로 지금 여기에 처한 상황에서 지혜로운 한마음으로 중생심을 보살심으로 바꾸기 위해서는 하나하나 놓아가면서 제도시키는 것이 바로 참선이다. 그러므로 포기하지 않고 자생중생을 제도하다 보면 결국에는 깨닫게 되고 보살행을 전개해 나갈 수 있다.

요즈음 타종교에서 놓음이란 방편을 가지고 수행하는 경우가 있다. 이용규는 그의 자식의 행동으로부터 진정한 내려놓음의 필요성을 절감한다. 그는 내려놓기 전에는 진정한 것을 얻을 수 없으며, 영적으로 어린아이인 우리가 어떠한 것에 집착하여 움켜쥐고 있는 한 진정한 우리의 것이 되지 못한다고 한다.[368] 이 내용도 동일한 맥락에서 이해할 수 있다.

이상과 같이 선사의 '놓음'과 관련하여 살펴보았다. 기존 어록에서 나오는 '방하착放下着'을 우리말로 표현하면 '내려놓음'으로 선사가 말하는 놓음과 단어 자체는 같다. 하지만 방하착의 의미는 망념과 번뇌집착을 놓으라는 의미가 많이 함축된 반면, 선사가 말하는 놓음은 주인공에 대한 믿음과 나눔의 보살행까지를 포함하므로 방하착의 개념보다는 더 포괄적이라 볼 수 있다.

---

367 『한마음요전』, 앞의 책, p.559.
368 이용규, 『내려놓음』 (규장, 2006), pp.26~27.

제3절 지켜봄의 관법수행

앞의 믿음과 놓음에 이어서 지켜봄(觀)에 대해 살펴보고자 한다. 선사는 지켜봄에 대해 '믿음'과 '놓음'이 전제된 '지켜봄'이 되어야 한다고 설한다. 제3장에서 살펴보았듯이 지켜봄에는 대략 광의의 관과 협의의 관이 있다고 볼 수 있다. 광의의 관은 믿고, 놓고, 지켜보면서 자성을 발견하고 발견한 이후에 둘 아닌 도리를 실천하면서 결국에는 구경지에 이르러 나눔의 보살행을 실천하는 것이다. 이에 반해 협의의 관은 광의의 관 가운데 '지켜봄'에 한정할 수 있다.

1. 지켜봄의 의미와 대상

선사는 병환이나 우환 등을 해결하려고 수행자들에게 모두 관하는 방법을 알아서 관하라고 권하였다. 일체만법이 주인공 자리에서 작용한다는 것을 믿고 일체를 거기에다 놓고 일상생활에서 모든 것을 지켜볼 수 있다면 그것이 진정한 참선이면서 물러남이 없이 계속 정진할 수 있다고 강조하고 있다. 선사는 『한마음요전』에서 관에 대해 다음과 같이 설한다.

> 설사 자기 능력으로는 도저히 감당할 수 없다고 여겨지는 급박한 상황에 직면했다 해도 주인공 자리에 놓고 지켜보라. 관한다 함은 믿음으로 지켜보는 것이요, 결코 둘로 보지 않고 지켜봄이다. 주인공만이 주인공을 증명할 수 있다. 그것을 굳게 믿고 들어가는 것이

참선이자 관이다. 주인공에다 믿고 맡겨놓고 무엇이 나오는지를 지켜볼 뿐 해결해 달라고 하지 말라. 〈수억겁을 거치며 입력된 것이 솔솔 풀려 나오지만 닥치는 대로 놓으면 입력된 것이 지워지니, 그것을 지켜보라는 것이다.〉[369]

여기에서 관이란 '믿음으로 지켜보는 것이요', '주인공에다 믿고 맡겨놓고 무엇이 나오는지를 지켜볼 뿐……'이라고 설하고 있다. 선사가 말하는 관은 초기불교에서 말하는 '있는 그대로 보는 것' 이외에 '주인공을 믿고 맡겨놓음'을 전제로 하여 지켜보는 것이다. 다시 말해 주인공이란 '일체만물 만법의 원소이며 핵이며 에너지'이며, 영원한 생명의 근본으로 우주와 직결되어 있고, 이 세상 만물과 가설이 되어 있어서 일체가 다 같이 공심으로 돌아가는 것이다.[370] 그러므로 선사가 말하는 관은 주인공에 대한 철저한 믿음과 맡겨놓음이 전제되어야 한다. 이러한 믿음과 놓음의 전제에는 주인공에 대한 믿음, 예를 들면 우리들 내면에는 무한한 능력을 갖추고 있고 어떠한 어려움도 극복해 낼 수 있는 지혜와 힘이 있다는 것을 추호도 의심하지 않고 믿는 것이다. 따라서 믿음이 강하면 강할수록 자연스럽게 집착을 놓을 수 있고 지켜보게 되는 것이다. 또한 선사는 주인공에 대한 믿음을 전제로 놓고 관찰하면서 체험해 나가는 것이 참선이라고 설하였다.[371] 이는 선사가 강조하는 참선이 생활을 떠나지 않고 일상생활에서 전개

---

369 『한마음요전』, 앞의 책, p.593.
370 위의 책, pp.351~352.
371 『허공을 걷는 길: 국내지원법회』 2권, 앞의 책, pp.757~758.

되어야 한다는 것이다.

여기서 선사는 지켜봄의 주체와 대상이 다르지 않다고 다음과 같이 설한다.

> 안으로 관한다 해서 관해지는 주인공과 관하는 내가 나눠지는 것은 아니다. 본래 하나이다. 맡긴다고 해도 맡는 것도 나이기에 맡기고 맡는 구별이 없으며, 지켜본다 해도 보고 보이는 구별이 없다. 만일 보는 자와 보여지는 자가 있다면 그것은 참된 관이 아니다. 둘로 보면 기도를 하게 되지만, 둘로 보지 않는다면 관할 뿐이다.[372]

여기에서 관을 할 때 지켜보는 자와 지켜보는 대상과 구분이 없다는 것이다. 이는 황벽이 말하는 "담연히 원만하고 고요하면 마음의 경계가 한결같다. 다만 이와 같이 잘 되면 바로 몰록 깨닫는다."[373]라는 것과 일치한다. 그러므로 관하는 나와 대상이 분리가 되면 이는 참된 관이 아니라 상대적으로 무엇을 구하는 기도가 된다. 처음 수행할 때는 지켜보는 주체와 대상이 구분되지만 일념으로 지켜보는 것이 깊어지게 되면 그 주체와 대상이 하나가 되는데, 이를 심경일여心境一如 혹은 주객일체主客一體라고 한다. 이는 간화선에서 화두를 처음 접할 때는 나와 화두가 분리가 되어 있지만 점점 화두가 깊어지면 나와 화두가

---

[372] 『한마음요전』, 앞의 책, p.594.
[373] 『黃檗山斷際禪師傳心法要』 卷1 (T48, p.381c). "湛然圓寂心境一如 但能如是 直下頓了."

하나가 되어 의단독로疑團獨露하게 되는 것과 같은 이치이다.

그러므로 선사는 일체를 관함에 있어 모두가 주인공의 작용으로 보고 일심으로 주인공에 놓으라고 강조한다. 그러다 보면 나중에는 지켜보는 주체와 대상도 없어져 무념무심이 된다고 하였다. 이에 대해서 3항에서 구체적으로 살펴보기로 한다. 위에서 '둘로 보면 기도를 하게 되지만 둘로 보지 않는다면 관할 뿐'이라고 하였다. 예를 들면 우리가 사찰에서 불상 앞에서 수행을 할 때 불상은 부처이고 위대하다고 생각하면서 우리에게 복을 내려주십사 하고 수행하는 것은 기도가 된다. 하지만 부처의 마음과 모습이 내 마음과 모습과 다르지 않다고 관하면서 수행을 해나가면 참선이 되는 것이다. 이처럼 지켜봄에 있어서 주객이 분리되지 않고 하나가 되어 지켜보는 것이 진정한 관이라 할 수 있다.

2. 지켜봄의 과정

앞에서 지켜봄(觀)은 '믿음'과 '놓음'이 전제된 상태에서 진행되어야 하며, 지켜보는 과정에 있어서 체험하라고 강조했다. 선사는 체험에 대해 다음과 같이 설한다.

그러니깐 모든 것이, 우리 그 무한한 한생각의 마음이라는 건 우주를 싸고도 남고, 덮고도 남고, 들고도 남는다 이거야. 모든 게 거기 다 들어 있으니까. 그러니까 공부를 하는 데 이런 거를 내 이 주인공 안에 다. 우주 전체가 나와 더불어 같이 다 한데 공空했으니까,

내가 하나하나 체험을 하면서 살림살이를 지켜보면서, 자기가 생각하면서 지켜보면서 한번 체험을 해라 이거야. 하나 해보다 보면 아, 그런 것도, 안 되면 안 되는 대로 또 놓고, 되면 되는 대로 감사하게 놓고, 이렇게 하면서 물러서지 말고 자꾸 믿고 들어가면서 공부를 해 봐라 이거야.[374]

체험이란 경계에 일어나는 마음을 지켜보면서 때로는 무조건 주인공에 놓기도 하고, 혹은 나쁜 생각을 좋은 생각으로 굴려 다스려 놓으면서 그것에 대해 어떻게 작용하는지 지켜보라는 것이다. 이러한 체험을 강조하는 것은 일상생활에서 주인공을 믿고 놓으며 지켜보기를 하다 보면 경계가 지혜롭게 해결되는 경우가 있다. 이러한 것을 지켜보다 보면 주인공에 대한 믿음이 점점 커지면서 내면의 힘도 키우게 되는 것이다. 더 나아가 선사는 이러한 수행을 반복하여 일상생활에서 일체를 지켜보고 가다 보면 문득 자기 성품을 볼 때가 있다고 설하였다.[375] 수행 초기에 내면에 놓고 지켜보면 어렴풋이 내면에 나 아닌 참나가 있다는 것을 느끼게 된다. 그러다가 점점 체험이 반복되다 보면 내면에 있는 참나에 대해 사무치게 알고 싶은 감정이 일어나기도 하고, 자연스럽게 참나인 주인공이 드러날 수도 있다. 이러한 것은 이론적으로 설명하기보다는 직접적인 체험이 무엇보다 중요하다.

다시 선사는 '지켜본다' 함은 단지 깨닫기 위한 것만이 아니라 열반에 이르기까지 모든 것을 누가 하는지 알아야 한다고 다음과 같이 설한다.

---

374 〈담선〉(182), 앞의 녹취록, 1986. 1. 14.
375 〈담선〉(39), 위의 녹취록, 1984. 2. 27.

'나'라는 조건을 한번 돌아다보는 계기가 있어야 하고, 한번 돌아다 봤으면 믿어야 하고, 믿었으면 맡겨야 한다. 맡겼으면 바로 거기서 일체만법이, '내가 나왔기에 상대가 있고 세상이 벌어졌구나. 그러니까 나는 내가 끌고 다니는, 나는 내가 있기에 모든 것을 감지할 수 있고 알 수 있고 내놓을 수 있는 것이구나.' 하는 것을 진정으로 알아야 한다. 아뇩다라삼먁삼보리에 이르기까지, 무위세계·유위세계를 합쳐 중용하는 것까지, 구경각지에 이르는 것까지, 열반세계에 이르는 도리까지 다 배워서 안다 하더라도 그 전부를 누가 하는가 확연히 꿰뚫어야 한다.[376]

이처럼 일체를 주인공에 놓고 지켜본다 함은 일체가 모두가 (참)나로 인해 벌어진다는 것은 물론이고 아뇩다라삼먁삼보리, 구경각지, 열반세계에 이르기까지 모든 것이 참나인 주인공의 작용이라는 것을 보게 되는 것을 의미한다. 지켜봄이 단지 견성하기 위해서만이 아니라 보림이나 그 이상의 경지를 체득하는 데에도 필요하다. 이에 대해 선사는 다음과 같이 설한다.

여러분이 그저 모든 걸 지켜보고 관하라 이랬죠? 응, 그러니 "뭐 지킬 게 있느냐?" 이러지. "지키는 놈은 어떤 거냐?" 이래요, 또 그러는데 그대로 자기가 '거기서밖에는 해결할 수 없다.' 그러고, 거기 맡겨놓으면 맡기는 놈도 그놈이요, 지키는 놈도 그놈이다 이거야. 지켜봐라 이거야. 그러면 거기에서 또 감응이 되고 실험이

---

[376] 『한마음요전』, 앞의 책, pp.590~591.

된다 이거야. 그러면 체험을 거기서 하게 되고, 또 어떻게 닥쳐오면 갖다놓고, 또 하다 보면 체험이 되고, 또 체험이 되고 그게 바로 하나하나 쌓아서 탑 올리는 거나 마찬가지다 이거야. 그렇게 하다 보면 물리가 터지고, 그렇게 하다 보면 홀연히 자기를 자기가 알게 되고, 그럭하다 보면 둘 아닌 도리를 알게 되고, 그렇게 하다 보면 바로 둘 아니게 나투는 도리를 알게 된다 이거죠.[377]

여기서는 특히 선사의 수증관을 엿볼 수 있다. 선사는 주인공에 맡겨놓고 지켜보라고 하였는데, 여기서 주인공에 대한 믿음은 필수적인 사항이다. 그렇게 '믿고', '놓고', '지켜봄'을 꾸준히 하다 보면 처음에는 감응이나 느낌이 오고, 그것들이 모여서 견성과 둘 아닌 도리, 그리고 나툼의 도리를 알 수 있다고 하였다.

선사의 구체적인 수행방법으로 제시한 관법은, 천태가 지관止觀을 원돈지관圓頓止觀과 점차지관漸次止觀으로 제시한 것처럼 돈오와 점수의 수행법을 동시에 제시하고 있다. 그것은 "내가 본래 부처이기에 사실 수행이라는 것은 없다. 강한 믿음이면 그뿐이다. 내가 본래 부처라고 아는 믿음이 확고하면 그것이 전부이다. 그러나 중생의 근기는 매우 다양하므로 여러 가지 방편이 있게 된다."[378]는 말에서 알 수 있듯이, 근본적으로는 돈오성불의 방법을 제시하고 있지만, 근기에 따라 방편으로 점수의 방법을 시설하였음을 알 수 있다. 선사가 수행 초기에 사소한 것부터 주인공을 믿고, 놓고 그러한 상태에서 지켜보는

---

377 『허공을 걷는 길: 정기법회』 2권, 앞의 책, p.426.
378 『한마음요전』, 앞의 책, p.501.

것이 중요하다고 강조한 것은 지눌의 돈오점수와 가까운 수행체계라 할 수 있다.

3. 지켜봄의 제상諸相

선사는 관법수행에 있어서 놓는 관, 둘 아닌 관(不二觀), 내 일심으로의 관(一心觀), 일심도 없는 무심관無心觀 등이 있다고 하였다. 선사는 또한 내용적인 면에서 관한다 함에는, 고정됨이 없으나 처음부터 무심관이 되기는 어렵다고 하였다.[379] 방법적인 면에서 지켜봄에는, 수행자가 처한 상황에 따라서 다양한 방법으로 지켜봄을 할 수 있다. 이제 지켜봄(觀)의 제상諸相에 대해서 살펴보는데, 여기서는 주로 '일심관', '불이관' 그리고 '무심관'을 중심으로 살펴보고자 한다.

1) 일심관에 대해

선사는 처음 수행하는 이들은 오직 주인공을 붙들고 들어가야만 한다고 강조하면서 일심관에 대해 다음과 같이 설하고 있다.

> 그러니까 이거 봐. 쌀알이 어디에서부터 생겼는가? 그게 종자가 되려니까 자기가 쌀 이렇게 과정, 길러지는 과정, 씨를 심어서 이 싹이 나서 또 씨를 낼 때까지 필요한 거야. 그런데 일심一心으로 들어가야만 된단 얘기지. 한데서 찾으면 안 되고 한데에 끄달려도 안 되고 오직 거기다가만 그냥 항상, 그릇이 항상 비게 '너만이

---
[379] 위의 책, p.594.

할 수 있어.' 또 때에 따라서는, 그건 사람한테 닥쳐오는 대로니까. '너만이 해결해줄 수 있어. 너만이 보디가드가 돼 줄 수 있고, 너만이 이끌어갈 수가 있고, 너만이 네가 있다는 걸 증명해줄 수 있고……' 이거 그냥 뭐, 모두가 거기야. 모두가 거기라야만이, 예전에는 그렇게 부처님께서 말씀하셨듯이 몇 년, 몇 십 년이 가도 자기와 자기가 상봉을 못하는가 하면, 일 년 이태가 가다가도 자기와 자기가 상봉이 된다.[380]

인용문에서 관법수행에 있어서 먼저 자신의 내면에 참나를 발견하기 위해서는 일체를 일심으로 놓아야 한다고 강조하고 있다. 여기서 선사가 말하는 일심은 크게 두 가지로 해석할 수 있다.

첫째의 일심一心은 『기신론』에서 설하고 있는 일심과 동일한 경우인데, 선사는 일심에 대해 '만법이 일심으로 들고 일심에서 만법이 나간다.'고 하면서 '일심에서 들고 나면서 더불어 공하였으므로 주인공이다.'라고 하였다.[381] 그러므로 여기서 언급하는 일심은 한마음을 일컬으며 또한 주인공인 것이다.

두 번째의 일심은 '오로지', '오직'의 의미가 있는데, 이 경우는 일심관을 일심으로 관한다는 의미로 부사적 용법으로 쓰이는 경우이다. 그러므로 인용문은 일심으로의 의미에 더 가깝다고 볼 수 있다. 선사는 '일심으로' 혹은 '오로지'에 대한 일심관을 추가로 언급한다.

---

380 〈승단〉(A812), 앞의 녹취록, 1997. 12. 5.
381 〈담선〉(187), 앞의 녹취록, 1986. 1. 24.

내 몸통, 이 통에서 벗어나지 못하면, 이 세상의 주머니에서 벗어나지 못하면 이 세상의 큰 주머니에서도 벗어날 수 없는 거지. 이 간단한 문젠데도 간단하지 않아, 모르는 사람들은. 오로지 그래서 그 작업을 해라. 작업을 하는 동안에 오로지 네가 있으면 너의 불성도 너한테 있다. 그러니까 오로지 너의 불성만이 너를 이끌어줄 수 있고 너를 살게 할 수 있고 공부하게 할 수 있다 해도 그거를 영 말을 안 들어. 안 듣는 사람이 많지. 그리고 믿어도 설 믿고. 이 꽃나무든 나무든 자기 뿌리가 자기 몸뚱이를 살린다고 생각을 하고 안다면 어떻게 뿌리를 무시하겠습니까. 믿는다 안 믿는다 그런 말이, 어디 언어가 거기 붙느냐 이거에요.[382]

여기서 오로지 불성을 믿어야 몸통에서 벗어날 수 있다고 하였는데, '오로지'는 '일심으로'의 부사적 용법으로 한 곳에 마음을 집중한다는 의미이다. 그러므로 선사가 언급하고 있는 '일심관'에는 『기신론』에서 언급하는 한마음(一心)을 뜻하는 의미로, 다음에 나오는 '둘 아닌 관'과 '무심관'과 같은 차원으로 지켜보는 경우와 '오직'이나 '오로지'와 같이 한 곳에 집중하는 의미가 있다고 볼 수 있다. 후자의 경우 참나를 발견하기 위해 일심으로 모든 것을 놓으면서 실천해 나가는 관법이다.

2) 불이관에 대해

선사는 '불이관'을 실천함에 있어서도 지켜봄을 내용적인 면과 방법적인 면으로 제시하였다. 내용적인 지켜봄이란 먼저 견성한 이후에

---

[382] 〈정법〉, 앞의 녹취록, 1999. 4. 18.

둘 아닌 이치를 관해 나간다는 것이고, 방법적인 지켜봄은 깨달음에 관계없이 일체를 둘 아니게 관한다는 것이다.

먼저 차제적인 내용으로, 선사는 '둘 아닌 도리'를 진짜 실천하기 위해서는 자신의 참나를 발견해야 한다면서 다음과 같이 설하고 있다.

> 예를 들어서 내가 나를 발견하지 못한다면 이게 스스로 마음에서 감응이 돼서 나오는 게 바로 자기 발견이야. 이렇게 해가는 거야. 오로지 거기에만이 그냥 그, 앉으나 서나 누우나 자나 깨나 지가 저 끌고 댕기는 거 아니겠니? 그러니까 진짜로 믿어야지. 그렇게 믿고 간다면 그게 발견이 되고, 발견이 됨으로써 인제 둘이 아닌 도리를 그때서야 인제 배우는 거야, 진짜로! 말만 듣던 둘 아닌 도리를 진짜로 배우는 거야. 그래가지고 또 그렇게 둘 아닌 도리를 배우면 내가 설법해 놓은 게 있기 때문에 그냥, 나투는 방법은 그냥 순식간에 알아져.[383]

여기에서 선사는 수행에 있어서 단계 아닌 단계를 거쳐야 한다고 하였다. 처음 단계에는 나를 발견하기 위해서 일체를 주인공에 놓는 수행이 필요하다고 하였다. 다음으로 나를 발견한 이후에는 둘 아닌 도리를 점차적으로 터득해가는 과정이라고 설하였다. 선사는 나를 발견한 이후에 둘 아닌 수행법으로 내 몸에 있는 중생들, 일체생명, 그리고 부처와도 둘로 보지 않는 것을 습득하는 과정이라고 하였다. 그러한 예로 체體와 용用을 아버지와 자식과의 비유를 들면서 설하였

---

[383] 〈승단〉(555), 앞의 녹취록, 1992. 4. 20.

다.³⁸⁴ 이처럼 자신의 참나를 발견한 이후에 계속 놓고 가다 보면 부처와 일체중생, 그리고 정신계와 물질계, 선과 악, 옳고 그름 등을 둘이 아닌 중도로 바라볼 수 있다.

불이법不二法을 실천하는 전거로 『불소행찬』「수재취상조복품守財醉象調伏品」에 보면, 데바닷타는 붓다를 살해하려고 코끼리에게 술을 먹여 붓다를 공격하게 하였다. 그러나 붓다는 태연하게 술 취한 코끼리를 멈추게 하여 무릎을 꿇게 하였다.³⁸⁵ 붓다는 자신의 마음과 코끼리의 마음을 둘 아니게 작용하여 붓다가 직접 코끼리의 마음을 조절하는 이치이다.

또한 불이법은 『기신론』에서 말하는 일심이요, 『유마경』에서 말하는 불이법이다. 『유마경』「입부사의법문품入不二法門品」에서는 '생과 멸', '아我와 아소我所', '더러움과 깨끗함', '선과 불선', '죄와 복덕', '유루有漏와 무루無漏', '생사와 열반', '아와 무아', '색과 공', '어둠과 밝음', '집착과 무집착', '정도正道와 비도非道', '일체법에 대해 말이 없고, 설함도 없으며, 가르치는 일도 없고, 모든 질문과 대답을 떠나는 것' 등이 불이법에 들어간다고 말하고 있다. 이에 대해 유마는 묵언을 함으로써 불이법문의 최상을 보였다.³⁸⁶

---

384 『허공을 걷는 길: 정기법회』 2권, 앞의 책, p.15.
385 『佛所行讚』 卷4, 「守財醉象調伏品 21」 (T4, p.40c~p.41a).
386 『維摩詰所說經』 卷2, 「入不二法門品 9」 (T14, p.550b~p.551c). "爾時維摩詰謂衆菩薩言. 諸仁者 云何菩薩入不二法門 各隨所樂說之. 會中有菩薩名法自在說言. 諸仁者 生滅爲二 法本不生 今則無滅 得此無生法忍 是爲入不二法門. 文殊師利曰 如我意者 於一切法無言無說 無示無識 離諸問答 是爲入不二法門. 於是文殊師利問維摩詰 我等各自說已 仁者當說何等是菩薩入不二法門. 時維

앞에서 언급한 둘 아닌 것을 관한다는 것은 깨닫고 난 후에 행해지는 내용을 설명하고 있다. 그러나 둘 아닌 것을 관하는 경우에도 깨달음에 관계없이 관할 수 있다고 선사는 설한다. 선사는 또한 깨닫기 전에 불이관不二觀을 실천할 수 없다는 고정관념을 가질 것이 아니라, 의식적으로나마 둘 아니게 보아야 한다고 강조하고 있다.

마음공부 가르치는 이 도리는 그렇게 탁 터진 길이란 말입니다. 사방이 탁 터지고, 우주 전체가 다 요 손안에……, 부처님 손안이라는 말 있죠, 부처님 손안에 모두가 있는 겁니다. 그런데 보살은 부처님의 화신이니까 부처님 손안에서도 벗어나서 별일 다 하겠죠. 그러니 여러분들이 첫째 믿어야 하고, 둘째 물러서지 않아야 합니다. 둘로 보지 않는 법이 물러서지 않는 법입니다. 남의 탓하고 원망하고 그렇게 둘로 보지 마세요. 사회에 나가서든 회사에 나가서든 '저것도 내가 몰랐을 때 내 모습이지, 모든 게 내 탓이지.' 이러다가, 정히 못 견디겠걸랑 '내가 딴 데로 가든지 저이가 딴 데로 가든지 주인공밖에는 해결할 수 없다.' 이렇게 그냥 해버리고 마는 거죠.[387]

이와 같이 선사는 비록 깨닫지 못했더라도 일체를 내 모습으로 보면서 내 탓으로 돌리면서 남을 원망치 않으면서 수행에서 물러서지 않는 것이 중요하다고 강조한다. 예를 들면 일상생활 가운데 대인관계

"摩詰默然無言. 文殊師利歎曰 善哉 善哉. 乃至無有文字 語言 是眞入不二法門."
[387] 『허공을 걷는 길: 국내지원법회』 1권, 앞의 책, pp.457~458.

에서 타인과 다툼이 일어날 때, 타인의 마음도 내 마음과 둘이 아니게 보며 관하게 되면 나 자신부터 부드러운 언행이 나가고 타인도 그렇게 반응을 하게 된다. 한편 이러한 과정은 아래로는 하찮은 미물에서 위로는 부처에 이르기까지 그들의 모습과 마음이 내 모습과 마음과 둘이 아님을 체득해 나가는 것이다.

이러한 불이관은 일상 속에서 누구나 경험하곤 한다. 예를 들어 스님들이 참선하는 선원에서는 한철 사는데 각자 소임을 보고 산다. 다각실은 누구나 다 이용하는 장소이여서 다각 소임자가 항상 신경을 써야 한다. 한 스님이 하루는 다각실에 쓰레기통이 꽉 차 있는 것이 보였다. 그래서 마음속으로 다각 소임자 탓을 하려는 순간 '내가 그들과 둘이 아니기에 내가 치우면 된다'는 생각을 하게 되었다. 그리고 쓰레기를 치우면서 이러한 마음가짐이 둘 아닌 도리를 실천하는 첫걸음임을 알게 된다.

이처럼 우리 주변에서 둘 아니게 보고 둘 아니게 실천할 수 있는 일들이 많이 있다. 둘 아닌 도리를 실천하기 위해서는 무엇보다 일체를 둘 아니게 보아야 하고, 내 모습처럼 보아야만 우리 마음이 그렇게 인식이 되고 행동이 이루어진다. 우리들 주변에 많은 범죄와 좋지 않는 일들이 벌어지곤 한다. 이러한 일을 저지르는 자들이 내 모습처럼 둘 아니게 생각한다면 그들을 원망하기보다는 측은한 자비심이 나온다. 그러다 보면 상대방을 원망하기보다는 이해하게 되며, 그러한 에너지가 모여 살기 좋은 사회를 이루게 되는 것이다.

이러한 일체를 둘 아니게 봄으로써 얻어지는 공덕이 있는데, 이에 대해 선사는 다음과 같이 설한다.

단 하나 있다면, 둘로 보지만 않는다면 모두가 벌레 하나도 나와 둘이 아니다. 그러기 때문에 산을 보면 산신하고 둘이 아니요, 나무를 보면 목신하고 둘이 아니요. 물을 보면 용신하고도 둘이 아니요, 들을 볼 때는 들신하고도 둘이 아니요. 부처를 보면 부처하고도 둘이 아니요. 마구니를 보면 마구니를 보고도 둘이 아니요. 모두 둘이 아니기 때문에 원통력을 발휘할 수 있지, 만약에 둘로 나뉘어졌다면 원통력을 어떻게 발휘하나?[388]

일체를 둘 아니게 보고 내 탓으로 여길 때 거기에는 많은 이점이 있다고 하였다. 특히 이 가운데 원통력을 발휘할 수 있다고 하였다. 선사가 말하는 원통력이란 원심력이라고도 하는데, 내 몸 안에 있는 수십억의 중생들로부터 바깥의 생명들 전체가 같이 돌아가기에 원통력이라고 하였다.[389] 그 외에도 지혜가 생기고 정법의 이치를 알게 되며, 자비의 마음이 저절로 나와 함이 없는 무주상보시가 스스로 행해진다고 하였다.[390] 선사가 설한 것처럼 둘이 아닌 도리를 이해한다 하더라도 실천하는 것은 정말 어렵다고 본다. 예를 들어 누가 나에게 사기를 쳐서 집안을 탕진했다고 가정해보자. 이 경우 상대를 내 모습처럼 보면서 이해하기란 정말 어려운 것이다. 하지만 이것을 인내하고 실천하기 위해서 수행이 필요한데, 일체를 내 모습으로 보며 주인공에 놓아가는 것이 수행의 핵심인 것이다.

---

388 〈대담〉(371), 앞의 녹취록, 1987. 12. 01.
389 위와 같음.
390 〈담선〉(219), 위의 녹취록, 1986. 3. 10.

이상과 같이 둘 아닌 관을 함에 있어서 깨달은 후에 차제적으로 관하는 내용적인 지켜봄이 있고, 깨달음에 상관없이 일체를 둘로 보지 않고 관하는 방법적인 지켜봄이 있다.

3) 무심관에 대해

선사는 무심관에 대해서도 내용과 방법의 두 가지로 설하고 있다. 우선 내용적인 면에 대하여 수행의 단계 없는 단계에서 나를 발견하고 둘 아닌 도리를 실천하고 나면 무심행을 실천할 수 있다고 하였다.

이 도라는 것은 모두가 아까도 얘기했듯이, 전체 공생·공용·공체·공식화하는 이 도리 속에서 찰나에 나투면서 화하면서, 바꿔지면서 돌아가는 이 자체를 확신하고 그게 물리가 터지면 그게 무심 도리라고 봅니다. 그게 도란 얘깁니다. 인간이 모든 것에 물리가 터져서 자기가 자길 깨달아서 둘이 아니게, 저 사람도 둘이 아닌 그 도리를 알면, 아까 얘기했죠. '전기 전력은 다 똑같았는데, 똑같은 반면에 전구는 너 전구가 따로 있고 나가 뚜렷하게 따로 있느니라.' 하는 그 도리를 알면 그게 자유 도인이죠. 자유스럽게 살 수 있는 도인. 그래서 도인이라는 것은 별다른 게 도인이 아니라 인간 자체가 자기 먹을 거 자기가 다 찾아 먹을 줄 알고 남을 찾아줄 줄 알고, 자기가 자기를 다스릴 줄 알고, 무의 세계 유의 세계, 즉 말하자면 보이지 않는 마음들이나 보이는 마음들을 자기 벗으로 알고 모두가 둘이 아님을 안다면, 한 찰나에 빛보다 더 빨리 이 세계뿐만 아니라 우주 전체를, 어느 혹성이라도 탐험할 수 있고, 내가 여기만 사는 게 아니라 어디고 다 살고 있다는 그것이 바로 무심 도리를 안다 해서 도인이라고 합니다. 도라는 것은 어느 것을 규정지어서 이것이 나다 하는 게 아닌 것이 도니까요.[391]

이와 같이 무심관을 하기 위해서는 먼저 무심이 되어야 하는데, 선사는 무심이란 이 세상이 공생·공용·공체·공식화한다는 것을 알게 되면 그것이 무심이라고 하였다. 그리고 무심도인은 자기가 배고프면 밥 먹고 졸리면 자는 등 자연스러운 삶을 사는 사람이라고 하였다. 더 나아가 어떠한 경계에도 여여하게 다스릴 줄 알고 남에게 무주상을 해줄 수 있게 되는 것이 무심 도리라고 하였다. 다시 말해 한 찰나에 지구뿐 아니라 우주 전체를 오고 가면서 응해줄 수 있는 자가 무심도인이라고 하였다. 일반 중생들은 무심의 행을 하고 있건만 무심의 용을 쓰지 못하지만, 진정한 무심은 중생들이 생각하지 못하는 경지로서 진공묘유眞空妙有하여 자재하게 누진통을 할 수 있는 경지이다.[392]

이처럼 선사의 무심사상에는 모든 번뇌 망념에서 벗어난 경지를

---

[391] 『허공을 걷는 길: 국외지원법회』 2권, 앞의 책, p.1179.
[392] 모든 것이 결국 내 마음인 줄 알아 신통력까지도 자심으로 돌려놓으면 무심이 된다. 마음이 없는 무심이 아니라 있기는 있으되 스스로 고요하니 무심인 것이다. 이 무심의 경지가 깊어지면 이미 내가 있느니 없느니 하는 문제가 붙질 않는다. 그때의 나는 중생들이 생각하는 것과는 아주 다른 나이므로 차라리 없고, 그러면서도 생활하고 있으니 있는 그런 상태가 된다. 말하자면 무심하다는 그것마저도 없는 텅 빈 상태, 아무것도 없어서 텅 빈 게 아니라 스스로 자재로워 텅 빈 상태인 것이다. 그야말로 무심까지 녹은 공이라 그대로 누진통인 것이다. (『한마음요전』, 앞의 책, pp.656~657)

내포하는 한편, 중생들을 위해 함이 없는 보살행을 실천함을 포함하고 있다. 선사는 자신의 무심을 회복하기 위해서는 모든 것을 놓으라고 한다.

> 무심의 공덕행이라는 것은, 무심의 공덕법행功德法行이라는 이 자체는, 내 몸이 항아리라면 항아리에서 벗어나야 이 몸을 자유스럽게 굴리듯이, 수레를 끌려면 수레 밖으로 벗어나서 소가 끌어야 수레가 구르듯이. 우리가 이것을 알고 넘어가야 하고, 믿으면 모든 일체를 다 맡겨놓을 수가 있다는 겁니다. 그건 왜? 원통에서 나오는 건 뭐든 원통에다 도로 맡겨놓으면 용광로와 같아서 만 가지 생산이 나오고 만 가지 생산이 드니, 이것은 바로 여여함의 공덕법행이 아니겠습니까?[393]

위에서 일체를 원통에다 맡기면 무심이 됨과 동시에 공덕법행이 이루어진다고 하였다. 앞에서 우리는 본래 무심행을 하고 있는데, 우리들 스스로가 그것을 몰라 무심행을 실천하지 못하기 때문에 원통, 즉 주인공에 놓으라고 하고 있다. 선사는 또한 오신통을 자유롭게 쓸 수 있다 하여도 그것은 도가 아니기에 그것마저 놓아야 진정한 육신통, 즉 무심행이 된다고 하였다.

이상과 같이 선사는 무심관에 대해 차제적인 내용으로 설하였다. 다시 말해 진정한 무심행이 되기 위해서는 나를 발견하고 둘 아닌 도리를 알고 나야 가능하다고 말한다. 그러면서 무심행을 회복하기

---

[393] 『허공을 걷는 길: 정기법회』 1권, 앞의 책, p.423.

위해 주인공에 맡겨놓으라고 강조한다.

한편 선사는 무심에 대해 설하기를, 깨달음에 상관없이 우리들은 본래부터 무심의 행을 실천하고 있는데 그것을 모를 뿐이라고 하였다. 그러면서 일체가 무심한 상태이기 때문에 그대로 행을 하게 되면 무심의 법행이 된다고 하였다. 또한 무심한 상태로 만들어야 하는 생각을 일으키게 되면 이미 무심한 상태가 아니라고 설한다.[394] 이와 관련하여 『무문관』에서 남천보원(南泉普願, 748~834)과 조주종심(趙州從諗, 778~897)의 문답에서 평상심은 헤아리면 곧 어긋나므로 다만 도에 사무치기만 하면 된다고 하였다.[395]

이러한 선사의 무심사상은 마조의 평상심과도 일치하다고 볼 수 있다. 마조는 '자신의 마음이 곧 부처임을 믿고 평상심으로 살아가면서 어디에도 집착하지 말라'고 강조했다. 선사도 마찬가지로 무심행을 할 것을 강조하면서 중생이라는 생각에서 깨달아야 하겠다는 생각, 심지어는 무심행을 해야겠다는 생각조차 일으키지 말고 단지 간절함만을 강조한다. 그러므로 선사는 이러한 무심행을 범부들도 일상생활에서 실천할 수 있다고 하였다.

하는 것도 없고, 그대로 내가 배고프면 그냥 밥 달래 먹고, 또 소화가 됐으면 똥 누고, 잠자고 싶으면 잠자고, 모든 것을 여여하게 그대로 무심으로 그대로 살라 이겁니다. 자기가 무심으로 사는데도

---

394 〈담선〉(42), 앞의 녹취록, 1984. 2. 28.
395 『無門關』 卷1 (T48, p.295b). "南泉因趙州問 如何是道. 泉云 平常心是道. 州云 還可趣向否. 泉云 擬向卽乖. 州云 不擬爭知是道."

생활을 허는데 여러분이 계신 자리가 바로 여래의 집이니, 그 집에서 바로 사는데 이런 게 이런 게 들더라 그러면, 남도 이런 게 이런 게 들더라 하는 걸 알아야죠. 그렇기 때문에 무심으로써 내가 지금 사는 것이 이러니까, 남도 바로 나니까 아, 무심으로써의 시주를 하게 되고 무심으로써 갖다 놓게 된다면 그게 어디로 가겠습니까. 자기한테로 다 가는 건데, 어째서 자기 쓰기 위해서 쓴 거를 남을 쓰게 해줬다고 생각을 하겠습니까.[396]

이와 같이 우리들 일상생활에서 배고프면 밥 먹고, 졸리면 자고, 소화되면 용변을 보듯이 자연스러운 삶을 전개해 나가는 것이 무심의 행이다. 이렇듯이 모든 것에 집착을 두지 않게 되면 자연스럽게 무심행이 된다. 그러므로 선사는 무심으로 상이 없이 하게 될 때 무주상보시가 되며, 거기에는 물질적인 것뿐만 아니라 마음을 한생각 내어주는 자비심도 무주상보시가 될 수 있으며 이러한 것이 바로 공덕이 된다고 설하였다.[397] 우리가 무심이 된 상태에서는 포괄적인 마음에서 무궁무진한 힘이 나오는 것이기에 생각나면 그대로 행이 된다고 한다.[398]

---

[396] 〈담선〉(82), 앞의 녹취록, 1984. 4. 10.
[397] 〈대담〉(145), 앞의 녹취록, 1985. 4. 5.
[398] 그와 마찬가지로 우리는 일상생활에서 그 생각이 그대로 생각나는 겁니다. 그대로 생각날 때 그게 무심입니다. 생각나면서 그대로 행하게 돼 있거든요. 그것이 자신의 개별적인 데서 나오는 게 아니라 포괄적인 데서 나오는 겁니다. 그러기 때문에 그 힘이라는 것은 무궁무진하다는 얘깁니다. 〔〈담선〉(54), 앞의 녹취록, 1984. 3. 7.〕

이처럼 깨달음에 상관없이 우리가 무심한 마음이 되었을 때 한마음이 되며, 무심의 상태에서 물질적인 보시이든 정신적인 보시이든 그것은 무한량의 공덕이 되며 이러한 삶이 임제가 말하는 활조活祖의 삶, 즉 주인공의 삶인 것이다. 그 밖에 무심에 대한 전거를 조사어록에서 찾아보면 먼저 백장회해(百丈懷海, 749~814)는 무심에 대해, 오욕과 팔풍 등의 반연을 만나서도 마음이 부동하여 속박 받지 않고 미혹하지 않으면 일체 공덕과 묘용을 갖춘다고 하였다.[399] 그리고 남양혜충(南陽慧忠, ?~755)은 무심에 대해 설하기를, 쓸 마음이 없어야 부처가 되며 부처 또한 쓸 마음이 없을 때 참으로 중생을 제도한 것이고, 쓸 마음이 있다면 이는 생멸심이라고 하였다.[400] 쓸 마음이 없다 함은 바로 무심을 말하며, 무심이 바로 성불이며 부처는 함이 없는 무심에서 중생을 제도한다는 의미이다. 이러한 조사선에서 무심은 허공에도 비유되는데, 신수(神秀, 606~706)의 『대승무생방편문大乘無生方便門』에서도 무심은 망념의 상을 떠남을 의미하고 허공과 같아서 두루하지 않음이 없이 평등법신과 같다고 하였다.[401] 무심을 허공과 같다고

---

[399] 『百丈懷海禪師廣錄』, 『四家語錄』 卷三 (X72, p.7c). "但歇一切攀緣 貪嗔愛取 垢淨情盡. 對五欲八風不動 不被見聞覺知所閡. 不被諸法所惑 自然具足一切功德 具足一切神通妙用 是解脫人."

[400] 『景德傳燈錄』 卷28 (T51, p.439a). "僧靈覺問曰 發心出家本擬求佛. 未審如何用心卽得. 師曰 無心可用卽得成佛. 曰無心可用阿誰成佛. 師曰 無心自成佛亦無心. 曰佛有大不可思議爲能度衆生. 若也無心阿誰度衆生. 師曰 無心是眞度生. 若見有生可度者 卽是有心宛然生滅."

[401] 『大乘無生方便門』 卷1 (T85, p.1274a). "離念相者 等虛空界無所不遍 法界一相 卽是如來平等法身."

하였는데, 여기서 허공을 현대용어로 풀이하면 우주라고 표현할 수 있다. 선사도 앞에서 무심의 도리를 깨달으면 우주에 두루 왕래할 수 있다고 하였다.

선사는 우리가 무심행을 그대로 하고 있다는 것을 자각하고 그대로 행하면 된다고 하였다. 여기서 무심행은 깨닫고 못 깨닫고를 떠나 그대로 무심의 삶을 실천할 수 있는 것을 말한다. 이는 조사들이 강조한 무심행과 상통하고 있다.

앞에서 살펴본 선사의 세 가지 관법을 보면 지켜보는 방법과 지켜보는 내용으로 구분해볼 수 있다. 먼저 지켜보는 방법을 보면 일심관, 불이관, 무심관이 어떠한 내용상으로 차이가 있는 것이 아니다. 선사는 '관함에는 고정됨이 없다.'라고 하였는데 그 의미는 관함에 있어서 깨닫고 못 깨닫고를 떠나 상황에 따라 '일심관', '불이관', 그리고 '무심관'을 고정됨이 없이 할 수 있다고 하였다.

다음으로 관법을 점차적인 내용으로 보면 선사는 누구나가 무심의 행을 할 수 있지만 중생들 스스로가 집착함으로 인해 무심관과 무심행을 실천할 수 없다고 한다. 이치적으로 보면 우리는 본래 무심으로 놓고 가고 있는데, 중생들은 그것을 몰라 집착하게 되고 번민하게 된다는 것이다. 그러므로 무심을 회복하기 위한 단계 없는 단계를 밟고 가는 수행이 필요한데, 그 방편으로 처음에는 나를 발견하기 위해 일체를 오로지 일심으로 주인공에 놓고 지켜본다. 지켜보면서 체험하다 보면 참나를 발견하게 되고, 그 다음에는 '둘 아닌 도리'를 실천하기 위해 일체를 나와 둘 아니게 여기면서 놓고 지켜보아야 한다. 그리고 이러한 둘 아닌 도리가 능숙하게 실천되었을 때 일체 모든 것에 무심으로 관해 나가면서 보살행을 실천할 수 있다고 본다. 이러한 관함에 있어서 크게 두 가지로 분류하게 되는데, 여기서는 관법의 차제적인 내용에 더 중점을 두고 있다고 볼 수 있다.

이상과 같이 관법수행에서 믿음, 놓음, 그리고 지켜보기에 대해서 살펴보았다. 이러한 관법수행 이론을 바탕으로 하여 실생활에서 겪는 문제를 재료로 삼아 수행하는 관법수행의 실례를 하나 들어본다.

필자는 2014년 9월부터 2015년 6월까지 서울 용산구 후암동에 위치해 있는 대원정사에서 청년회 법사를 담당했었다. 청년들을 대상으로 법회를 시작하기 전 좌선을 한 30여 분 하였다. 좌선을 하면서 처음 10여 차례 심호흡을 하면서 몸과 마음을 평정하게 한 후 마음속으로 불법승 삼보와 내면 주인공에게 귀의하도록 하였다. 주인공에게 관하는 법은 『한마음요전』에 있는 "주인공! 당신이 나의 근본임을 잊지 않겠습니다. 주인공! 당신이 나의 모든 것을 다 한다는 것을 잊지 않겠습니다. 주인공! 일체 현상이 다 당신의 나툼임을 잊지 않겠습니다."[402]라고 관하게 하였다. 그리고 난 후 상황에 따라 수식관이나 일주일 동안 자신을 되돌아보는 시간을 갖게 하였다.

좌선 후에는 주로 관법수행에 대해 법문을 하였는데, 주 내용을 보면 일상생활에서 좌선하면서 관하였던 것처럼 항상 주인공에 대한 근본진여根本眞如를 관할 것을 강조하였다. 그리고 일체 모든 것이 근본진여인 한마음에서 작용한다고 관하면서 근본진여를 항상 여의지

---

[402] 『한마음요전』, 앞의 책, p.515.

않을 것을 강조하였다.

　법문이 끝난 후에는 돌아가면서 일주일간의 체험담을 발표하는 시간과 질문시간이 이어졌다. 체험담 가운데 주로 일상생활에서 겪고 있는 문제들, 예를 들면 어떤 수행자가 발표하길, 회사 업무시간에 고객이 갑자기 화를 내는데 침착하게 내면을 관하면서 "주인공! 네가 이 문제를 지혜롭게 해결할 수 있어!" 하고 주인공을 믿고 놓았더니 마음이 편해지면서 자신의 마음을 잘 지켜보게 되었고, 침착하게 대응을 하게 되어 고객도 덜 화를 내게 되었다고 발표하였다. 어떤 수행자는 경계에 속아 잘 지켜보지 못했다는 실패담을 이야기하기도 하였다. 그러면서 마무리 시간에는 우리가 항상 깨어 있기 위해서는 아침에 기상 후 단 5분간이라도 좌선을 하면서 일체가 다 한마음임을 자각하고 근본 주인공에 귀의하는 시간이 필요하다고 하였다. 이러한 법회를 통해 참석자 중 일부는 법사의 가르침을 따라 실천하면서 일상생활에 깨어 있는 생활을 할 수 있다고 하였다.

　위의 실례에서 볼 수 있듯이 한마음선원에 있는 출가제자는 물론 재가제자들도 선사가 제시한 관법수행을 일상생활에서 적용하도록 한다. 그 예로 한마음과학원에서는 관법수행을 바탕으로 공생실천과정을 어린이에서 노년층까지 다양한 프로그램을 진행하고, 거기에서 대표적인 사례를 모아 책으로 출간하기도 한다.[403]

　앞에서 살펴본 관법수행의 실천사항 이외에도, 선사는 마음공부를

---

[403] 한마음과학원, http://www.hansi.org/education/education_1.do?(2017. 12. 03. 인용)

하는 데 있어서 일체를 내 탓으로 보아야 하며, 나라는 상을 세우지 말고 하심하여야 하며, 그리고 고정관념의 벽을 허물어야 하는 등 수행인으로 꼭 유의해야 할 사항을 설하였다.

제5장 대행선사 관법의 활용과 현대적 의의

앞서 3장에서 관법의 정의와 원리를 살펴보았고, 4장에서는 관법수행의 구체적인 내용을 살펴보았다. 본 장에서는 이러한 관법에 대한 활용과 특징 및 관법이 지니는 현대적 의의가 무엇인지를 살펴보고자 한다.

선사는 한마음선원을 창건한 후 상원사 토굴에서의 경험을 살려 모든 중생들에게 자성을 믿고 실천하는 자력수행을 강조하였다. 선사가 말하는 자력수행이란, 수행자들이 기복적인 신앙에 치우치는 것에서 벗어나 자신의 참 성품인 주인공을 진실히 믿고 놓아가면서 자신 앞에 닥친 모든 문제들을 지혜롭게 해결해 나가는 수행법을 말한다.

선사는 진정한 관법은 깨달은 이후에 보살행의 실천이라고 하면서, 이를 나툼이라고도 하고 중용[404]이라고도 하였다. 이러한 나툼과 중용

---

[404] "그러면 三界를 통달했다 이 얘깁니다, 삼계를. 나의 三心을 통달해서 삼계를

은 관법의 구체적 활용이라 할 수 있다. 이러한 내용은 『마하지관』의 오략 중에서 귀대처에 삼덕(三德: 법신·반야·해탈), 즉 법신·보신·화신의 작용을 설명하는 것에 해당된다고 볼 수 있다.

선사는 관법의 원리를 구체적으로 교화와 포교의 과정에 활용하였는데, 이는 불교의 생활화·현대화·과학화·대중화로 요약할 수 있다. 또한 이러한 관법이 지니는 현대적 의의는 기존의 불교관법을 현대적으로 계승한 점과 한국선 전통의 수증론을 계승하고 있는 점, 그리고 수행법에 나타난 위인문적인 입장과 그의 관법이 지니는 실용성 등을 들 수 있다. 본 장에서는 이러한 점에 대하여 구체적으로 살펴보고자 한다.

제1절 대행선사 관법의 활용

선사는 한마음선원 설립 이후에 사부대중에게 자력수행을 강조하면서 모든 문제를 스스로 해결할 수 있도록 관법수행을 강조하였다. 선사는 관법을 활용하여 제자들을 지도하고 또 포교에 활용하였다. 물론 한마음선원을 중심으로 중생을 제도하고 불법을 편 모든 활동을 관법의 활용이라고 곧바로 등치시키기 어려운 점이 있기는 하지만, 여기서

통달했다. 過去心이나 現在心, 未來心을 다 통달해서 과거세계, 현재세계, 미래세계를 다 통달했다. 그래서 자유자재한다. …… 그것이 바로 구경경지라고 할 수 있는 覺을 이루어서, 그 마음이 無心의 도리인 중용을 스스로 할 수 있는 그런 것이 됩니다. 그래서 자유인이라고 했습니다." (『허공을 걷는 길: 법형제법회』 1권, 앞의 책, pp.46~47)

활용이란 포교와 교화에 나타난 전반적인 특징의 의미로 사용하고자 한다.

선사가 대중들을 지도할 때 관법을 활용하는 구체적인 예를 살펴보면 두 가지의 모습을 띠고 있다. 첫 번째의 경우, 어떤 신도가 와서 자신의 어려움을 해결해 달라고 하소연하면 선사는 상대의 근기를 보아 관하는 방법을 모를 경우는 그냥 말없이 관해준다고 하였다.[405] 두 번째는 관법을 배우는 수행자들에게는 그들의 문제를 직접 주인공에 놓고 해결하라고 하면서, 선사 자신도 그 문제에 대해 마음을 내면서 보살행을 한다고 말해주는 것이다. 예를 들면 어느 신도가 문제가 생겨 선사에게 와서 하소연을 하면 "열심히 관하세요. 그러면 내 관하는 대로, 진실하게 관하면 나도 거기 도와주게 돼 있어. 그러니 진정코 진실하게 관하세요."라고 말한다. 그렇게 해서 보내 놓으면 얼마 후 일이 해결이 되어서 선사에게 감사하다고 하였다.[406]

선사는 깨달은 자의 진정한 보살행은 사람이나 짐승들을 위해 행하는 것은 물론 세계의 일까지 조절할 수 있다고 하였다.[407] 이러한 사실은 아직 과학적으로 확실히 증명되지 않는 것이지만, 화엄불교에서 말하는 사사무애법계事事無礙法界처럼 만물이 모두 하나의 법망으로 연결되어 있다고 한다면 마음으로 일체를 조절하는 것이 가능할 것이다.

이러한 선사가 제자들을 지도한 것을 보면 처절한 수행과 깨달음, 그리고 보림을 통해 세상 만물이 둘이 아님을 확연하게 증득한 것을

---

405 『허공을 걷는 길: 국외지원법회』 3권, 앞의 책, p.1574.
406 『허공을 걷는 길: 정기법회』 4권, 앞의 책, p.349.
407 위의 책, p.185.

중생들에게 끝없는 자비행을 실천한 것임을 알 수 있다. 선사의 교화와 포교의 내용을 살펴보면 불교의 생활화·현대화·과학화·세계화의 틀 속에서 이루어지고 있음을 볼 수 있는데, 그 구체적인 내용을 살펴보고자 한다.

1. 불교의 생활화

선사는 불교수행의 생활화 내지 생활 속의 불법수행을 강조하였다. 선사는 "생활을 떠나서 불법을 따로 구하지 말라. 생활을 잃고 그 어떤 것이 있다고 결코 믿지 말라. 살아가는 모든 것이 곧 불법이니 내가 있는 것이 불교요, 내가 살아가는 것이 불교이다."[408]라고 하여 생활의 불법화, 불법의 생활화를 천명하였다. 이러한 점 때문에 혜선은 선사의 수행법의 특징은 생활선 혹은 세제선법世諦禪法이라 명명하였다.[409]

흔히들 불교는 출세간을 지향하고 유교는 세간을 지향한다고 말한다. 그런데 진정한 출세간이란 세간과 출세간의 분별을 떠난 것이라 할 수 있다. 선사의 생활선은 바로 세간과 출세간의 분별을 떠나 있다. 그래서 수신修身·제가齊家·치국治國·평천하平天下의 유교적 지향은 그의 가르침 속에는 고스란히 묻어난다. 예를 들어 '관법을 통하여

---

[408] 『한마음요전』, 앞의 책, p.639.
[409] "선사의 수행법 가운데 가장 두드러지는 것은 일상생활 속에서 實參 實修할 수 있는 生活禪, 곧 世諦禪法이라고 할 수 있다. 그 요점은 우리 중생들의 일상생활과 수행이 결코 둘이 아니라는 것이다." (혜선, 앞의 책, 2013, p.369)

제가齊家의 문제를 어떻게 해결할 수 있을까?' 하는 의문을 가질 수 있는데, 이에 대하여 선사는 다음과 같이 말하고 있다.

만약 가정에서 남편은 남편대로, 자식은 자식대로 빗나간다 해도 결코 입으로, 몸으로, 물질로 상대하지 말라. 오직 마음에 맡겨 관하고, 오직 마음에 놓아버려라. 그러면 서로 통하기 마련이다. 그렇게 할 때 전화번호를 이쪽에서 돌리면 저쪽에서 울리는 것처럼 마음의 진실이 전해지게 된다. 이것이 참된 사랑이요, 이 시대의 불법인 것이다.[410]

위에서 볼 수 있듯이 가정을 다스리는 문제의 근본은 바로 관법에 있음을 말하고 있다. 또한 치국·평천하의 원리에 대해서도 다음과 같이 설하고 있다.

우리 생활이 곧 불법임을 아는 것이 곧 호국불교이다. 만법을 청룡도 검처럼 쓸 줄 아는 것이 진짜 호국불교이다. 생활 가운데 자기 자리를 참으로 지킬 수 있는 사람이라면 한국을 지킬 수 있고 세계·우주를 지킬 수 있다.[411]

선사의 관심은 개인의 행복은 물론 가정과 사회, 그리고 국가 및 우주, 자연, 생명에 이르기까지 미치고 있는데, 이는 유가의 '수·제·치

---

[410] 『한마음요전』, 앞의 책, p.639.
[411] 위의 책, pp.731~732.

•평'에 대한 목표를 불법을 통하여 실현하는 방법을 제시하고 있다. 심지어 "내가 자금이 생겼다 해도 그 돈은 언제고 나갈 것이니 내 것이 아니라 내가 관리한다고 생각하라. 내 돈도 아니고 네 돈도 아니라 돌고 도는 돈이니, 집착하는 마음을 밑 빠진 구멍에 다 놓아라."⁴¹²라고 하여, 자본주의에서 모든 가치의 기준이 되고 있는 돈에 대해서까지 관법의 활용이 미치고 있다.

이러한 불교의 생활화는 불교가 중국화하는 과정에서 나타난 전통 중의 하나로서 화엄에서는 '즉사이진卽事而眞'의 논리를 통하여 이루어졌다. 특히 혜능은 일행삼매一行三昧, 일상삼매一常三昧를 강조하면서 선禪을 대중화·생활화하는 데 크게 기여하였다. 『법보단경』에서 혜능은 일상삼매를 얻기 위해서는 "어느 곳에서나 마음이 대상에 머물지 아니하고, 저 대상 가운데에서 미워하고 사랑하는 마음이 생겨나지 아니하며, 취함도 버림도 없고, 이롭거나 유익하거나 이루어지거나 허물어지거나 하는 일들을 생각하지 아니하며, 편안하고 한가로우며 허공처럼 비어 담박하게 되면 이것을 일상삼매라고 부른다."⁴¹³라고 하여 허공처럼 텅 비고 진여의 마음이 되면 취사取捨, 증애憎愛 등의 마음이 일어나지 않는다고 하였다. 그리고 마조도 '평상심이 그대로 도'라고 강조하면서 수행을 위해 일부러 작위적인 수행을 하지 말 것을 강조하였다. 선사가 강조한 불법의 생활화는 혜능의 일상삼매와 마조의 평상심처럼 일상생활에서 집착이 없는 자유로운 삶을 살아가라

---

412 위의 책, pp.726~727.
413 『六祖大師法寶壇經』卷1 (T48, p.361a). "若於一切處而不住相 於彼相中不生憎愛 亦無取捨 不念利益成壞等事 安閒恬靜 虛融澹泊 此名一相三昧."

는 점에서 일맥상통하고 있다. 선사가 일상삼매를 강조하고 있는 것은 다음의 내용을 통하여 확인할 수 있다.

그러면 공심으로 다 집어먹었어요, 인제. 그런 과정을 다 거치게 되면 말입니다. 그럼 사선四禪이라고 하는 게 나옵니다. 이게 과정이에요. 사선이라고 하는 그 도리가 나오는데, 경전에는 사선이 다른 의미로 되어 있습니다. 그러나 나는 여러분들에게 아주 곧바로 들어가게끔 하기 위해서 '사선은 그냥 행선·와선·좌선·입선이다.' 이렇게 말을 합니다. 이 사선을 그대로 생활화되어 있지 않습니까? 우리가 눕고 자고 일어나서 일하는 이것을 하나도 빠지지 않게 생활 속에서 다 집어먹는 겁니다. 이 지구가 쉴 새 없이 돌아가는데, 우리가 좌선할 때는 그게 돌아가고 좌선을 안 할 때는 안 돌아가나요? 불교는 진리입니다. 진리를 우리가 집어삼키려면 어떻게 하면 그 거치는 과정을 빨리 할 수 있을까 하는 겁니다. 그런데 그 사선을 그냥 공심으로, 즉 말하자면 공법으로 집어먹습니다. 그건 무슨 소리냐 하면 따로따로 좌선이다, 와선이다, 입선이다, 행선이다 이런 식으로 나누지 말라 이겁니다. 하루 24시간이 간다 하더라도 그대로 여여하게, 조금도 어긋남이 없이 쉬지 않고 돌아가는 참선을 한 겁니다. 이것도 쉬지 않고 돌아가는데, 하물며 여러분이 그렇지 않다고는 할 수 없겠죠.[414]

인용문에서 선사는 우리가 생활하는 그 가운데 선정에 들 수 있다고

---

414 『허공을 걷는 길: 법형제법회』 2권, 앞의 책, p.1247.

강조하면서 이러한 선정을 유지하기 위해서는 일체를 공심·공법으로 집어먹으라고(자성주인공에 놓음) 했는데, 이는 일체가 공하다는 것을 알라는 의미이다. 그러면서 입선·와선·행선·좌선을 일부러 설정하지 말고 생활하는 순간순간을 잘 관해 나가라고 강조한다. 이는 생활이 곧 불법임을 나타내는 것이다. 선사가 설하기를, 본래 우리가 살아가고 있는 일상생활이 그대로 참선이고 일상삼매라고 강조한다.[415]

선사는 수행의 생활화를 위하여 선법가禪法歌를 부르면서 일상생활에서 마음의 관법이 되도록 권하였다. 다음은 선법가가 갖는 의의에 대하여 선사가 설명한 부분이다.

> 선법가를 노래라고 하지만 자꾸 부르면
> 지극하게 염원하는 관이 됩니다.
> 그리고 단합이 될 수 있고요
> 남의 아픔을 내 아픔과 같이 생각하고
> 내 몸과 같이 생각하고 모두 나 아님 없다 생각하면
> 진실하게 상대를 둘 아니게 생각하면
> 나와 남이 건져지고 함이 없이 내가 한단 말없이
> 내가 산단 말없이 내가 죽는다 산다 생각 없이
> 그냥 놓고 간다면 그것이 벗어나는 길입니다.[416]

선사가 제시한 선법가는 찬불가와는 다른 점이 있다. 부처님을

---

415 〈승단〉(800), 앞의 녹취록, 1997. 09. 10.
416 한마음저널편집실, 『한마음저널』 60호 (한마음선원, 2011. 11. 12), p.3.

찬탄하는 찬불가는 기복적 성향이 많이 함축되어 있음에 비해 선법가는 반복해 부르다 보면 내면으로 관하게 된다고 하였다. 그리고 선법가를 통해 단합이 되고, 일체를 둘 아니게 보며, 함이 없이 놓고 가게 되면서 궁극에는 고에서 벗어날 수 있다고 하였다. 이러한 선법가는 1984년 안양 한마음선원 본원에서 어머니합창단을 시작으로 어린이, 학생, 청년, 거사합창단이 구성되어 선법가를 부르면서 일상생활에서 관법실천을 하고 있고, 지원에서도 합창단이 구성되어 선법가를 부르며 수행을 하고 있다.[417]

이와 같이 선사는 일상생활 전반에 관법을 활용하여 불교의 생활화를 시도하였다. 앞서 살펴본 것처럼 이는 근현대 한국 불교계의 한 흐름과 맞닿아 있다고 할 수 있는데, 분명한 것은 선사가 독특한 관법을 통하여 생활불교와 혁신불교의 흐름을 새롭게 주도했다는 점이다.

2. 불교의 현대화

모든 존재는 시간과 공간의 제약 속에서 존재한다. 이러한 존재의 생존과 사멸의 모습을 부처님은 '연기緣起'를 통하여 말했고, 또 '제법무아諸法無我·제행무상諸行無常'이란 말로 표현하였다. 인간의 삶이 시대에 맞지 않으면 도태될 수밖에 없다. 그래서 유교에서는 '시중時中'이라 하였으며, 『주역』에서는 '모든 것은 변화하며 변화하는 사실만이

---

[417] 혜선(2013), 앞의 책, pp.432~448.

변하지 않는다(變卽不變 不變卽變)'의 논리를 제시하였다. 불교가 시대에 맞게 변화되어져야 하는 것은 불교가 지속되기 위한 필수불가결한 요청이라 할 수 있다.

선사의 관법이 지니는 큰 특징 중의 하나가 바로 현대인에게 맞는 수행법을 제시하고 있다는 점이다. 주지하다시피 한국불교의 수행상 특징은 출가자 중심주의와 간화선 중심주의라 할 수 있다. '간화선 수행이 시대를 초월한 보편적인 수행법인가, 아닌가?' 하는 문제는 많은 논의가 필요한 문제라 할 수 있다. 하지만 적어도 선사가 활동하던 당시 한국불교의 풍토에 있어서 간화선 수행은 소수의 산중 수좌들에게 알려져 있었지 대중화되지는 못하고 있었다. 이러한 상황 속에서 선사가 제시한 관법은 쉽게 대중들 속에 파고들었다. 그러한 이유 중 하나는 현대인에게 맞는 수행법을 제시해야 한다는 분명한 의식이 선사에게는 있었기 때문이라 생각된다. 선사에게서 시대에 맞게 전통적인 선수행법에도 변화를 가져와야 한다는 시대정신이 드러나 있는 것은, 다음 제자와의 문답을 통해서도 알 수 있다.

한 신도가 선사께 '왜 역대 조사들처럼 방, 할을 쓰지 않는지'에 대해 여쭈었다. 선사는 말씀하셨다. "나는 그렇게 어렵게 하고 싶지 않다. 지금의 시대는 뛰면서 생각하면서 뛰지 않으면 안 되는 시대인데, 도가 그렇게 어렵게 생각되어져서는 곤란하다. 지금 자기 자신이 금방 화해서 나투고 돌아가니 공이면서 그대로 하고 있는 것이라, 믿음 속에 일체를 다 놓고 가다 보면 한두 가지 체험을 하게 됨으로써 '아, 이건 이렇구나.' 하며 확신을 갖게끔 하는 것이다. 이치를 알려거든 바로 지금 자기가 돌아가는 그 자리에서 알라 하는 것이다."[418]

위에서 볼 수 있듯이 선사가 전통적인 조사선 수행법을 따르지 않고 독특한 관법을 제시하고 있는 이유 중의 하나가 시대에 맞는 수행이 되어야 한다는 것이다. 이러한 정신은 그의 교화와 포교의 현장에서도 그대로 드러나고 있다.

선사는 불교의 경전이 한문 위주로 되어 있어서 일반불자들이 이해하기에는 어려움이 많다고 여겼다. 그래서 선사는 한문 위주의 경전을 한글로 뜻을 풀이하였는데, 『뜻으로 푼 반야심경』(1991년), 『뜻으로 푼 천수경』(1991년), 『뜻으로 푼 금강경』(1999년) 등을 발행하였으며, 한문 위주로 된 천도의식도 신도들이 쉽게 공유할 수 있도록 『법성게法性偈』, 『무상계無常戒』 등을 한글로 풀이했다. 그리고 해인사 팔만대장경 전산화 작업을 원만히 회향하기 위해 대법회를 주관하는가 하면, 불교의 효율적인 포교를 위해서는 방송과 언론을 통한 포교가 되어야 한다고 주장하면서 교계의 불교방송을 적극 지원하였고, 현대불교를 직접 창간(1994년)하여 불교의 현대화에 앞장섰다.

한편 선사는 현대에는 불교사상을 인문·사회·자연·공학·의학·교육 등에서 둘이 아닌 한마음의 원리를 활용해야 하는 필요성을 느끼어 한마음과학원을 1996년에 설립하였다. 이 기관의 핵심 연구방법은 자신에게 이미 갖추어져 있는 참나를 믿고 모든 것을 안으로 맡겨놓으

---

[418] 『한마음요전』, 앞의 책, pp.301~302.

며, 묻고 실험하고 체험함으로써 내면의 참된 지혜를 이끌어내어 각 분야에 적용하는 것이다. 그리하여 에너지 위기, 생태환경의 파괴, 기술 개발과 같은 현재 인류가 당면한 문제들을 해결하는 데 그 목적이 있다. 이러한 연구는 최근 들어 화두가 되고 있는 4차 산업과 그 이상의 대안이 될 수 있을 뿐 아니라 참교육의 실천과 인간성 회복과 같은 인문사회학적인 문제를 해결할 수 있는 실마리를 제공하게 한다.[419]

선사는 의식 부분에 있어서도 신도들이 쉽게 이해할 수 있도록 한글로 풀이를 했으며, 천도재나 제사의식에 상차림을 할 때 육법공양을 의미하면서도 간소하게 차려 진행하도록 하였다.[420] 그리고 기도 대신 '촛불재'와 같은 의식을 활용하여 어린이나 학생들도 같이 참여하고 자신의 내면을 밝힐 수 있는 계기를 마련하였다.

선사는 장례문화에 있어서도 1986년 광명선원에 영탑공원을 국내 처음으로 조성하였다. 이는 미래에 묘지로 인한 국토의 협소함을 해소하고 인연 있는 영가들이 사찰에서 마음을 밝혀 왕생극락하든지 세상에 필요한 사람으로 화현하게 하는 것이 목적이었다.[421]

3. 불교의 과학화

불교의 현대화를 추구한 선사에게 있어서 두드러진 업적은 불교의

---

[419] http://www.hansi.org/introduce/introduce.do?(2017. 4. 10. 인용)
[420] 혜선(2013), 앞의 책, pp.452~466.
[421] 위의 책, pp.466~482.

과학화를 시도한 점이다. 선사는 과학의 다양한 분야에서 관법이 활용되어야 함을 역설하였는데, 이러한 점은 현대의 고승들 가운데에서도 선사가 가장 앞서갔다고 평가할 수 있다.

2016년 1월 다보스포럼에서 '제4차 산업혁명'[422]이라는 새로운 용어가 언급되었다. 이 4차 산업은 '초연결성(Hyper-connected)', '초지능화(Hyper-Intelligent)'의 특성을 지니고 있어서 이러한 특성을 연구하기 위해 무엇보다 창의적·혁신적인 과학기술의 인력양성이 필요하다. 선사는 이러한 4차 산업 이상의 기술혁명의 필요성을 언급하였는데, 대표적인 예로는 첨단컴퓨터기술을 바탕으로 하는 의학 개발, 에너지 개발, 환경보호 그리고 우주 개발 등이 있다. 선사는 이러한 과학기술을 사용 가능케 하기 위해서는 개발하는 사람들의 차원이 향상되어야 한다고 강조하였다. 그러기 위해서는 관법수행으로 자신의 불성을 발견하여 정신적으로 차원이 높아져야 한다고 했다. 현대는 융합의

---

[422] 4차 산업이란 WEF(Word Economic Forum)의 경제용어로 "디지털 혁명에 기반하여 물리적 공간, 디지털적 공간 및 생물학적 공간의 경계가 희석되는 기술융합의 시대"라고 정의함. 4차 산업은 '업무환경 및 방식의 변화', '신흥시장에서 중산층 등장', '기후변화', '모바일인터넷', '클라우드 기술', '빅데이터', '사물인터넷(IoT)', 그리고 '인공지능(AI)' 등을 주요 변화 동인으로 예측함. 4차 산업의 특징은 '초연결성(Hyper-connected)', '초지능화(Hyper-Intelligent)'의 특성을 갖고 이를 통해 모든 것이 상호 연결되고, 보다 지능화된 사회로 변화'되는 것임. 4차 산업으로 인해 기술·산업구조, 고용구조, 그리고 직무역량의 변화가 예상됨. 이에 대한 대비로는 범정부 차원의 전략수립, ICT 기반의 신성장동력 발굴을 통한 과학기술 경쟁력 강화, 그리고 창의적·혁신적 과학기술인력 양성 체계 구축이 필요함. (김진하, 『제4차 산업혁명 시대, 미래사회 변화에 대한 전략적 대응 방안 모색』, 한국과학기술기획평가원, 2016, pp.47~57)

시대로, 특히 자연과학과 인문과학의 융합 시대이다. 모든 직종의 종사자들은 관법수행을 하든 어떤 형태로든 자성을 계발하는 '수행자'이기도 해야 하는 상황이 되었다.

이러한 취지로 선사는 1997년 한마음과학원을 설립하고 미래산업에 대한 연구계기를 마련하였다. 선사는 무엇보다 관법수행이 제대로 되고 난 후 유위법적인 지식과 결합하여 미래시대에 인류에게 도움이 될 심성과학과 기술 연구를 전개해 나가라고 하였다.

여기서는 선사가 직접 언급한 관법수행을 바탕으로 한 의학 연구 개발, 대체에너지 개발, 그리고 환경보호에 대해 살펴보고자 한다.

1) 의학 개발

선사는 한마음과학원 설립 후 의학과 관련된 전문가들에게 여러 차례 의학 연구와 의학 장비 개발의 필요성을 언급하였다.[423] 선사는 우리들의 한생각에 의해 인체 내부에서 어떻게 작용하는지를 다음과 같이 설하고 있다.

> 이것을 아주 내부세계에 그 확연히 그냥 한 찰라로다가 이렇게 컴퓨터처럼 찍어내는 그러한 '나'가 있어. 그것이 바로 어저께도 얘기했지만 이건 바른쪽 두뇌, 이건 왼쪽 두뇌, 이건 중간에는 이게 모습도 너희들한테만 얘기지, 모습도 여기에 요렇게, 단계가 요렇게, 동그랗게 크고 작고 요렇게 세 단계가 중간에 이게 정수리에

---

[423] 선사는 1997년 한마음과학원 설립 이후 1997년 6월 7일부터 과학원연구원들에게 전문적으로 연구할 수 있는 설법을 하였다.

있다는 얘기야. 이 그래서 정수리야. 정수리! 그리고 뇌 쪽으로 바른쪽 뇌 쪽으로나 왼쪽 뇌 쪽으로나 이렇게 조그만 떡 하나 붙었듯이 이렇게 붙어 있어. 이 공부를 안 하는 사람은 감각과 시각으로다가 그냥 이렇게 물건을 들이지만, 예를 들어서 무슨 일을 허구 들이고 내지마는, 우리가 여기 정수리를 믿고 거기에다 모든 거를 맡기는 상황 속에서는 바로 이 정수리의 주인이 바로 그거를 동시에, 이 겉눈으로 보는 동시에 속눈도 같이 보게 되는 거야. 같이 동시에. 여기에서 이렇게 뭉쳐 있는 인연들은 내 마음에 의해서 그것이 움죽거려 주는 거지, 만약에 내 이 정수리, 이 주인공에 의해서만이 움죽거려 주는 거야.[424]

위에서 정수리는 주인공을 의미하며, 이를 믿고 공부하는 사람이 관을 하게 되면 속눈과 겉눈, 즉 좌뇌의 유위법과 우뇌의 무위법이 조화가 되어 지혜로운 삶을 전개할 수 있다고 설한다. 정수리라 함은 현대의학에서 말하는 송과체(pinal gland)를 의미하는데, 현대의학에서는 뇌의 정 가운데 위치해 있다고 한다. 데카르트는 이 송과체가 육체와 정신이 만나는 지점이라고 생각했다.[425] 선사는 주인공을 믿지

---

[424] 〈승단〉(524), 앞의 녹취록, 1991. 7. 22.
[425] "송과체는 좌우 대뇌 반구 사이 셋째 뇌실의 뒷부분에 있는 솔방울 모양의 내분비 기관. 긴 지름은 12mm, 무게는 170mg 정도이며, 생식샘 자극 호르몬을 억제하는 멜라토닌을 만들어 내는데, 조류에서는 체내 시계의 작용을 한다. 광선에 노출되면 멜라토닌의 분비가 억제된다. (지제근, 『의학용어큰사전』, 아카데미아, 2004, p.1375) 멜라토닌은 사람의 생체 리듬 유지에 중요한 역할을 하며, 낮이 되면 깨어나고, 밤에는 졸리고 체온이 떨어지는 등의 변화에 영향을

않는 사람들은 유위법과 무위법을 중용할 수 없는 반면에, 주인공을 관하는 이에게는 정수리를 통해 좌뇌와 우뇌의 작용을 통함과 동시에 송과체가 같이 작용을 하면서 사대로 통신이 된다고 말한다.[426] 이러한 과정에서 보이지 않는 세계와 보이는 세계를 중용해가면서 슬기롭게 대처해 나갈 수 있다는 것이다. 또한 선사는 누진통의 예를 들면서 오신통을 초월하여 누진통을 하게 되면 이것이 바로 정수리에 통하게 된다고 한다. 이를 인체의 작용으로 설명하자면 정수리에서 대뇌와 척수를 통해 사대로 통신이 된다고 하였다. 그러면서 누진, 즉 주인공에 놓게 되면 앞서의 모든 업이 소멸된다고 설하였다.[427] 앞서 선사가 언급한 내용을 정리해보면 주인공, 정수리, 누진 그리고 현대의학의 송과체라는 용어는 같은 의미로 볼 수 있다. 그리고 깨달은 이는 한생각을 하면 자연스럽게 정수리를 통해 대뇌의 좌우뇌를 거치고 척수를 통해 사대로 통신이 된다. 깨닫지 못한 자라도 주인공을 믿고 관하게 되면 정수리를 통해 내부세계와 외부세계를 중용하여 일상생활에 적용된다고 설한다.[428] 이러한 이치는 범부라도 주인공을 진실히 믿었을 때는 그 원리를 세세히 알지는 못하지만, 앞서 제3장에서

준다. 인간의 송과체는 대뇌 아래 간뇌의 시상상부에 있다. 철학자 데카르트는 송과체를 육체와 정신이 만나는 지점이라고 생각했다." (강영안, 『나는 어떻게 죽을 것인가』, 북이십일, 2016, p.81)

[426] 『허공을 걷는 길: 국외지원법회』 2권, 앞의 책, p.1212. 현재 의학계에서는 선사가 언급한 송과체에 대하여 현대의학으로 증명되지 않았다. 하지만 데카르트와 같은 철학이나 수행분야에서는 제3의 눈으로 불리고 있다.

[427] 『허공을 걷는 길: 정기법회』 4권, 앞의 책, p.133.

[428] 〈승단〉(524), 앞의 녹취록, 1991. 7. 22.

한생각을 내는 법에서 언급한 것과 같은 작용을 한다는 것이다. 그러므로 다시 한 번 자신의 주인공에 대한 믿음의 중요성이 부각된다.

선사는 뇌의 구조에서 좌측 뇌와 우측 뇌에 대해서 다음과 같이 설하고 있다.

> 우리가 지금 이 머리가 한 해골로 이렇게 구성이 됐지만, 너 나가 있듯이 대뇌에, 이 소뇌에 대뇌가, 대뇌에 반쪽씩 이렇게 속에 들어 있다고 봅니다. 우측은 잠재의식 자체로서 아주 광대무변한 법을 판단할 수 있는 능력을 가진 그런 대뇌의 우측이라고 봅니다. 또는 좌측에는 현재 50% 현상 생활에서 판단할 수 있는 그러한 능력을 소유하고 있다고 봅니다. 그런데 옛날에도 내가 말씀드렸듯이 '애비묘지와 자식묘지가 있는데 양면이 구멍이 뚫렸느니라. 그런데 자식이 애비한테 가면 애비로 하나가 되고, 애비가 자식한테로 오면 자식으로 하나가 되니, 그 연고는 무슨 연고냐.' 하고 묻더라고 그렇게 말씀드렸죠. 이건 제가 젊었을 때에 그저 무조건 길을 걸을 때에 있었던 얘기입니다. 그런 거와 같이 여러분도 인간으로 태어났다면 부처될 수 있는 가망성이 99% 있다고 말씀드렸죠. 왜냐하면 그대로 여여하다고 그러는 거는, 이 예를 들어서 표현을 하자면 대뇌의 안에 있는 우측 좌측이 한데 계합이 돼야만이 여여함을 느낍니다. 이것이 계합이 되지 않는다면 여여함을 느끼지 못합니다.[429]

---

[429] 『허공을 걷는 길: 정기법회』 2권, 앞의 책, p.159.

인용문에서 우측 뇌는 무위법의 아버지가 되고, 좌측 뇌는 유위법의 아들이 되어 무위법과 유위법을 잘 조화시켜 생활에서 활용해야 한다는 것이다. 다시 말해 우측 뇌는 잠재의식과 관련하여 광대무변한 법을 판단할 수 있는 능력을 가졌으며, 좌측 뇌는 현재 생활에서 판단할 수 있는 능력, 예를 들면 현생에 배운 지식, 그리고 팔식六識의 작용 등과 같은 기능을 하고 있는 것을 알 수 있다. 그러므로 우측 뇌와 좌측 뇌가 조합을 이루어야 일상생활에서 여여한 삶을 살 수 있다. 이러한 선사의 견해를 뒷받침하는 주장이 현대 의학에서 발표되고 있다. 미국의 뇌 과학자 질 볼트 테일러(Jill B. Taylor)는 좌측 뇌와 우측 뇌의 기능에 대해 설명하고 있는데, 우선 우측 뇌에 대해 다음과 같이 설명한다.

나의 우뇌에는 '지금 여기(right now, right here)'가 전부다. …… 현재 순간의 풍요로움에 모든 걸 맞춘다. 삶에 대한 고마움, 살아가며 만나는 모든 사람과 모든 것에 대한 고마움으로 가득하다. 매사에 만족하고, 정이 많고, 넉넉히 끌어안고, 한결같이 낙관적이다. 우뇌의 성격은 좋고 나쁨, 옳고 그름의 판단이 없으므로 모든 것을 상대적으로 바라본다. 현재의 모습을 있는 그대로 받아들이며 인정한다. …… 모든 사람을 인류라는 가족의 평등일원으로 여긴다. 우리 모두가 서로 연결되어 정교한 구조의 우주를 이루고 있다는 사실을 이해하고, 내부의 박자에 맞춰 열정적으로 행해진다. 경계의 지각에서 완전히 놓여난 오른쪽 뇌는 이렇게 소리친다. "나는 모든 것의 일부이다. 이 땅의 우리 모두는 형제자매들이다. 우리는

제5장 대행선사 관법의 활용과 현대적 의의 **259**

이 세상을 좀 더 평화롭고 친절한 곳으로 만들기 위해 여기에 왔다."⁴³⁰

질 볼트는 자신이 뇌과학자로 연구하다 자기가 직접 뇌를 다치면서 경험했던 것을 연구사례로 발표한 것이다. 그에 의하면 오른쪽 뇌는 현재 이 순간을 항상 감사하게 생각하고 나와 남이 다르지 않음을 강조하고 있다. 더 나아가 우리는 서로 연결되어 우주를 이루고 있다고 하면서 온 인류가 한 가족의 평등일원으로 여긴다고 하였다. 이러한 내용은 불교에서 언급하는 일심사상이나 불이사상과 맥락을 같이 한다. 한편 질 볼트 테일러는 좌측 뇌에 대해 다음과 같이 말한다.

> 좌뇌는 세세한 면에 집착하고 삶을 꽉 짜인 계획표에 따라 운영한다. 나의 진지한 면을 맡고 있다. …… 경계를 짓고, 모든 것을 옳거나 그른 것, 좋거나 나쁜 것으로 판단한다. 좌뇌의 언어 중추가 '나는 무엇이다'라고 말함으로써 나는 영원한 우주의 흐름에서 떨어져 나온 독립적인 존재, 단일하고 견고한 존재가 된다. 다량의 정보를 재빨리 처리할 수 있다. 외부 세계에서 벌어지는 경험을 따라잡기 위해 놀라우리만치 빠른 속도로 정보를 처리하는 것이다.⁴³¹

인용문에서 좌측 뇌는 경계를 만났을 때 이를 잘 판단하고 결정짓는 역할을 한다. 또한 좌뇌는 우주와 떨어진 독립적인 존재에 대해 인지하

---

430 질 볼트 테일러 저 / 장호연 역, 『긍정의 뇌』 (월북, 2011), pp.170~173.
431 위의 책, pp.170~175.

며, 특히 언어와 관련된 것을 체크하여 구분하고 해석을 도우며 이야기를 지어내는 역할을 한다.[432] 질 볼트는 자신의 왼쪽 뇌가 손상되었을 때 겪은 경험을 바탕으로 하여 양쪽 뇌 모두가 중요하며 서로 상호보완 관계가 중요하다는 것을 알게 되었다. 하지만 현대인들은 좌측 뇌에만 너무 신경을 쓴 나머지 이기적으로 가고 있다고 지적하면서 우측 뇌에 관심을 갖고 인류가 하나라는 것을 인지하고 지금 여기에 충실할 것을 강조한다.

강길전은 인간의 구조를 3중 구조로 설명하고 있다. 즉 글렌 레인(Glen Rein)의 『양자생물학』이란 책에 근거하여 인간은 물질적 구조인 몸(身)과 비물질적인 마음(心) 이외에 에너지적 구조(energy body)가 있다고 하였다. 글렌 레인은 인체를 구성하는 분자, 세포, 조직 및 장기 등은 각각 고유의 양자파동장(quantum wave field)을 지니고 있는데 이들 양자파동장들이 하나로 연결되어 있기 때문에 이것을 에너지적 구조라고 불렀다. 글렌 레인에 의하면 인간은 몸, 몸에 부속된 에너지적 구조, 그리고 마음 등 3가지 요소로 구성되어 있는데 에너지 구조도 파동이고 마음 또한 파동이기 때문에 마음은 에너지 구조와 공명에 의해서 연결되고, 에너지 구조는 몸에 부속되어 있기 때문에 결국 마음은 몸과 연결이 가능하다고 하였다. 이와 같이 몸과 마음은 연결될 수 있기 때문에 마음은 인체의 모든 조직 및 장기(예: 뇌, 심장, 간 등)와 연결되어 있고, DNA와도 연결되어 있으며 면역계통, 내분비계통 및 암조직과도 연결되어 있다고 하였다.[433]

---

[432] 위의 책, p.176.
[433] 강길전, 『양자의학, 새로운 의학의 탄생』 (돋을새김, 2013), pp.190~202.

위에서 선사와 현대의학자들이 설하는 바와 같이 인간은 뇌의 구조에 비추어 볼 때 무위법과 유위법을 함께 활용할 수 있는 능력을 갖추고 있음을 시사한다. 선사가 말하는 관법의 원리를 인체에 비유하여 다음과 같이 정리할 수 있다. 먼저 깨달은 자가 보살행을 하는 원리를 두 가지로 나누어 볼 수 있다. 첫째는 자생중생들, 예를 들면 자신의 신체 내부의 일부가 손상이 되어 관을 하게 되면 송과체를 통해 좌뇌와 우뇌의 기능을 종합해서 최적의 처방을 결정하게 된다. 이러한 결정은 척수와 말초신경을 통해 손상된 부위에 전달이 되어 치유하게 하는 원리이다. 둘째는 외부에 있는 중생들이 문제를 해결해 줄 것을 호소하면 그 메시지를 전달받고 같은 원리로 송과체와 좌우뇌를 통해 어떻게 해결해줄 것인지를 결정한다. 이어서 자신의 몸 안에 있는 의식들이 털구멍을 통하여 외부로 나가면서 보살로 화하여 중생들의 문제를 해결하게 되는 원리이다.

보통 범부의 경우 자신의 능력을 극히 일부만 사용되어진다고 한다. 이러한 이유는 그동안 익숙해져 있던 중생심 때문에 자신의 능력을 과소평가하여 스스로 자신의 능력을 차단하기 때문이다. 그러한 면에서 선사는 이러한 고정관념을 떨쳐버리고 일체를 주인공에 놓아가면서 무위법과 유위법을 중용하여 활용해 나갈 것을 당부하고 있는 것이다. 선사는 한마음과학원에 있는 연구진들에게 환자들에게 주인공에 관하는 법을 꼭 가르쳐 줄 것을 당부하면서 그 원리를 다음과 같이 설하고 있다.

사실이라면 잘 들으세요. 환자한테 항상 고거 한마디는 꼭 해줘야

돼요. 의사도 대신 못해주는 게 딱 한 가지 있다. 당신을 아프지 않고 병을 빨리 낫게 할 수 있는 당신의 몸의 지배자가 바로 당신의 주처, 주인공이다. 그러니까 '주인공한테 너만이 살릴 수 있다고, 너만이 낫게 할 수 있다.'고 관해라. 고것만 아주 철저하게 고렇게 하라고 일러주고 난 뒤에 여기서도 그렇게 해야 이 대뇌로 통신이 돼가지고 정수에 컴퓨터에 입력이 되게 돼 있어요. 입력이 컴퓨터에 입력이 되게 돼 있어요. 입력이 됨으로써 사대로 통신이 되는 거예요. 사대로 통신이 되면 거기 부서에서 바로 다시 말초신경에서부터 그 대뇌로 통신이 되면 말초신경으로 통신이 돼서, 말초신경에서 또 척추로 돼가지고서 이것이 다시금 대뇌에서 하달을 받게 됨으로써 이 모든 말초신경의 모든 작업을 하죠.[434]

인용문에서 보듯이 우리들 스스로가 진실로 주인공에 관했을 때, 대뇌를 통해 정수(리)에 입력이 된 후 대뇌와 사대와 통신을 주고받으면서 몸을 치유하게 되는데, 중추신경과 말초신경이 그 가운데서 중간역할을 하고 있다. 우리의 신체 일부에 통증이 있다고 한다면 우리의 몸이 정신과 육신으로 이루어졌으므로 정신적인 주인공이 빠져준다면 육신에 통증이 안 느껴지게 된다.[435] 수행자의 입장에서 볼 때 이러한 실천은 쉽지 않지만, 이 점을 참고하여 일상생활에서 육신의 고통은 물론 모든 경계에서 진실히 관할 때 해결할 수 있다는 믿음을 갖고 물러나지 않고 실천할 수 있는 끈기가 필요하다고 본다.

---

[434] 〈일법〉(784), 앞의 녹취록, 1997. 6. 7.
[435] 위의 녹취록, 1997. 6. 7.

선사는 의학 분야에 관련된 기계장치에 대해 다음과 같이 설하였다.

그러니깐 이거를 하나 볼 때만 하더라도 우리가 그 기계를 만들어서 우리가 그 마음을 갖다가 요런 거는 요러한 용도에 따라서 거기다 넣었을 때에 어떻게 우리가 마음으로나 물질로나 어떻게 반영을 해서 둘 아니게끔 해서 이 병을 고치는가 하는 거를 알 수 있다는 얘기죠, 이 모두가. 이 속에서 하는 거는 실천을 하게끔 하는 거고, 우리가 물질로다가 만들어서 하는 것은 거기서 만들어서 하는 것까지도 아마 나올 거라고 생각합니다. 그러니까 연구들 하셔서 직접적인 우리의 마음으로써 넣어서 직접적인 현실로 나오게끔 만드는 것은 우리가 이 컴퓨터에 입력을 해가지고서 그 입력이 하달이 돼서 그냥 나오는 거기 때문에 그대로 나오는 겁니다. 그러니까 컴퓨터와 같은 문제죠, 종류가. 그렇게 해서 우리가 발전하도록 하는 것이 좋겠습니다. 그렇다고 해서 모든 사람이 병 안 들고 잘 사는 건 아니지만 그래도 이 지금, 지금보담은 한 반쯤은 병이 그렇게 많지 않다 이렇게 나오고. 또 지구에 사람이 너무 무겁게 달리면 우리 집이 헐어질 테니까 집을 보존하기 위해서 그냥 그……, 다시금 이게 태어나서 마구 사는 그런 사람들은 그 사람 사는……, 뭐라고 그럴까, 본때를 보여주기 위해서 모두가 자연적으로 이렇게 없어진다고 할까. 그러한 경향은 있어도 병은 그렇게 많지 않을 거라고 생각됩니다. 여러분들이 그렇게 연구하셔서 그렇게 현실로 나오게끔 하는 것도 아주 100% 가능한 겁니다. 나는 부처님이 가르칠 때에 너희 속으로만 넣고 해라 이런 건 아닙니다. 이것은

그냥, 그 정말이지 심성과학이면서 자동적인 과학입니다.[436]

선사는 인간의 수명이 늘어가고 산업이 발달함에도 불구하고 병고로 고통을 당하는 중생들의 모습을 보면서 많이 안타까워하였다. 이에 대한 현명한 방법은 스스로 수행을 통하여 심신의 병을 치유하는 것이라고 하였다. 하지만 그렇지 못한 이들을 위해 마음수행을 하는 의사들이 병을 진단하고 처방까지 함께할 수 있는 기계를 발명할 것을 권유하였다. 현재 세계적으로 X-선, CT, MRI와 초음파의료영상 진단기 등의 첨단영상진단기기가 등장하여 의료분야에 많은 도움이 되고 있으나 기기의 편리성과 경제성의 향상이 필요하다.[437]

주류 현대의학에서는 아직 인정하지 않지만 주로 유럽의 선진외국의 대체의학 분야에서는 이미 20년 전부터 이런 기술이 개발되어 오고 있다. 예를 들면 헝가리에서 개발된 SCIO라는 장치도 몸 전체를 진단하는 데 3분밖에 걸리지 않고 진단이 끝나면 곧 바로 치료가 가능한 장치이고, 독일에서 개발한 BICOM이라는 장치도 진단과 동시에 치료가 가능한 원스톱 장치이며, 독일에서 개발한 ETASCAN은 진단하는 데 10분 정도 소요되고 곧바로 치료가 가능하며, 기타 러시아에서도 원스톱 장치가 개발되었다.

한국에서도 이러한 것이 실용화되려면 의학계에서 기존의 현대의학이 최고라는 것에 천착하지 말고 대체의학 등에 폭넓은 연구와 이해,

---

[436] 위의 녹취록, 1997. 6. 7.
[437] 한국발명진흥회, 「영상진단기기」(『발명특허』 30호, 한국발명진흥회, 2005), pp.71~73.

그리고 정부의 적극지원이 필요하다. 무엇보다 중요한 것은 관법수행을 통하여 인간이 스스로 병을 치유할 수 있는 능력을 갖고 있다는 생물학적 과학적 연구가 활성화되어야 한다고 보인다.

2) 대체에너지 개발과 환경보호

선사는 에너지 문제에 대해 다음과 같이 설하였다.

> 우리가 병원에서 호흡을 못하면 산소를 쓰고 있죠? 산소를 쓰고 있는 것도, 그것도 산소로만이 그렇게 하는 게 아니라 질소가 75%는 그렇게 돼 있다고 봅니다. 산소보다도 더 윗길이죠. 그러니까 우리가 이 지구 안에서 에너지가 없어서 우리가 정말 고통받을 때는 에너지를 허공에서 끌어서 쓸 수가 있다 이런 결론이 나오죠. 우리가 나쁘게 쓰려면 이 수소를 얼마나 나쁘게 쓰겠습니까? 지금 이 수소폭탄 말입니다. 그러나 수소폭탄도, 그것도 잘 돌려서 잘 연구하기에 달린 거죠. 그러니까 이런 말을 자세히 하지 않아도 여러분들이 정말 깨쳐서 그 도리를 다 알 수만 있다면 그냥 끌어내려서 연구해서 우리가 모든 사람한테 이익하게 정말, 우리가 물이 없다 이러면 그냥 바닷물을 갖다 우리가 먹을 수 있게 만들어서 모두 여러분이 다 쓸 수 있고, 또 우리가 에너지가 없다 하면 그런 거 없이도 우리가 그 에너지와 똑같은 걸로 잡아 쓸 수가 있고……. 우리가 그런 것을 다 할 수 있는 그 자격을 갖추었다는 것을 아셔야 합니다.[438]

---

[438] 『허공을 걷는 길: 국외지원법회』 3권, 앞의 책, p.1845.

현재 세계적으로 사용하는 주원료는 화석연료이다. 그러나 화석연료는 제한된 연료이고 또한 환경오염의 원인이 되기도 한다. 따라서 이러한 문제를 해결하기 위해 미국을 비롯한 선진국들과 대기업들이 수소에너지를 개발하고 있는 실정이다.[439] 인용문에서 선사는 인류의 환경 및 에너지 문제를 해결하기 위해 새로운 에너지를 개발하여야 한다고 주장하였다. 또한 선사는 질소에너지를 잘 개발하면 여타의 에너지보다 활용도가 높다고 하였다. 실제로 질소는 대기질량비의 75%가량을 차지하고 있으며 이미 질소비료, 질소로 충전하는 배터리가 실용화되고 있다.[440]

또한 현대과학에서는 최근 공간 에너지를 플라즈마(plasma)로 인정하고 공간 플라즈마를 끌어 쓰는 다양한 연구를 진행하고 있다. 공간 플라즈마를 끌어 쓰는 방법에는 크게 두 가지가 있는데 하나는 고온플라즈마 기술이고, 다른 하나는 저온플라즈마 기술이다. 고온플라즈마는 환경오염 처리기술이나 용접기술에 활용되고 있고, 저온플라즈마 기술은 반도체 공정과정에 없어서는 안 되는 기술이며 최근에는 의학 분야에서도 응용하기 시작하였다. 바닷물을 담수로 전환시키는 기술도 플라즈마 기술을 이용하는 것으로 알고 있다. 하지만 이러한 실험과 상용화는 초기단계이며 앞으로 더 많은 연구가 필요하다.

선사는 또한 지구의 환경문제에 많은 우려를 보이면서 환경에 대해 다음과 같이 설하였다.

---

[439] 제러미 리프킨 저 / 이진수 옮김, 『수소혁명』(민음사, 2005), pp.239~241.
[440] http://english.cas.cn/newsroom/news/201704/t20170417_176067.shtml
(2017. 7. 25. 인용)

중생들이 오염이 되게 하면은 가차 없이 모두가 다시 살림을 다시 해야 합니다. 그런데 더러운 걸 버려서 오염이 되나 했더니, 이번에 알프스 산에 가서 보니까 케이블카가 올라가고 이러느라고 땅을 파고 쇳덩이리를 박고 이런 것부터 벌써 오염이에요. 이 모두가 오염이에요. 그건 왜 오염이 되느냐. 의사가 완전히 배워 가지고 수술을 할 때에 세포를 건드리지 않고 살을 각을 뜹니다. 그런데 이건 그것도 모르고 세포고 동맥이고 뭐고, 막 끊고 쇠를 박으니 이게 오염이 아니고 뭐겠습니까? 의사도 아니면서 의사 노릇을 하는 그런 사람들로 인해서 생기는 그 오염을 막는 것도 우리의 마음에 달려 있습니다. 끊어진 세포를 잇고……. 하여튼 마음은 체가 없는 겁니다. 체가 없는 건 뭐든지 할 수 있는 겁니다. 그러기 때문에 첫째, 그 오염을 전체 깨끗하게 막아준다면 문제는 달러집니다. 가만히 보니까 남극이구 북극이구, 만년설이 무지하게 많아요. 그리고 이게 북극에서 남극으로 통로가 돼 있다면 남극 바로 옆에, 아래 옆에 또 통로가 하나가 있거든요. 그것은 그 분비물이 다 나가게 할 수 있는 그런 자리라고 봅니다.[441]

인용문에서 선사는 오염의 주원인은 인간들이 자신들의 편리를 위해 자연을 무분별하게 훼손하는 것이 오염의 주요 원인이라고 하면서 알프스에 무분별한 자연훼손을 그 예로 들고 있다. 이러한 것을 방지하기 위해서는 수행을 통하여 지구의 구조도 인간의 신체구조와 마찬가지임을 알아 자연을 부득이하게 개발하여야 할 때는 중요한

---

[441] 『허공을 걷는 길: 법형제법회』 2권, 앞의 책, pp.930~931.

혈 자리를 피하여 개발하여야 한다고 강조한다. 그리고 이미 개발된 곳이라 할지라도 마음으로 잘 관하여 대처한다면 재앙을 면할 수 있다고 하였다.

선사는 이외에도 첨단컴퓨터[442]와 우주개발[443] 등에 대해서도 언급하였다. 앞에서 언급한 에너지, 환경문제, 의학기술향상에 관련하여 이러한 것들을 실천하기 위해서는 한마음과학원 및 불교계에서 정신적인 수행과 전문적 지식을 잘 조화시켜 선구자적 역할을 해야 한다. 선사는 이에 대하여 먼저 관법수행을 통하여 자신의 참 성품을 간파하고 난 후에 비로소 전문적 기술과 연계하여 첨단과학기술을 발전시킬 수 있다고 하였다.[444] 그러기 위해서는 무엇보다 관법수행을 통해 우리의 차원을 향상시키는 것이 급선무라고 강조하였다.[445]

---

[442] "왜냐하면은 이게 여기서 컴퓨터로 입력을 해서 그렇게 되면 그쪽에서, 그쪽에서 오는 걸 받아야지. 그렇게 하면은 어 우리가 허공에서도 에너지를 끌어 쓸 수 있는 문제가 나온다고."〔〈일법〉(712), 앞의 녹취록, 1995. 10. 23〕.

[443] "그렇게 우리가 한마음 한뜻이 돼서 조화를 이룬다면 우주 개발은 그렇게 어려운 것이 아닙니다. 또 우주 개발이라는 것은 세계적으로 다른데다가 우리의 좋은 씨를 공급을 해서 다른 집에도 그 씨가 생산이 되게끔 하는 것이 개발이요, 또는 생산이 돼서 잘 된다면은 바로 우리의 동네집이 된다 이 소리입니다. 혹성 하나하나, 별성 하나하나가 내 아님이 없으니 내 동네 아님이 없고 내 행동 아님이 없고, 내 모습 아닌 게 없어요. 여러분한테 내가 항상 이런 말을 하죠. 내 마음의 불씨 하나가 온 누리의 전체를 태워버릴 수도 있다구요. 온 누리의 전체를 태워버릴 수 있기 때문에 바로 거기에 갖추어져 있다는 겁니다. 자석력이나 전자력, 자동력, 통신력 이 모두가 바로 원소의 근본으로 하여금 전체가 돌아가고 있다는 애깁니다."〔〈담선〉(248), 앞의 녹취록, 1986. 4. 20〕.

[444] 『허공을 걷는 길: 정기법회』 3권, 앞의 책, p.34.

[445] "우리가 '한마음 한뜻이 돼서'라고 하는 것은, 내 참나를 발견하지 않는다면은

참선이 실제로 생활선법이 되기 위해서는 이러한 마음의 도리를 물질로 변화하여 사용할 줄 알아야 된다. 현대의학에서는 이 문제에 대하여 마음이 물질을 변화시킨다는 말을 인체에 대응시키면 마음이 인체의 조직 및 장기를 변화시킨다는 말과 같다. 따라서 마음이 병든 조직 및 장기를 변화시켜 정상 조직으로 변환시킬 수 있는가 하는 문제와 같다. 주류 현대의학에서는 아직 인정하지 않지만 선진외국의 대체의학 분야에서는 마음이 병든 조직 및 장기의 기능을 회복시켜 좀 더 오래 쓸 수 있도록 실제로 응용하고 있다. 예를 들면 spiritual healing, therapeutic touch 및 기공 등이 여기에 해당된다고 본다.

지금 4차 산업이 화두가 되어 모두가 여기 관심을 갖기 시작하였다. 이러한 4차 산업, 그리고 그 이상의 미래 산업을 잘 이끌어나가기 위해서는 무엇보다 수행이 필요한 때이다. 이러한 때에 관법수행이야 말로 4차 산업을 포함한 미래 산업에 주요한 지남이 될 것이다.

한마음으로 돌아가는지 거꾸로 돌아가는지 그걸 모르기 때문입니다. 내가 나를 모르는데 어떻게 남을 알 수 있으며, 남을 모르는데 어떻게 우주의 섭리를 알 수 있으며 바로 대천세계大千世界의 근본을 알 수 있겠느냐 이겁니다. 우주세계의 근본을 모르는 것은 내 근본을 모르는 거와 같기 때문에 우주세계의 근본을 모른다 이 소립니다. 그러니 우주세계의 근본을 모르고, 우리가 한마음으로 돌아가지 않기 때문에 저 행성이나 위성 또는 정보원처럼 일하는 별성의 살림이 우리네 살림살이와 똑같은 걸 모릅니다. 다른 게 하나도 없어요. 국방도 정치도 다 있는 겁니다. 없는 게 아니에요." 〔〈담선〉(248), 앞의 녹취록, 1986. 4. 20〕.

4. 불교의 세계화

선사의 원력이 실현되면서 국내는 물론 국외에서도 한마음선원의 지원 설립을 원하는 불자들이 늘어났다. 그리하여 1987년 캘리포니아 모건힐에 지원을 개원한 것을 시작으로 현재 세계적으로 9개의 지원에서 선사의 가르침을 실천하고 있다. 그중에서 특히 미국에 지원을 세운 이유는, 한국교포는 물론이고 현대세계를 이끌어가는 미국인들에게 마음이 핵심임을 불어 넣어준다면 가정, 사회, 국가가 평화롭고 아울러 한국과 세계평화에도 기여할 수 있다는 취지에서다.[446]

선사는 1985년 당시 국내는 물론 세계적으로도 인터넷이 널리 보급되지 않았지만 인터넷 포교의 필요성을 절감하였다. 그리하여 1995년 현대불교신문사 내에 불교정보센터 부다피아(Buddhapia)를 개설하여 세계포교의 발판을 마련하였다. 그리고 1999년에는 한마음선원 홈페이지[447]를 개설, 온라인포교를 시작하였다.

선사는 지구환경문제에도 많은 관심을 가지면서 환경보호를 할 것을 제창하였다. 선사는 1990년대부터 지구에 환경오염의 심각성을 알리며, 직접 지구의 위기가 온다는 것을 설하면서 다 같이 지구를 보호하기 위해 방편으로 매일 촛불을 밝히면서 지구의 안녕을 관하라고 설했다. 이러한 지구의 환경문제를 해결하기 위해 국내는 물론 해외에도 관법수행의 필요성을 역설하였다.[448]

---

[446] 『허공을 걷는 길: 국외지원법회』 2권, 앞의 책, p.943.
[447] www.hanmaum.org.(2017 10. 12. 인용)
[448] 혜선(2013), 앞의 책, pp.518~530.

한편 한마음선원에서는 1999년 현 국제문화원의 전신인 번역부를 설립하여 선사의 한국어설법을 영어, 독일어, 스페인어, 베트남어, 중국어, 일본어, 태국어 등으로 번역하여 세계인들을 대상으로 한마음 사상을 전파하고 있다. 이 밖에도 선사는 한마음 사상을 선양하기 위해서는 학교를 설립하여 인재양성을 할 것과 최첨단의 병원을 설립하여 고통 없는 세상구현을 원하였다. 이러한 선사의 염원은 오늘날 제자들에 의하여 이어져 진행되고 있다.

제2절 대행선사 관법의 현대적 의의

현재의 시점에서 '선사의 관법이 지니는 현대적 의의가 무엇인가?' 하는 문제를 단정할 수는 없다. 그것은 우선 '선사의 관법이 무엇인가?' 하는 문제가 제대로 해결되지 않았기 때문이다. 선사는 한평생 출가·재가제자 및 대중들에게 관법을 통한 가르침을 전파했지만 자신의 관법에 대한 정의나 수행체계에 대한 공론화 작업을 하지 않았다. 또한 선사에게서 지도받은 많은 사람들이 자신이 이해한 범위 내에서 관법수행을 하고 지도해 나가고 있는 것이 현실이다. 따라서 '선사의 관법이 무엇인가?' 하는 문제는 아직도 진행형에 있다고 할 수 있다. 그렇기 때문에 그 현대적 의의를 구명하는 작업 또한 엄밀히 말하면 앞으로의 과제라 할 수 있다. 여기에서는 이에 대한 필자의 몇 가지 견해를 피력해보고자 한다.

1. 불교 관법의 현대적 계승

앞의 3장에서 관법에 대한 불교사적 흐름에 대하여 살펴보았다. 이를 통하여 관법이 초기불교, 부파불교, 그리고 대승불교와 선어록에 이르기까지 다양하게 존재하였음을 밝혔다. 그럼에도 불구하고 이러한 관법과 선사의 관법 사이에 어떠한 공통점과 차이점이 존재하고, 아울러 선사가 어떠한 관법을 계승하고 있는가 하는 문제에 대한 입장을 밝히지는 못했다. 그것은 선사가 제시한 관법이 순전히 자신의 독자적인 수행을 통하여 만들어졌으며, 이후 기존 불교사상의 관법과의 관련성이나 연속성을 밝히려는 시도를 하지 않았기 때문이다 이러한 점은 천태종의 상월조사가 자신의 깨침을 천태와 의천의 사상을 계승한다고 표명하고 있는 것과는 대조적인 모습을 보이고 있는 점이다.

이와 같은 이유로 지금까지의 선행연구에 있어서도 '기존 불교의 관법을 선사가 어떻게 계승하고 있는가?' 하는 점을 구체적으로 구명한 글은 찾아보기 어렵다. 예를 들어 혜선은 선사의 관법에 대하여 다음과 같이 정의하고 있다.

> 선사의 수행법, 그 중심에는 우리의 참나이자 일체의 근본인 주인공 主人空이 있다. 이 주인공을 무조건 믿고, 주인공에 일체의 생각과 현상, 즉 내면의 경계이든 외부의 경계이든 그 모든 것을 놓고 맡기며, 그 결과를 지켜보는 이 모든 과정을 종합하여 관觀이라는 말로 표현하였다.[449]

위에서 혜선은 선사의 '관법'을 믿음과 놓음, 그리고 지켜봄의 종합이라고 정의하였다. 하지만 필자는 관법을 정의함에 있어 혜선이 말하는 관법을 포함하며, 더 나아가 제3장 제1절에서 관법의 정의에서 언급하였듯이 깨달은 후 둘 아닌 도리를 실천하면서 완전한 깨달음을 얻고, 그 후 자신의 깨달음을 중생들에게 회향하는 것도 포함하였다.

이러한 선사의 '관법'의 성격을 놓고 볼 때, 이것은 제4장 제2절 놓음의 관법수행에서 언급한 천태의 『마하지관』의 관법과 상관성이

---

[449] 위의 책, p.323.

있다고 볼 수는 있으나 좀 더 구체적인 연구가 필요하다. 또한 조사선의 일종으로 볼 것인가 하는 점도 앞으로 구명해야 될 문제라 할 수 있다. 다만 '관법'이란 이름의 수행법이 새롭게 출현한 것은 한국불교사상사의 맥락에서 볼 때, 조선 전기 천태종이 사라진 이후 새로운 것이라 할 수 있다. 그러한 점에 있어서 관법의 현대적 계승의 측면이 있다고 할 수 있다.

2. 한국선의 돈오점수 계승

선학禪學에 있어서 깨침과 닦음에 관한 수증론修證論은 중요하게 다루어진다. 선사는 수행과정에서 한암선사로부터 많은 영향을 받았고, 한암은 지눌의 선사상에 많은 영향을 받았다. 주지하다시피 현대 한국불교에 있어서 가장 큰 학술적 이슈는 '돈오점수·돈오돈수 논쟁'이었다. 이러한 분위기 속에서 선사는 선에 관한 학문적인 논쟁에 대해서는 큰 관심을 표명하지는 않았지만, 조계종 내의 선풍에 대해서는 적지 않은 영향을 받았다고 할 수 있다.

선사는 법문 중에 돈오와 점수의 수행법에 대하여 여러 차례 언급하고 있는데, 그 한 예를 들어보면 다음과 같다.

어느 때 교계에서 수행 방법을 놓고 '돈오돈수냐, 돈오점수냐'로 설왕설래 중이라는 말을 들으시고 스님께서 말씀하셨다. "온갖 핏물, 구정물이 한데 모여 도랑으로 흘러내리는데, 핏물이다 구정물이다 가릴 게 없으니 돈오와 점수가 거기에 어디 붙겠는가. 오직 젖을 뿐이니 그것은 방편이라. 말할 바도 못 된다. 높고 낮음이 다 상대적이어서 평등이요 자비일 뿐인데 사람들이 세상살이 중에 보고 듣는 것으로 관념을 지어 거기 박혀서 벗어나지 못하고 있음이라."

스님께서 또 어느 때에 말씀하셨다. "돈오란 공한 자리에 '탁!' 한 점을 찍는 것이고, 점수란 지혜를 닦아 마음과 우주가 합일하는 것이니 거기에 돈오다, 점수다 하는 무슨 장광설이 따르겠는가. 무조건 끌고 물로 들어가듯 불법을 믿는다면 무조건 따라야 하느니 장광설로 정법을 받은 이는 없다. 불법이란 총명하다 해서 알아지는 게 아니라 미련하더라도 무조건 믿고 따라서 한 점을 깨달아야 발견할 수 있다."[450]

위의 인용문 말고도 돈오와 점수에 관하여 선사는 여러 곳에서 설하였는데, 그 내용은 비슷하다. 그 핵심은 조사들이 돈오와 점수에 대한 수증론을 제시한 것은 모두 방편설이고, 중요한 것은 실제로 관법수행의 체험을 통하여 깨달아야 한다는 것이다.

선사의 이 같은 태도에도 불구하고, 실제 선사가 제시한 관법이 어떠한 수증론을 제시하고 있는가 하는 문제는 학술적으로 중요하다 하겠다. 앞에서도 언급하였듯이 그의 관법의 수행론은 독특한 체계를 띠고 있긴 하지만 지눌이 제시한 돈오점수頓悟漸修의 체계와 유사하다고 할 수 있다.

우선 수행의 출발점과 관련하여 살펴보고자 한다. 지눌과 선사는

---

[450] 위의 책, pp.300~301.

둘 다 철저하게 본래성불이라는 돈오에 입각점을 두고 있다는 점이다. 돈오란 '자성이 그대로 부처'이고 '마음이 그대로 부처'라는 사실을 분명하게 자각하는 것이다. 앞서 살펴본 바와 같이 선사의 관법은 이러한 점에 투철하였다.

다음으로 돈오 이후에도 지속적인 닦음이 필요한가 하는 점이다. 이에 대하여 지눌과 선사는 모두 과거의 업과 습을 제거하기 위해 또 이타행을 실천하기 위해 돈오 후 점수의 필요성을 제기하고 있다.

다만 두 사람의 차이점은 돈오 후 점수의 과정으로 제기한 수행법이 다르다는 점이다. 지눌이 자성정혜自性定慧와 수상정혜隨相定慧 및 간화선과 기타 수행법을 보조로 병행하도록 제시했다면, 선사는 관법을 중심으로 하면서 기타 수행법을 보조로 병행하도록 하고 있다. 여기에서도 다양한 근기에 따라 보조적인 수행을 인정하고 있는 점에서는 공통적인 점이 드러난다고 하겠다.

참고로 지눌이 여러 저술을 통하여 제시한 수증론의 체계를 종합하여 도표로 제시해보면 다음과 같다.

▶ 지눌의 수증론

```
解悟 ──────────── 修行 ──────────── 證悟
頓悟         正＝自利 : 隨相定慧(중하근기)      成佛
                      自性定慧(상근기)          完成
                      (話頭參究 : 상상근기)

             助＝利他 : 禮佛·看經·바라밀

         解證一時 : 看話禪 / 無心合道門(상상근기)
```

이러한 보조의 수증론과 선사의 수증론을 비교하기 위해서는 선사의 수증론에 대한 체계를 제시할 필요가 있다. 그런데 앞에서 밝힌 바와 같이 현재의 시점에서 선사의 관법에 대한 체계를 정립하기에는 다소 이른 감이 있다. 그럼에도 불구하고 선사의 관법체계를 정리해보면 다음과 같다.

▶ 대행의 수증론

```
수행 ──────────── 깨침(一死) ─── 보림(二死) ─── 증득(三死)

믿음, 놓음, 지켜봄 / 中道·한마음 / 不二·利他行 / 나툼·涅槃

일심관, 불이관, 무심관 ─ 차제와 불차제

본래성불 : 無修之修·무심관 / 믿음＝깨침＝증득(상상근기)
```

위에서 제기한 두 도표를 비교해보면 지눌의 해오와 선사의 깨침(一死), 그리고 지눌의 증오와 선사의 증득 사이에 일치점이 보이며, 지눌의 수행은 선사의 '수행-깨침-보림-증득'의 과정으로 유비類比될 수 있다고 할 수 있다. 이러한 사실에 비추어 생각해보면, 선사의 관법은 지눌의 돈오점수의 수행체계와 유사성을 띠고 있으며, 크게 볼 때 돈오점수의 한국선의 전통을 계승하고 있다고 할 수 있다.

3. 근기에 맞는 수행법 제시

선사는 한마음과 관법의 수행체계를 통하여 일관되게 제자들을 가르쳤지만, 그 설법의 내용과 지도하는 방식에 있어서는 철저하게 수행자의 근기 및 상황에 따라 그에 맞는 가르침을 제시하였다. 이와 관련하여 선사는 수행법을 제시하는 이유를 다음과 같이 밝히고 있다.

> 삼계가 다 부처님의 나툼 아닌 게 없으니 부처 중생이 따로 없다. 그러나 근본이 비록 그러할지라도 실제 벌어진 양상에서는 깨달은 분이 있고 미혹한 중생이 있다. 수행법은 이 중에서 후자에 관한 것으로 아직 깨닫지 못한 중생에게 주는 것이다.[451]

위에서 볼 수 있듯이 수행법이란 깨닫지 못한 중생들에게 필요한 것이며, 또한 그 수행법 또한 중생들의 수준에 따라 달리 나타날 수밖에 없다. 앞서 언급한 바와 같이 선사는 대중들에게 관법을 강조하

---

[451] 『한마음요전』, 앞의 책, p.275.

면서도 그 이해 정도에 따라 다르게 처방을 내렸음을 볼 수 있는데, 이는 그가 위인문爲人門의 입장에서 관법을 지도하고 있는 것을 알 수 있다.

> 한 수행승이 찾아와서 스님께 화두를 청하였다. 그 수행승은 '이 뭣고?'를 들고 참구하던 중에 '이것은 과거 조사님들이 들어서 안 것으로 죽은 화두일 뿐'이라는 생각이 들자 '자기 화두'를 찾는다고 하였다. 스님께서 "주인공!" 하셨다. 그 수행승이 얼른 알아듣지 못해 의아해하는 걸 보시고는 이르셨다. "나투고 돌아가는 원리가 다 스스로 가진 바이니 주인공이라 세워 놓고 모든 것을 일임하고 놓으시라."452

위의 예는 실제로 간화선을 실참實參하는 수행자에게 '이 뭣고' 화두 대신 '주인공!'을 화두로 삼으라고 권하는 내용이다. 그리고 이어 주인공 관법의 원리를 설명하고 있다. 이러한 예는 선사가 관법을 지도할 때 사람에 따라 얼마나 다양하게 지도하였는지를 드러내주는 대목이다. 선사가 관법을 지도하는 대상은 일반 신도만은 아니었다. 남녀노소, 지식인과 무학인, 국내 국외, 불교인 비불교인을 막론하고 다양한 사람들이었다. 때론 선수행을 많이 한 수행승들도 있었는데, 이들에게는 선문답을 하는 방식을 취하기도 하였다. 이는 다음의 예에서 알 수 있다.

---

452 위의 책, p.319.

한 수행승이 뵙고 여쭙기를 "그야말로 한 점 먼지도 없는 허공같이 탁 트인 경지를 맛보지 못해 답답할 뿐이옵니다." 하였다. 스님께서 말씀하셨다. "네가 대나무 방귀 씨를 참구하고 그것을 찾거든 대나무 방귀 털을 길러 먹여야 할 것이니, 더 먹여도 안 되고 덜 먹여도 안 되느니라."[453]

선사가 제시한 관법은 수행법 안에 다양한 종류의 방법을 제시하고 있는데, 이 또한 근기에 따라 수행을 할 수 있도록 배려하고 있는 것이다. 앞서 살펴본 바와 같이 관법에는 '믿음'과 '놓음'과 '지켜봄'이 있고, 또 '놓음'에 다시 '되놓음', '몰록 놓음', '굴려 놓음', '양면 놓음'이 있으며, 지켜봄에도 일심관, 불이관, 무심관, 증명관 등의 다양한 관법이 있다. 선사가 이렇게 다양한 종류의 관법을 제시하고 있는 것은 모두 위인문의 입장에 있기 때문이라 할 수 있다.

4. 관법을 통한 실용성 제시

'실實'이란 '진실함'과 '열매·재화'의 두 가지의 의미를 동시에 지니고 있다. 실용實用이란 후자의 의미가 강하지만 선사에게 있어서는 진실과 재화의 두 가지 의미를 포함하는 '실'의 작용을 중시한다고 할 수 있다.

선사의 관법의 가장 큰 특징은 '한마음 주인공'이란 자성의 심체心體에 의하여 이루어진다는 점이다. 이는 혜능의 무념, 무상, 무주의

---

[453] 위의 책, p.324.

사상에서 말해지는 '무無', 즉 분별 망상을 여읜 작용을 말하는 것이다. 이는 한마디로 진실 그대로의 여여한 삶을 살아가도록 가르치고 있는 것이다. 우리가 심체와 심용心用을 말할 때, 체體는 동일하지만 용用은 자성용自性用과 수연용隨緣用으로 구분되어진다. 그것은 마음의 작용이 불성으로부터 비롯되어 작용하는가, 아니면 업식業識으로부터 영향을 받아 작용하는가에 따라 자성용과 수연용이 있게 되는 것이다. 선종에 있어 북종의 신수는 수연용에 근거하여 점차적인 닦음을 통하여 깨달음에 이르는 길을 제공했다면, 남종의 혜능은 자성용에 근거하여 체용등지體用等持, 체용불이體用不二의 수행법의 제시하였다. 이미 살펴본 바와 같이 선사의 관법은 본래성불에 입각해 있으며, 남종 혜능의 입장과 동일한 것이다. 즉 심체에 의한 즉용卽用, 자성용의 발현을 통하여 우리의 일상을 진실되게 하는 원리를 지니고 있는 것이다. 이러한 점은 다음의 글을 통해 분명하게 확인할 수 있다.

'지금', '여기'가 그대로 도량이다. 자성이 그대로 사찰이다. 세속을 떨치고 입산해야만 입산이 아니고 몸을 움직여 집을 나가야만 출가가 아니다. 자기 마음의 산, 마음의 도량으로 입산하고 출가하여야 한다. 밖으로 끄달리며 집착하는 마음을 거두어 내면으로 향하는 것이 그대로 귀의이다.[454]

따라서 진실의 작용, 즉 '실實의 용用'이라는 측면에서 선사의 관법은 실용적이라고 할 수 있다. 그런데 선사의 관법은 우리가 일상적으로

---
[454] 위의 책, p.630.

사용하는 의미로 실용적인 측면 또한 지니고 있다. 이러한 점은 평소 많은 법문을 통하여 이루어지고 있는데, 하나의 예를 들면 다음과 같다.

스님께서는 실생활 속에서의 체험을 통한 믿음을 중시하시고 가끔 개별적인 실험에 대해 언급하시는 일이 있었다. 한 신도가 말하기를 "부처님 법은 광대무변한데 어찌 생활 속의 자잘한 실험을 권하시느냐?" 하였다. 스님께서는 이에 언급하셨다. "자기 생활을 스스로 업신여기고, 자기 몸을 자기가 업신여기고, 제 마음을, 제 주처를 업신여기고 어디 가서 불법을 찾으려느냐?"[455]

위에서 살펴볼 수 있는 바와 같이, 선사는 구체적인 생활 속에서 사소한 것까지 주인공 관법에 의하여 실험을 함으로써 실용적인 지혜를 가지도록 하였다. 이러한 예는 그의 법설에 수없이 등장한다.

관법이 실용적인 의미를 지닌다는 것은 앞서 언급한 불교의 생활화, 현대화, 과학화, 세계화의 모든 활용이 사실은 실용적인 데에 맞추어져 있다고 할 수 있다. 선사가 제시한 관법수행은 실다움과 실리의 작용을 모두 지니고 있다고 할 수 있다.

---

[455] 『한마음요전』, 앞의 책, p.281.

제6장 맺는말

　묘공 대행선사는 근현대 고승의 한 분으로 철저한 두타행을 통한 깨달음과 한마음선원을 통한 중생교화의 삶을 살았으므로 그는 현대 한국불교의 한 축을 형성하였다고 평가할 수 있다. 한국불교에 남긴 선사의 뚜렷한 족적에도 불구하고 선사에 대한 학술적 연구는 아직 미약하다고 할 수 있다. '대행선사의 수행법 연구'라는 제목 아래 진행된 본서는 선사가 제시한 수행법에 대한 체계적인 연구를 시도했다는 점에서 특징이 있다.

　불교는 깨침과 자비를 두 축으로 하고, 불교학은 불성론과 수행론을 두 축으로 한다. 선사의 사상에 있어 '한마음'이 불성론을 대표한다면, '관법'은 수행론을 대표한다. 아무리 좋은 사상이라 할지라도 그것이 구체적인 삶 속에 실천되어 드러나지 않는다면 그 의미는 반감된다고 할 수 있다. 불성론과 수행론은 긴밀한 관계 속에 놓여 있지만, 불교사상은 수행론의 입장에서 접근해 들어갈 때 더 생동감이 있다고 하겠다.

선사의 사상을 이해하는 데 있어서도 구체적인 수행법인 관법을 통하여 접근할 때 더욱 생동감이 있다고 할 수 있다.

선사의 한평생 삶은 구도와 교화의 두 과정으로 요약된다. 그리고 구도와 교화의 과정에 있어서 특별히 경전이나 스승의 가르침에 의존하지 않고 독자적인 수행, 독자적인 사상, 독자적인 교화방식의 모습을 보여주었다. 그런데 마치 아무도 걸어가지 않은 길로 산의 정상에 오르면 수많은 길과 통할 수 있는 것과도 같이, 그의 독자적인 사상과 수행체계는 기존의 선과 교의 가르침과 통하고 있다. 그것은 진실한 수행이 가져다주는 힘이자, 진리의 보편성이 지니고 있는 공능일 것이다. 선사가 제시한 관법은 독특성과 진실성 그리고 보편성을 지니고 있다 할 수 있으며, 또한 구체적인 생활 속에서 실천하기가 용이하다는 점에서 남다른 가치가 있다고 볼 수 있다.

본서에서는 선사가 살다간 근현대 한국 불교계의 현실 및 그의 행적, 관법의 정의와 원리, 관법의 실천 수행법 그리고 관법의 현대적 의의에 대해서 전반적으로 살펴보았다. 이에 대해 각 장별로 요약하면 다음과 같다.

제1장에서는 본서의 목적과 연구 현황 및 글의 전개 방향 등에 대하여 다루었다. 연구의 목적은 '선사의 관법觀法에 대한 집중적인 조명을 통하여 선사의 한마음 사상과 수행체계에 대한 이해를 심화시키고자' 하는 데 있음을 밝혔다. 선사 및 한마음선원과 관련한 학술적 연구는 1990년대 후반부터 시작되었지만, 그의 사상에 대한 본격적인 연구는 2004년 이후에 전개되었다. 현재까지 학위논문은 모두 6편(석사 4편, 박사 2편)이며, 국내외 10여 편의 일반논문이 있다. 따라서

본격적인 학술 연구는 최근에야 시작되었다고 할 수 있다.

제2장에서는 선사가 살다간 불교계의 현실과 선사의 행적에 대하여 다루었다. 선사는 일제강점기와 해방 이후 대한민국의 시기를 살았다.

일제강점기와 해방 이후 불교계의 흐름은 크게 출가 승려들을 중심으로 한 불교종단의 움직임과 출가·재가들이 함께 참여한 대중불교, 생활불교의 흐름으로 나눌 수 있다. 종단적 흐름은 일제강점기에는 총본산 건설운동의 결과로서 조선불교조계종의 창종을 들 수 있고, 해방 이후에는 비구 대처 분규를 통한 조계종과 태고종의 성립을 들 수 있다. 그리고 1962년부터 '불교재산관리법'에 의한 불교종단이 정부의 허가제로 있다가 1988년부터 '전통사찰보존법'이 시행되면서 수많은 종단이 탄생하게 되었다.

또 다른 흐름은 불교의 생활화·대중화·시대화 등의 혁신불교의 움직임이 있었는데, 일제시대에는 선학원과 대각교 및 불법연구회 등이 대표적이다. 그리고 해방 이후 1980년대에 이르러 재가불자들의 의식이 고양되면서 기존의 기복불교, 승려 중심의 불교 등을 극복하고 생활화·현대화·과학화·세계화 등을 표방하는 새로운 불교운동이 일어나게 된다. 1972년에 개원한 한마음선원은 이러한 혁신불교의 흐름에 선도적인 역할을 하였으며, 이후 수많은 불교교양대학의 탄생과 능인선원·안국선원·정토회 등이 탄생하게 되었다.

선사의 삶의 행적에 대해서는 크게 유년기, 재가구도기, 출가구도기, 오도·보림기, 전법·교화기 등 5시기로 나누어 살펴보았다. 유년기와 재가구도기의 특징은 자신이 처한 많은 시련과 고통을 당함에도 불구하고 일찍부터 구도자적인 삶을 지향하였다. 힘이 들 때면 내면의 참나에 모든 것을 일임하면서 자신과 자연이 한마음이라는 것을 느꼈으며, 궁금한 의정이 나오면 그것 또한 내면의 참나와 자문자답하면서 풀어나갔다.

출가구도기와 오도·보림기에 있어서 중요한 특징은 한암중원과의 만남과 지도이다. 한암에게 득도한 선사는 대부분 홀로 산천을 유랑하며 두타행을 함과 동시에, 궁금한 것이 있으면 한암에게 먼 길을 마다 않고 찾아가 묻곤 하였다. 선사는 유랑을 마치고 상원사 견성암에서 10여 년 간 보림하면서 중생들에게 조건 없는 자비행을 실천함과 동시에 자연의 섭리를 터득해 갔다.

철저한 두타행으로 이어진 선사의 구도과정에서 선사는 여러 차례 깨달음을 얻게 되지만, 간화선 수행자들처럼 언제 깨달았고 또 누구에게 인가를 받았는지 등에 대하여 표방하지 않았다. 다만 그의 행적 중에서 3차례의 대표적인 깨달음을 살펴볼 수 있다. 첫 번째는 선사의 나이 19세와 23세 사이에 가랑잎을 긁어모으면서 한마음에 대한 깨달음을 얻었고, 이어 두 번째는 26세 때 묘지에서 체용불이의 깨달음을 얻었고, 마지막으로 상원사 토굴에서 삼성(三聖: 부처·문수·보현)의 원리에 입각한 나툼의 도리를 실천하였다.

상원사 견성암에서 하산 후 안양에 한마음선원을 건립하게 되는데, 전법·교화기는 이때부터 열반에 들 때까지의 시기이다. 제자들을 지도하기 위한 구체적인 수행법으로 관법수행을 제시한 것은 이때이다. 이렇게 선사는 자신의 체험을 바탕으로 수행자들에게 완전한 깨달음을 얻기 위해서는 내 마음이 곧 부처라는 믿음을 가지고 그것을 확인해 나가는 관법수행이 필요하다고 강조하였다.

또한 선사는 비구니의 색신에도 불구하고 처절한 수행과 깨달음, 정법을 실현하기 위해 과감하게 기복불교를 배척하면서 자력수행을 강조하였다. 그리고 내전과 외전 등의 전통교육을 배우지 않았지만 수행력의 지혜로 수행자들을 근기대로 제접하였으며, 미래에 대한 새로운 비전을 제시하는 등 현대불교사에 큰 족적을 남겼다.

제3장에서는 선사가 설파한 관법의 정의와 원리에 대해서 살펴보았다. 선사가 제시한 '관법'은 당시 한국불교계의 풍토에서는 새로운 것이었지만, 관법에 대한 불교 교리적 근거를 살펴보면 초기불교, 부파불교 그리고 대승불교와 선어록에 이르기까지 다양하게 찾아볼 수 있다.

초기불교에서 관법은 '지(止, śamatha)와 관(觀, vipaśyanā), 그리고 염(念, sati)'에 대한 의미와 기능 및 그 상관성 속에서 이해할 수 있다. 부파불교 시기는 대표적으로 테라와다와 설일체유부로 나누어 볼 수 있는데, 이들은 대체적으로 선정(止)을 먼저하고 지혜(觀)를 수행하는 지관차제를 기본으로 하고 있지만 아울러 지관균등 또한 동시에 말하고 있다. 중관中觀에서는 위빠사나(vipaśyanā)보다 무분별의 지혜인 반야(般若, prajñā)가 강조되는데, 지관에 대한 구체적인 언급보다는 반야에 의한 중도실상관中道實相觀을 강조하고 있는 것이 특징이다. 유식唯識에서는 선정수행을 중요시한 유가행파(Yogācāra)의 전통에 따라 지관의 실천을 중요시하였으며, 지관겸수를 강조하였다. 『해심밀경解深密經』에서는 관觀에 대해 유상관有相觀·심구관尋求觀·사찰관伺察觀 등 구체적으로 언급하고 있다. 『기신론』에서는 수행법으로 5가지 바라밀을 강조하고 있는데, 이 중 5번째 바라밀이 지관바라밀이다. 천태는 지관에 대하여 체계적인 설명을 하고 있는데, 그 구체적인 방법으로 원돈지관과 점차지관 그리고 부정지관 등을 제시하였다. 화엄의 대표적인 관법은 사법계관四法界觀인데, 4종이 법계가 모두 무애하다고 주장하였다. 불성에 대하여 천태가 성구적인 입장을 지닌다면 화엄은 성기적인 입장을 견지하고 있다. 선종에 있어서는 보다 수행적인 입장에서 견성성불의 체험이 강조되는데, 지관은 정혜로 대체되게 된다.

초기나 부파불교에서 관은 있는 그대로의 통찰이나 번뇌의 소멸과 점차적인 깨달음에 중점을 두고 있다. 대승불교로 들어서면서 관법의 수행에 있어서 특징적인 점은 진여불성 등을 믿을 것을 강조하고 있으며, 보살행의 실천행과 법계를 관찰하는 것임을 볼 수 있다. 그러므로 선사가 제시하는 관법은 초기불교의 관법보다 대승불교의 관법에 더 근접하고 있다고 볼 수 있다.

선사의 관법에 대한 정의는 그가 남긴 다양한 관법에 대한 내용을 통하여 재구성할 수 있는데, 이는 '본래성불 사상에 입각하여 주인공과 내가 둘이 아님을 철저히 믿고 놓아 모든 것을 지켜보는 수행을 통하여 깨달음을 얻고 그러한 깨달음과 보림과정 속에서 자리이타의 보살행을 통하여 각자의 삶 속에서 해탈을 얻게 하는 수행의 전 과정'이라고 할 수 있다.

선사의 관법 원리는 우선 그 철학적 기초로서 한마음·주인공·오공을 제시한다. 이러한 것이 선리禪理라면 관법은 선행禪行이라 할 수 있는데, 즉 관법의 선행을 통하여 한마음 등의 선리를 체득하는 것이 선사가 제시하고 있는 선사상의 특징이다. 한마음과 주인공이 불성의 다른 표현이라면, 오공은 한마음의 작용이자 존재원리라고 할 수 있다. 선사는 이러한 선리를 바탕으로 한마음주인공 관법, 한생각 지혜의 관법, 나툼 관법 등의 구체적인 관법수행 원리를 제시하였다.

이러한 관법 원리의 특징은 『기신론』에서 말하는 일심의 심진여문과 심생멸문의 입장을 동시에 수용하여 활용하고 있다는 점이다. 다시 말해 한마음주인공을 진실로 관할 때 마음 내기 이전인 진여법신인 체를 바탕으로 지혜로운 한생각과 그에 따라 나툼의 활용이 나올 수 있는 것이다. 선사는 이러한 관법의 원리를 누구든지 일상생활에서 활용할 수 있다고 역설하고 있다.

또한 선사의 관법 원리의 이론적 배경은 본래성불사상과 삼성관三聖觀에서 찾아볼 수 있다. 우선 본래성불사상과 관련하여 『화엄경』, 『열반경』, 달마의 심신深信 그리고 마조의 즉심시불卽心是佛 등에 찾아볼 수 있다. 특히 혜능의 즉심즉불·돈오견성·일행삼매·무수지수 등과 관련성이 깊은데, 『단경』에서는 삼신불에 대하여 자성自性에 입각하여 새롭게 해석하고 있다. 삼성관과 관련하여 이통현과 징관 등이 삼성관에서 삼성을 언급하고 있는데, 특히 징관은 삼성을 부처의 부동지, 문수의 지혜 그리고 보현의 자비행이 하나이며 서로 상즉한다고 하였다.

제4장에서는 관법수행에서 믿음, 놓음, 그리고 지켜봄(觀)에 대해 살펴보았다. 먼저 믿음의 관법수행은 본래성불사상에 입각하여 각자 마음에 모든 부처님의 마음과 함께 연결되어 듣고 보는 그 가운데에 일체 부처의 마음이 함께 작용하고 있다고 설한다. 또한 우리들 마음에 삼관三觀이 삼위일체로 한데 합쳐 돌아가고 있다고 하며, 모든 것을

해결할 수 있다는 믿음을 가져야 한다고 설하였다. 선사는 믿음의 대상으로 자신의 참나인 주인공을 방편으로 세운다. 그리고 어떤 상황에서도 주인공을 믿고 물러나지 않는다면 유위법과 무위법을 중용하며 자신 앞에 닥친 모든 문제를 해결할 수 있다고 강조한다.

믿음과 관련하여 『화엄경』, 『열반경』, 『기신론』의 경론과 달마, 혜능, 마조, 굉지, 대혜, 고봉 등의 어록에서 믿음을 살펴보았다. 특히 믿음에 대한 연구 가운데 선사의 일상생활에서 삼관이 작용하고 있다는 것을 믿으라는 부분과 『기신론』의 핵심인 입의분立義分에 대승의 법法과 의義를 밝히면서 본래 우리가 부처라는 믿음을 일으키게 하는 내용과 일치한다는 점은 특별하다고 본다.

선사는 믿음에 대한 기준으로, 철저히 어떤 경계에도 흔들림이 없어야 진정한 믿음이라고 하였다. 이는 『화엄경』에서의 십신十信이 충만해야 비로소 초주初住의 초발심初發心이 된다, 『기신론』에서의 신성취발심信成就發心을 하게 되면 진여眞如를 바로 기억하며 즐거운 마음으로 선행을 하고 대자비심을 일으키는 믿음과 부합한다고 볼 수 있다. 그렇지만 중생들이 믿지 못하는 이유는 다겁생에 훈습되어 온 습習과 집착 때문이다. 그러나 선사는 이러한 경계를 극복하여 진실로 주인공을 믿을 때 자신의 주변이 밝아진다고 하면서 이러한 공덕을 신체 내의 작용과 연관하여 설명하고 있다. 이처럼 관법수행에 있어서 믿음은 무엇보다도 중요하며, 믿음의 의미와 대상을 정확하게 이해하고 실천했을 때 올바른 관법수행이 될 수 있다.

놓음의 관법수행에서 믿음을 바탕으로 하여 일체를 나의 근본인 주인공에 놓으라고 한다. '주인공만이 할 수 있다.'라는 의미는 성자신해성自神解와 공적영지空寂靈知 등에 내포된 것을 의인화하여 수본진심守本眞心을 실천하는 것이다. 선사는, 본래 중생들은 한시도 고정됨이 없이 놓고 돌아가고 있는데 그것을 모르기에 놓으라고 하고 있는 것이다. 곧 주인공을 방편으로 하여 놓으라고 하고 있는데 놓는 자와 놓는 대상이 분리되지 않는 공한 그 자리에 놓는 것이다. 놓음에 대해 역대조사들은 휴헐休歇, 방하착放下着, 무심無心 등의 용어로 의식적으로 수행하려는 마음을 쉬는 것을 실천방법으로 제시하였다.

선사의 놓음의 의미는 무위법과 유위법에 편중되지 않게 세상을 중도실상으로 바라보아 집착할 것이 없는 무분별과 무집착을 실천하는 것이다. 일반적으로 놓는다 하면 아무것도 하지 말라는 의미로 이해하기 쉬운데, 선사는 놓는다 함은 중심을 잘 잡고 근본 자리를 잘 관하라는 것이지 아무 생각도 하지 말라는 의미가 아니라고 말한다. 놓음에 대한 전거는 『연등회요』에 부처와 범지와의 문답, 엄양존자와 조주와의 문답, 그리고 임제의 '마음을 쉬는 것 자체가 조사와 다르지 않음' 등에서 찾아볼 수 있다.

필자는 선사의 놓음에 대해 크게 내용적인 면과 방법적인 면으로 나누어 살펴보았다. 선사는 놓음의 내용으로 견성, 둘 아닌 도리, 나투는 도리를 실천하기 위해 차제적으로 제시하였다. 이러한 점차의 관심체계觀心體系는 『마하지관』의 오략五略의 관심체계 중에서 감대과感大果·열대망裂大網·귀대처歸大處와 유사한 구조를 갖고 있다. 선사는 놓는 방법에 대해 여러 가지로 설하였는데, 그중에서 (나온 자리에) 되놓음, 몰록(무조건, 일체를) 놓음, 굴려(다스려) 놓음 그리고 양면을 놓음 등 크게 네 가지로 분류해 보았다. 이렇게 놓는 방법을 구분하여 제시하는 이유는 우리가 다양한 경계를 당하였을 때 참고하기 위한 방편이다.

놓음의 공덕에 대해 선사는 중생들이 쌓아왔던 습과 오무간지옥의 의식들이 녹아지게 되고, 마침내는 깨달음에 이를 수 있다고 설했다. 그리고 놓음으로 인해 내면의 중생의 의식들이 보살로 화하여 보살행을 실천할 수 있다고 설하였다.

선사가 말하는 지켜봄(觀)이란 '주인공을 믿고 맡겨놓음'을 전제로 하여 지켜보는 것이다. 관하는 자와 관해지는 대상이 구분되지 않고 하나이며, 어떤 대상을 두고 관하면 기복이 된다고 한다. 지켜봄의 과정에서 선사는 지켜봄을 계속하다 보면 느낌과 체험을 하는데, 계속하다 보면 홀연히 자기를 알게 되고 둘 아닌 도리와 나툼의 도리로 이어진다고 하였다.

지켜봄(觀)은 크게 '일심관', '둘 아닌 관' 그리고 '무심관'으로 나눌 수 있다. 이러한 지켜봄은 관찰하는 내용과 방법으로 구분할 수 있다. 일심관의 경우 『기신론』의 본체적 일심을 관하는 경우와 '일심으로' 혹은 '오로지'의 부사적 용법으로 '한 곳에 집중하다'의 의미가 있다. '둘 아닌 관'에서는 깨닫고 난 후 둘 아닌 도리를 관해 나가는 차제적인 것과 깨달음에 상관없이 일체를 둘 아니게 관하는 방법이 있다. 마지막으로 무심관의 경우 차제적인 내용과 방법적인 무심관이 있다. 차제적인 내용은 견성과 둘 아닌 도리를 체득하여 일체를 무심으로 관하는 것인데, 선사는 이때의 무심을 세상이 공생·공심·공용·공체·공식화 한다는 것을 아는 것이라 하였다. 한편 선사는 깨달음에 상관없이 우리들은 본래부터 무심으로 행해 가고 있다는 것을 믿고 그대로 무심관을 행하는 방법이 있다고 하였다.

선사가 제시한 관법과 조사어록의 관법을 비교해 본다면, 조사어록에서는 본래성불사상의 원돈에 입각한 불이법과 무심관 등을 강조하였다. 선사의 경우도 이러한 방법을 제시하지만 현 상황의 중생들의 근기를 보면서 주로 차제적인 관법을 제시하였다. 이는 천태와 보조의 경우 중생들의 근기를 고려해 원돈수행과 점차수행을 겸하여 사용하였던 것처럼, 선사의 경우도 이와 같다고 본다.

제5장에서는 선사의 관법의 활용과 현대적 의의에 대하여 살펴보았다.

선사는 관법수행의 가르침과 더불어 포교에 있어서 불교의 생활화·현대화·과학화·세계화를 꾀하였다. 생활화를 하는 데 있어서 수행을 생활하는 가운데 실천할 수 있는 '생수불이生修不二'의 생활선生活禪을 강조하였다. 생활선의 일환으로 선사는 선법가를 부르면서 관법수행이 될 수 있도록 하였고, 생활 속에서 일어나는 경계를 관법수행을 통해 해결해 나가는 것이 곧 참선이라고 강조하였다. 현대화에 있어서는 한문으로 되어 있는 경전들을 한글 뜻으로 번역하여 사부대중들에게 이해하기 쉽게 하였고 천도의식, 장례문화 등을 현대에 맞게 개선하였다. 그리고 현대불교신문을 발간하는 등 다양한 언론활동을 통하여 현대에 맞는 불교포교의 길을 개척하였다. 과학화에 있어서는 한마음과학원 설립 그리고 불교의 전산화 등을 통해 불교의 과학화에 앞장섰으며, 첨단컴퓨터기술을 바탕으로 하는 의학 향상, 대체에너지 개발, 환경보호 등의 다양한 방법을 1980년대부터 제시하였다.

선사의 관법이 지니는 현대적 의의는 몇 가지로 생각해볼 수 있다.

첫째, 선사의 관법은 자신의 독특한 수행을 통하여 제시된 것이지만, 기존의 불교 관법의 전통을 현대 한국불교에 새롭게 제시했다는 점에서 의의가 있다. 둘째, 선사는 자신의 관법에 대한 수증론에 대해서는 구체적인 언급을 하지 않았으며, 또한 돈오와 점수에 대한 담론이 방편이라는 입장을 취하고 있다. 그런데 이와는 별도로 그의 관법의 수증론을 고찰해볼 때 그 내부적인 구조는 보조 지눌의 돈오점수의 수증론의 체계와 유사점이 많다고 할 수 있다. 이러한 점에서 한국 선가의 전통인 돈오점수 체계를 계승하고 있다고 할 수 있다. 셋째, 선사의 관법은 비록 외형적으로는 하나의 관법을 고수하고 있지만, 그것이 활용되는 점에 있어서는 근기에 맞게 다양한 방법을 제시하고 있다. 아울러 그의 관법 내용에 등장하는 많은 방법론들 역시 위인문의 입장에서 관법을 지도하였음을 알 수 있다. 끝으로 그가 제시한 관법은 실다움의 작용이자 실리적인 작용으로서 실용성을 드러내고 있다는 점에서 현대적 의의가 있다.

한편 본 연구가 지니고 있는 연구사적 의의는 다음과 같이 요약할 수 있을 것이다.

첫째, 선사의 사상을 수행론의 입장에서 체계적인 조명을 본격적으로 시도했다는 점이다. 기존의 연구가 주로 불성론의 입장에서 접근했다면, 본 연구는 수행론의 입장에서 접근함으로써 선사의 (선)사상을 구축해가는 중요한 토대를 구축했다고 할 수 있다.

둘째, 선사의 관법사상을 기존의 불교사상과의 관련 속에서 구명함으로써 선사의 사상의 연원과 보편성을 구명하고자 했다는 점이다.

이를 통하여 그의 관법사상이 불교의 정통에서 벗어나지 않음을 밝히게 되었다. 이는 앞에서 언급한 것처럼 일부에서 선사의 수행법이 삿되고 정통이 아니라고 직간접적으로 비판하는 것에 대한 학술적 대응이 될 것이다. 예를 들어 이 논문을 통해 선사가 언급하였던 '아빠'와 '주인공' 등의 용어가 어떠한 실체화된 신이나 절대자를 지칭하는 것이 아니라, 오히려 진여법신이나 한마음(一心)을 뜻하므로 대승의 일심론이나 불성사상과 일치함을 보여주고 있다.

셋째, 선사가 제시한 관법수행은 앞으로 진행되는 4차 산업과 정신혁명을 하는 데 있어서 중요한 역할을 할 수 있다고 본다. 그 이유는 우리가 추구하는 모든 것은 마음으로 인해 시작되므로 마음의 차원을 높여 첨단 과학기술을 유익하게 활용할 수 있기 때문이다. 본서에서 언급했듯이 선사는 관법을 통해 대체에너지, 첨단화된 의료장비 등을 개발할 수 있다고 하였다.

다음으로 본 연구와 관련하여 한계점 내지 향후 과제에 대해 살펴보면서 마치고자 한다.

첫째, 이 책에서는 선사의 가르침 중에서 관법에 대해 중점적으로 연구를 하였다. 선사는 관법수행의 방법으로 이 책에 언급된 것 이외에도 '의정타파'와 '증명관' 수행법을 제시하였다. 향후 이러한 수행법들이 체계적으로 연구된다면 선사의 관법에서 이들이 어떠한 중요성을 갖고 있는지, 그리고 간화선 수행법과의 연관성은 어떠한지 등에 대해 살펴볼 수 있을 것이다.

둘째, 선사는 이미 80년도부터 과학과 의학 등 미래에 대한 방향을 이미 설정해 놓았다. 이러한 자료가 잘 녹취되어 보존되어 있는 상태이다. 우선 선사가 언급한 대로 관법수행을 통해 우리의 참 성품을 발견하는 한편, 선사가 제시한 과학, 의학, 우주 개발 등에 대한 심도 있는 연구와 함께 이를 실용화할 필요성이 있다.

참고문헌

CBETA: Chinese Electronic Tripiṭaka Collection Version June 2016.
T: 大正新脩大藏經 (Taishō Tripiṭaka)
X: 卍新纂大日本續藏經 (Manji Shinsan Dainihon Zokuzōkyō)
B: 大藏經補編 (Supplement to the Dazangjing)
H: 韓國佛教全書.

1. 원전

(T)

『增壹阿含經』 卷1 (T2).
『雜阿含經』 卷14 (T2).
『佛本行集經』 卷15 (T3).
『佛所行讚』 卷4 (T4).
『金剛般若波羅蜜經』 卷1 (T8).
『般若波羅蜜多心經』 卷1 (T8).
『妙法蓮華經』 卷4 (T9).
『大方廣佛華嚴經』 卷6, 卷8, 卷10, 卷12, 卷35, 卷60 (T9: 60권 본).
『大方廣佛華嚴經』 卷40 (T10: 40권 본).
『大寶積經』 卷112 (T11).
『佛說大乘十法經』 卷1 (T11).
『大般涅槃經』 卷7, 卷9, 卷12, 卷18 (T12).
『佛說無量壽經』 卷1 (T12).
『維摩詰所說經』 卷2 (T14).
『大乘密嚴經』 卷2 (T16).
『解深密經』 卷3 (T16).
『大佛頂如來密因修證了義諸菩薩萬行首楞嚴經』 卷4 (T19).

『大智度論』卷6, 卷81 (T25).

『阿毘達磨集異門足論』卷3 (T26).

『中論』卷1 (T26).

『雜阿毘曇心論』卷10 (T28).

『菩薩善戒經』卷2 (T30).

『成唯識論』卷10 (T31).

『大乘起信論』卷1 (T32).

『金剛經纂要刊定記』卷1 (T33).

『妙法蓮華經玄義』卷1 (T33).

『金剛三昧經論』卷3 (T34).

『觀音玄義記』卷2 (T34).

『新華嚴經論』卷4 (T36).

『涅槃宗要』卷1 (T38).

『注大乘入楞伽經』卷6 (T39).

『大乘起信論義記』卷3 (T44).

『起信論疏』卷1 (T44).

『三聖圓融觀門』卷1 (T45).

『摩訶止觀』卷1, 卷2, 卷3, 卷5, 卷6 (T46).

『止觀大意』卷1, 卷5 (T46).

『潭州潙山靈祐禪師語錄』卷1 (T47).

『鎮州臨濟慧照禪師語錄』卷1 (T47).

『圓悟佛果禪師語錄』卷2 (T47).

『宏智禪師廣錄』卷1 (T48).

『南宗頓教最上大乘摩訶般若波羅蜜經六祖惠能大師於韶州大梵寺施法壇經』卷1 (T48).

『六祖大師法寶壇經』卷1 (T48).

『無門關』卷1 (T48).

『佛果圜悟禪師碧巖錄』卷2, 卷4 (T48).

『禪源諸詮集都序』卷1 (T48).

『少室六門』 卷1 (T48).

『信心銘』 卷1 (T48).

『眞心直說』 卷1 (T48).

『黃檗山斷際禪師傳心法要』 卷1 (T48).

『最上乘論』 卷1 (T48).

『異部宗輪論』 卷1 (T49).

『景德傳燈錄』 卷3, 卷28. (T51).

『楞伽師資記』 卷1 (T85).

『大乘無生方便門』 卷1 (T85).

(X)

『維摩經文疏』 卷26 (X18).

『銷釋金剛經科儀會要註解』 卷8 (X24).

『禪家龜鑑』 卷1 (X63).

『江西馬祖道一禪師語錄』 (X69).

『百丈懷海禪師廣錄 (四家語錄卷三)』 卷1 (X69).

『高峰原妙禪師語錄』 卷1 (X70).

『聯燈會要』 卷1 (X79).

『教外別傳』 卷6 (X84).

(B)

『祖堂集』 卷14 (B25).

『義相法師法性偈』 卷1 (B32).

(H)

知訥, 『牧牛子修心訣』 (H4).

知訥, 『法集別行錄節要幷入私記』 (H4).

知訥, 『華嚴論節要』 (H4).

(니까야)

Anguttaranikayatika(PTS) Vol 2, ed by R. Morris, Hardcover Book, 1880.
Majihima-Nikaya, Vol 2, ed by Chalmers, Robert, Hardcover Book, 1896.

(기타)

龍樹, 『華嚴經略纂偈』, 동국대학교 중앙도서관 소장고서.
蓮潭, 『華嚴經淸凉疏鈔三賢遺忘記』, 동국역경원, 2006.

2. 사전류

박영의, 『실용 한-영 불교영어사전』, 홍법, 2010.
이지관, 『가산불교대사림』, 가산불교문화원, 1962~2014.
이철교 외, 『선학사전』, 불지사, 1995.
지제근, 『의학용어큰사전』, 아카데미아, 2004.
『佛光辭典』, 대만: 불광출판사, 1988.
平川彰, 『佛敎漢梵大辭典』, 일본: 靈友會, 1996.
望月信亨, 『望月佛敎大辭典』, 동경: 세계성전간행회, 1973.
Oxford University Press 저 / 김영호 외 역, 『물리용어사전』, 청문각, 1997.
Sir Monier Monier-Williams, "Sanskrit-English Dictionary", Oxford, 2002.

3. 단행본

강길전, 『양자의학, 새로운 의학의 탄생』, 돋을새김, 2013.
강병균, 『(어느 수학자가 본) 기이한 세상: 큰 스님, 왜 이러십니까? 幻妄空想의
　　수상록』, 살림출판사, 2016.
강영안, 『나는 어떻게 죽을 것인가』, 북이십일, 2016.
關口眞大 지음 / 혜명 옮김, 『천태지관의 연구』, 민족사, 2007.
거해스님, 『깨달음의 길』, 도서출판 山房, 1991.
경봉 저 / 명정 역주, 『삼소굴소식』, 극락호국선원, 1988.
국제문화원 편저, 『건널 강이 어디 있으랴』, 한마음출판사, 2009.

김광식,『근현대불교의 재조명』, 민족사, 2000.
김광식,『용성』, 민족사, 1999.
김방룡,『보조 지눌의 사상과 영향』, 보고사, 2006.
김성우,『선답 진리를 묻고 깨달음을 답하다』, 은행나무, 2008.
김열권,『위빠싸나』Ⅱ, 불광출판부, 1993.
김월운,『大乘起信論 講話』, 佛泉, 1993.
김월운 옮김,『전등록』 1, 2, 3, 동국역경원, 2008.
_____,『조당집』 1, 2, 동국역경원, 2008.
김진무,『중국불교사상사』, 운주사, 2015.
김정빈,『도道』, 글수레, 1985.
_____,『무無: 대행스님법어집』, 글수레, 1986.
_____,『영원의 오늘: 대행스님법어집』, 연꽃선실, 1989.
김진하,『제4차 산업혁명 시대, 미래사회 변화에 대한 전략적 대응방안 모색』, 한국과학시술기획평가원, 2016.
김태완,『조사선의 실천과 사상』, 장경각, 2003.
김호귀,『묵조선 연구』, 민족사, 2001.
남경흥,『허공의 놀라운 비밀 1』, 지식과 감성, 2013.
노산,『죽어야 나를 보리라: 신행담모음집』, 늘푸름, 1991.
대행,『그냥 무조건이야: 대행스님법훈록』, 한마음선원, 2009.
董群 저 / 김진무·노선환 공역,『조사선』, 운주사, 2000.
라이용하이 저 / 법지 역,『중국 불성론』, 운주사, 2017.
루퍼트 셸드레이크 저 / 하창수 역,『과학의 망상』, 김영사, 2016.
린 마굴리스 저 / 이한음 옮김,『공생자 행성』, 사이언스북스, 2014.
마이클 탤보트 저 / 이균형 역,『홀로그램 우주』, 정신세계사, 1999.
미나스 C. 카파토스 저 / 조원희 역,『생생한 존재감의 삶』, 미륵사, 2016.
박진우,『발없는 발로 길없는 길을 : 대행스님사진법어집』, 예성인쇄사, 1993.
백용성,『각해일륜』, 불광출판사, 2004.
서혜원 편,『삶은 고가 아니다: 생활법어집』, 여시아문, 1996.
_____,『영원한 나를 찾아서: 대행스님법훈록』, 글수레, 1987.

냐나포니카 저 / 송위지 옮김, 『불교 선수행의 핵심』, 시공사, 1989.
王志躍 著 / 김진무 역, 『分燈禪』, 운주사, 2002.
에드워드 콘즈 저 / 안성두·주민황 공역, 『인도불교사상사』, 민족사, 1988.
용수 저 / 김성철 역, 『중론』, 경서원, 2012.
용수 저 / 석법성 역, 『대지도론』Ⅰ, 운주사, 2016.
윤창화 외, 『한암선사연구』, 민족사, 2015.
은정희 역, 「원효의 대승기신론 소·별기」, 일지사, 1991.
이용규, 『내려놓음』, 규장, 2006.
이제열, 『불법, 영원한 복락을 찾아서: 대행스님대담집』. 여시아문, 1988.
_____, 『한마음: 대행스님대담집』, 글수레, 1988.
이평래, 『이평래 교수의 대승기신론 강설』, 민족사, 2014.
印順 저 / 정유진 역, 『중국선종사』, 운주사, 2012.
자현 외, 『석전과 한암』, 조계종출판사, 2015.
정도, 『경봉 선사 연구』, 운주사, 2013.
정성본, 『중국선종의 성립사 연구』, 민족사, 1991.
정원스님, 『위빠싸나 수행』, 경서원 1998.
제러미 리프킨 저 / 이진수 옮김, 『수소혁명』, 민음사, 2005.
종호, 『임제선 연구』, 경서원, 1996.
질 볼트 테일러 저 / 장호연 역, 『긍정의 뇌』, 월북, 2011.
커트 스테이저 저 / 김학영 역, 『원자, 인간을 완성하다』, 반니, 2015.
탄허, 『부처님이 계신다면』, 교림, 1890.
한국불교사학회, 「近代韓國佛敎史論』, 민족사, 1988.
한기두, 『한국선사상연구』, 일지사, 1992.
한마음과학원, 『둥근 입으로 둥글게 말해 주인공』, 성균관출판부, 2017.
한마음선원신도회, 『영원한 길의 시작: 신행담모음집』, 여시아문, 1996.
한암대종사법어집 편찬위원회, 『定本 漢岩一鉢錄』 上·下卷, 한암문도회, 2010.
한자경, 『대승기신론 강해』, 불광출판사, 2016.
현대불교신문사 엮음, 『생활 속의 불법수행』, 여시아문, 1998.
혜명(김종두), 『마하지관의 이론과 실천』, 경서원, 2011.

慧禪, 『한마음과 대행禪』, 운주사, 2013.
(재)한마음선원, 『한마음요전; 대행스님행장기·법어집』, 한마음선원 출판부, 1993.
_____, 『허공을 걷는 길: 대행스님법어집』 정기법회 전 4권, 한마음선원 출판부, 1999.
_____, 『허공을 걷는 길: 대행스님법어집』 국내지원법회 전 3권, 한마음선원 출판부, 2005.
_____, 『허공을 걷는 길: 대행스님법어집』 국외지원법회 전 3권, 한마음선원 출판부, 2011.
_____, 『허공을 걷는 길: 대행스님법어집』 법형제법회 전 2권, 한마음선원 출판부, 2011.
洪修平·孫亦平 공저 / 노승환·이승모 공역, 『여래선』, 운주사, 2002.
賴永海, 『中國佛性論』, 中國: 江蘇人民出版社, 2012.

4. 논문

가온여울, 「한마음선원과 大行스님의 "主人空"개념 연구」, 서울대학교 대학원, 석사학위논문, 2004.
김경자(혜안), 「妙空大行의 傳法 特性에 관한 研究 - 五共사상을 중심으로」, 동국대학교 대학원, 석사학위논문, 2016.
김광식, 「대행선사의 행적에 나타난 혁신불교」, 『제1회 학술대회 자료집; 대행선이란 무엇인가』, 대행선연구원, 2017.
김광식, 「대한불교조계종의 성립과 성격」, 『한국선학』 34호, 한국선학회, 2013.
_____, 「선학원의 설립과 전개」, 『선문화연구』 창간호, 한국불교선리연구원, 2006.
_____, 「한국 현대불교사의 전개와 불교의 주체성」, 『원불교사상과 종교문화』, 원광대학교 원불교사상연구원, 2013.
김방룡, 「근 현대 한국불교에 나타난 생활불교의 유형과 미래 재가불교의 방향」, 『한국교수불자연합학회지』 20권 2호, 2014.
_____, 「해방 후 한국불교의 성립과 신생종단의 성립과정」, 『종교문화연구』

3집, 한신대 종교문화연구소, 2001.

김순식, 「중일전쟁 이후 선학원의 성격 변화」, 『선문화연구』 창간호, 한국불교 선리연구원, 2006.

김영태, 「근대불교의 종통 종맥」, 『한국근대종교사상사』, 원광대출판국, 1984.

김재성, 「純觀(suddha-vipassana)에 대하여 남방상좌불교수행론의 일고찰」, 『불교학연구』 4집, 불교학연구회, 2002.

_____, 「초기불교 및 부파불교의 수행」, 『한국불교학회 2016 추계학술대회 자료집』, 한국불교학회, 2016.

김정희, 「천태지의의 불성론」, 『철학사상』 35집, 2010.

김종두(혜명), 「天台에서 본 漢巖스님의 선사상」, 『한국불교학』 70집, 한국불교학회, 2014.

김준호, 「초기불교 禪定說의 체계에 관한 연구」, 부산대학교 대학원, 박사학위논문, 2008.

김진현(현석), 「三聖圓融에 대한 硏究」, 『불교학연구』 37호, 불교학연구회, 2013.

김호귀, 「대혜의 「변사정설」 소고」, 『불교학보』 39집, 동국대학교 불교문화연구원, 2002.

_____, 「대행선 형성의 사상적 배경-본래성불사상과 관련하여」, 『제1회 학술대회자료집; 대행선이란 무엇인가』, 대행선연구원, 2017.

_____, 「불성사상의 수용과 조사선의 형성」, 『불교학연구』 32호, 불교학연구회, 2012.

_____, 「祖師禪의 修行과 信心의 관계」, 『정토학연구』 11집, 한국정토학회, 2008.

노권용, 「佛身觀에 觀한 硏究」, 『한국종교사연구』 7권, 한국종교사학회, 1996.

박문기(종호), 「임제의현의 선사상 연구」, 동국대학교 박사학위논문, 1993.

_____, 「선수행법의 고찰」, 『한국불교학』 25집, 한국불교학회, 1999.

박소령, 「대행선사의 한마음 사상에 나타난 교리적 근거 고찰」, 『제1회 학술대회자료집; 대행선이란 무엇인가』, 대행선연구원, 2017.

법산, 「조계종에 있어서 普照의 위치: 형성과 법통문제」, 『보조사상』 8집, 보조사상연구원, 1995.

심재룡, 「근대 한국불교의 네 가지 반응유형에 대하여」, 『철학사상』 16집, 서울대 철학사상연구소, 2006.

염준근, 「佛敎의 一心에 대한 과학적 고찰」, 동국대학교 대학원, 석사학위논문, 2004.

오경후, 「일제하 선학원의 창립과 중흥의 배경」, 『동방학지』 136호, 연세대학교 국학연구원, 2006.

오지연, 「천태지의의 원돈지관 연구」, 동국대학교 대학원, 박사학위논문, 1998.

이균희(혜선), 「'한마음'思想과 禪修行體系 硏究」, 동국대학교 대학원, 박사학위논문, 2005.

이용권, 「한마음선원의 共生실천과정에서의 실천적 과제」, 동방불교대학원대학교, 박사학위논문, 2011.

이평래, 「한마음을 요체로 한 대행선에 관하여」, 『제1회 학술 대회자료집; 대행선이란 무엇인가』, 대행선연구원, 2017.

이행구(도업), 「화엄교학에서의 믿음(信)」, 『정토학연구』 9집, 한국정토학회, 2006.

이향숙(혜교), 「妙空大行의 "主人空 思想과 觀法" 硏究」, 동국대학교 대학원, 석사학위논문, 2013.

인경, 「初期佛敎에서의 止觀과 四禪」, 『보조사상』 16집, 보조사상연구원, 2001.

임승택, 「사띠(sati)의 의미와 쓰임에 관한 고찰」, 『보조사상』 16집, 보조사상연구원, 2001.

정성본, 「돈황본 육조단경의 선사상(Ⅱ)」, 『백련불교논집』 2, 백련불교문화재단, 2000.

정성준, 「보신불(報身佛)(sambhoga-kaya) 사상의 전개에 대한 일고」, 『불교학보』 42집, 동국대학교 불교문화연구원, 2005.

정태경, 「우리나라 葬墓形式의 問題點과 改善方案에 관한 硏究」, 동국대학교 대학원, 석사학위논문, 1996.

조준호, 「Vipassanā의 인식론적 근거」, 『보조사상』 16집, 보조사상연구원, 2001.

_____, 「초기불교에 있어 止·觀의 문제」, 『韓國禪學』 1호, 한국선학회, 2000.

차차석, 「대행선사의 오공의식에 나타난 사상적 연원 고찰」, 『제1회 학술대회 자료집; 대행선이란 무엇인가』, 대행선연구원, 2017.

최동순, 「禪觀思想의 변천과정 硏究 － 天台止觀과 관련하여」, 동국대학교 대학원,

박사학위논문, 2001.

최수도, 「漢岩禪師의 佛敎敎育思想 硏究」, 동국대학교 대학원, 석사학위논문, 1994.

한국발명진흥회, 「영상진단기기」, 『발명특허』 30호, 한국발명진흥회, 2005.

한상길, 「한국 근대불교 연구와 "민족불교"의 모색」, 『불교학보』 54집, 동국대 불교문화연구원, 2010.

한자경, 「한마음이란 무엇인가?-한마음선원 대행스님의 『한마음요전』을 중심으로-」, 『禪學』 44호, 한국선학회, 2016.

혜선, 「도심에서의 禪: 현대사회에서의 불교수행에 대한 대행스님의 새로운 접근」, 『제10차 세계여성불자대회 학술논문집』, 몽골, 2008.

Chong Go, "Sŏn Daehaeng Daehaeng's 'Doing without Doing'," in Makers of Modern Korean Buddhism, ed. Jin Young, Park(SUNY Press, 2010).

5. 언론보도 자료

서정희, 「불교 미국 포교활동 활발」, 『매일경제신문』, 1990. 07. 02. 19면.

이나은, 「한마음선원 마음 템플스테이」, 『현대불교』, 2014. 04. 23. 6면.

이제열, 「대행스님 내면의 '아빠'가 어떻게 진여불성이라는 건가」, 『법보신문』, 2017. 05. 17. 6면.

이제열, 「대행선 학술대회의 내용을 비판한다」, 『법보신문』, 2017. 06. 07. 6면.

전명성, 「비구니 원로를 찾아⑮」, 『운문회보』 16호, 새한정밀인쇄사, 1986. 04. 15. 3면.

한마음저널편집실, 『한마음저널』 60호, 대한불교조계종 한마음선원, 2011. 11·12, p.3.

_____, 『한마음저널』 88호, 대한불교조계종 한마음선원, 2016. 7·8, pp.69~70.

6. 인터넷 자료

김진하, 『제4차 산업혁명 시대, 미래사회 변화에 대한 전략적 대응방안 모색』,

한국과학시술기획평가원, 2016, pp.47~57, http://www.kistep.re.kr/ c3/sub3_2.jsp?brdType=R&bbIdx=10502(2017. 12. 12. 인용).

이상호, 「대행선, 실질적 수행 메커니즘서 고찰해야 이해 가능」, 『법보신문』 2017. 06. 14. http://m.beopbo.com/news/articleView.html?idxno=98546(2017. 11. 23. 인용).

中國科學院, http://english.cas.cn/newsroom/news/201704/t20170417_176067.shtml(2017. 07. 25. 인용).

한마음과학원, http://www.hansi.org/introduce/introduce.do?(2017. 04. 10. 인용).

한마음선원, www.hanmaum.org.(2017. 10. 12. 인용).

원불교신문, http://www.wonnews.co.kr/news/articleView.html?idxno=116523 (2017. 10. 11. 인용).

현대불교, http://www.hyunbul.com/company/about_buddhanews.php(2017. 12. 02. 인용).

7. 녹취자료

일반, 담선, 승단, 대담 법회 등의 자료는 아직 정식으로 출판되지 않았으며 출판 준비 중에 있다. 각주에는 녹취자료에 있는 일련번호, 소장기관, 법문 장소, 법문 일자를 표기하였다.

청강

2004년 기본선원을 졸업하고, 봉암사·법주사 등에서 10안거를 성만하였다.
동국대학교 대학원 선학과에서 박사학위를 취득하였으며, 저서로 『대행선사의 관법수행』이, 논문으로 「『진심직설』에서 각찰과 휴헐의 의미와 수행방법」, 「大行의 觀法에 관한 研究」 등이 있다.

대행선사의 수행법 연구

초판 1쇄 인쇄 2018년 9월 7일 | 초판 1쇄 발행 2018년 9월 17일
지은이 청강 | 펴낸이 김시열
펴낸곳 도서출판 운주사

　　　(02832) 서울시 성북구 동소문로 67-1 성심빌딩 3층
　　　전화 (02) 926-8361 | 팩스 0505-115-8361

ISBN 978-89-5746-523-3　93220　값 17,000원
http://cafe.daum.net/unjubooks 〈다음카페: 도서출판 운주사〉